民國歷史與文化研究

十八編

第 **14** 冊

胡先驌年譜
（第四冊）

胡 啟 鵬 著

花木蘭文化事業有限公司

國家圖書館出版品預行編目資料

胡先驌年譜（第四冊）／胡啟鵬 著 -- 初版 -- 新北市：花木
蘭文化事業有限公司，2024〔民 113 〕

目 4+258 面；19×26 公分
（民國歷史與文化研究　十八編；第 14 冊）
ISBN 978-626-344-643-4（精裝）

1.CST：胡先驌 2.CST：年譜

628.08　　　　　　　　　　　　　　　　112022508

ISBN-978-626-344-643-4

9 786263 446434

民國歷史與文化研究
十八編　第十四冊　　　　　　ISBN：978-626-344-643-4

胡先驌年譜
（第四冊）

作　　者　胡啟鵬
總 編 輯　杜潔祥
副總編輯　楊嘉樂
編輯主任　許郁翎
編　　輯　潘玟靜、蔡正宣　美術編輯　陳逸婷
出　　版　花木蘭文化事業有限公司
發 行 人　高小娟
聯絡地址　235　新北市中和區中安街七二號十三樓
　　　　　　電話：02-2923-1455 ／傳真：02-2923-1452
網　　址　http://www.huamulan.tw 信箱 service@huamulans.com
印　　刷　普羅文化出版廣告事業
初　　版　2024 年 3 月
定　　價　十八編 22 冊（精裝）新台幣 55,000 元

胡先驌年譜
（第四冊）

胡啟鵬　著

目

次

民國二十五年丙子（1936）　四十三歲

1月2日，胡先驌致劉咸信函。

重熙仁弟惠鑒：

頃草就社論一篇，今寄上，可由《科學》及《科學畫報》同時登載，並請錄副寄盧析薪在《申報·科學週刊》登載。此類文字登載愈廣，宣傳力愈大也。中研院評議會開會，驌在四月十五日準到南京，未審有便，能來京一談否？驌如有便，亦可往滬，惟殊難決定耳。

專此。即頌

撰祺

先驌　拜啟

〔廿五年一月〕二日〔註693〕

1月20日，胡先驌致劉咸信函。

重熙仁弟惠鑒：

驌此次在鎮江與南京得與羅佩秋及陳果夫長談，至以為快。關於文化部事，曾有若干建議，以供陳公之採擇。惟驌不欲使他人知驌與聞此事，請無論對於任何人，皆不必提及文化部事為要。

專此，即頌

年禧

先驌　拜啟

〔廿五年一月〕廿日〔註694〕

1月25日，胡先驌致劉咸信函。

重熙仁弟惠鑒：

此次在京，實業部吳部長曾屬草擬一「生物學應用之研究」計劃，此文已交《大公報》與《申報》發刊（請代為標點發刊），其內容頗為新穎，《科學》似亦可轉載也。

〔註693〕周桂發、楊家潤、張劍編注中國科學社檔案資料整理與研究《書信選編》，上海科學技術出版社 2015 年 10 月版，第 101 頁。
〔註694〕周桂發、楊家潤、張劍編注中國科學社檔案資料整理與研究《書信選編》，上海科學技術出版社 2015 年 10 月版，第 102 頁。

專此，即頌

犖祺

先驌 拜啟

〔廿五年一月〕廿五日

一月廿三日手書奉悉，此次與陳果夫先生晤談極歡，驌所主張各事，自問頗有見地，如能一一實現，實國家之福。果夫先生諒不泛視之也。又及。〔註695〕

1月，作輓聯《挽丁文江》。

闡學覃思寰宇蜚聲名立書傳人遽遠；

蒽謀碩畫為邦盡瘁山頹木懷世堪悲。

1月，靜生生物調查所第七次年報，委員會委員長：任鴻雋；書記：翁文灝；會計：湯鐵樵；委員：金紹基、江庸、周詒春、范銳、丁文江、胡先驌（當然）。

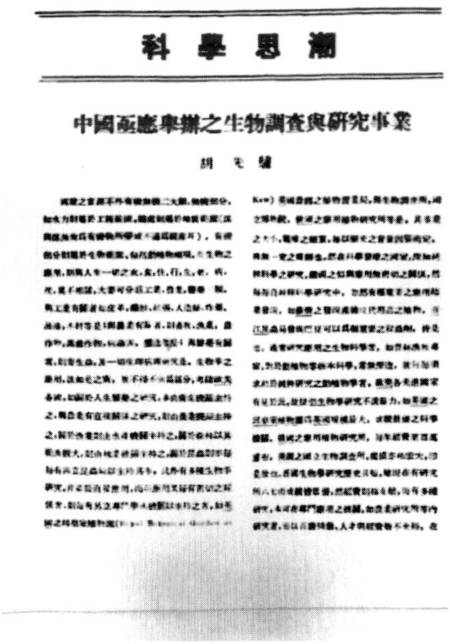
科學思潮

中國亟應舉辦之生物調查與研究事業

胡先驌

《中國亟應舉辦之生物調查與研究事業》文章

〔註695〕周桂發、楊家潤、張劍編注中國科學社檔案資料整理與研究《書信選編》，上海科學技術出版社2015年10月版，第103頁。

1 月，胡先驌向蔣中正所提關於《中國亟應舉辦之生物調查與研究事業》的建議，手稿現藏臺灣國史館。同年 3 月，本文在《科學》雜誌（第 20 卷第 3 期，第 212～218 頁）發表。摘錄如下：

國家之富源，不外有機無機二大類。無機部分，如水力則屬於工程範圍，礦產則屬於地質範圍（煤與煤油尚為有機物所變成，不過為礦產耳）。有機部分則屬於生物範圍，包括動植物兩項。而生物之應用，則與人生一切之衣食住行生老病死，莫不相關，大要可分為工業、農業、醫藥三類。與工業有關者如皮革、纖維、紙張、人造絲、炸藥、油漆、木材等是；與農業有關者，則畜牧、漁業、農作物、園藝作物、病蟲害、釀造等是；與醫藥有關者，則生藥寄生蟲及一切生理病理研究是。生物學之應用，既如是之廣，故不得不強為區分。考諸歐美各國，如關於人生醫藥之研究，多由衛生機關主持之，與農業有直接關係之研究，則由農業機關主持之，關於漁業則由水產機關主持之，關於森林以其範圍較大，則由林業機關主持之，關於昆蟲則亦每每有國立昆蟲局以主持其事。此外有多種生物學研究，非必能直接應用，而與應用又每有密切之關係者，則每有另立專門學術機關以主持之者，如英國之邱皇家植物園，美國農部之植物實業局，與生物調查所、國立博物院，俄國之應用植物研究所等是。其事業之大小，職權之輕重，每以歷史之背景因襲而定，殊無一定之規則也。然在科學發達之國家，深知純粹科學之研究，驟視之似與應用無密切之關係，然每每自純粹科學研究中，忽然有極重要之應用結果發現，如蘇俄之發現產橡皮代用品之植物，浙江昆蟲局發現巴豆可以為極重要之殺蟲劑，皆是也。通常研究應用之生物科學者，如農林漁牧專家，對於動植物等根本科學，常無深造，故每每須求助於純粹研究之動植物學者。歐美各先進國家有見於此，故提倡生物學研究不遺餘力，如英國之邱皇家植物園為英國規模最大、成績最優之科學機關，俄國之應用植物研究所，每年經費至百萬盧布，美國之國立生物調查所，規模亦極宏大，即是故也。吾國生物學研究歷史甚短，雖現在有研究所六七而成績皆頗優，然經費則極支絀，而有多種研究，本可在專門應用之機關，如農業研究所等內研究者，而以百廢待舉，人才與經費皆不充裕，在此類機關中

無法進行。是在國家認定何種生物學研究為中國今日之急務,或另立機關,主持其事,或資助現有之生物研究機關,使之擔任此項工作,則收效之大而且速,可以逆睹矣。

關於亟應辦理之生物調查與研究事業,約有下列諸項:

1. 關於森林之研究

吾國提倡林業已久,而成效不著者,有三大原因:第一,學森林者對於中國之樹木,未嘗研究,故吾國產何種樹木與各種樹木之產量、分布與面積,皆無從調查;第二,既不能辨別樹木之品種,自不能研究木材之物理與化學性質,一切木材利用之研究,皆無從下手;第三,不辨樹種,當然不能研究各種樹木之造林需要,故在過去所有造林事業,皆等於盲人說燭也。欲救其弊,必需下列各種工作:

(1) 調查樹種與編纂全國樹木圖誌

中國樹木種類極繁,在北美洲樹木不過六百餘種,在中國則已知之樹木約二千種,而年年有新種發現,有一新屬在過去四年間,竟發現新種八種之多,然尚有多數較為僻遠之省區,未經詳細探採。在美國與日本以及安南昔年其政府皆曾以大力調查樹種,編纂巨大精美森林植物圖誌,吾國自不宜再事落後。幸國內各生物研究機關皆有長期之採集研究,若再指撥一宗較巨之款,專供此用,如美國農部委託哈佛大學阿諾德森林植物院以編纂北美樹木誌者,則十年之內,不難成此偉大事業也。

(2) 調查森林之面積

與調查樹種可以同時進行者,厥為調查森林之面積。現在各省所有之森林為何種樹木所組成,某種森林占面積若干,皆未曾有大規模之調查,此種調查乃急不容緩之工作。若全國皆有此項調查,則欲利用某種木材之時,不難按圖索驥,且可知其林積若干,足以供偌大市場,而可定開發之計劃也。

(3) 試驗材性與鑒別木材

用木材解剖性質以鑒別木材之種類,其重要與調查樹種相若,此項工作自吾國提創造林三十餘年,無人曾於此致力。此項研究為靜生生物調查所所創始,計曾經採集之木材,來自河北、江西、四

川、雲南、貴州、廣東、廣西各省，而曾經研究其木材解剖者，共有四百餘種，重要之軟木、硬木材，幾於各屬皆已具備，已粗奠此項研究之基礎。若能增加此項研究之經費，而假以時日，則全國所有之樹木之木材解剖，皆可研究竣事，而森林家與工業家乃有南針矣。至於材性試驗，則以須購買木材試驗機，且須採集大宗木材以供試驗，所費甚巨，故在靜生生物調查所一時未能進行此項工作，然四百餘種木材之比重，已經研究完畢。此類研究已經開始，其他工業研究機關，雖亦有作此項研究者，然以無人能辨認樹種，得材不易，故未能為大規模之研究。若撥專款購買木材試驗機，及供大規模採集之用，則中國一切木材利用之基礎，可以奠定，而工業用、軍用、造紙、枕木各項木材，皆知從所取材矣。

（4）造林學研究

今日造林皆未經試驗而妄作者，故結果不佳，而每每失敗，是宜搜集所有重要樹木之種子，以研究其造林之需要，俾將來實際造林者，有所遵循。又如今日歐美各國方提創以雜種白楊造林，蓋其生長極速，十五年之生長，可抵其他樹木五十年。將來若經研究其風土宜忌之後，用以大規模造林，不難在吾國林業中發生一種革命，而造紙以及其他木材問題，皆可解決矣。

（5）風景樹之研究

中國產著名風景樹木種類甚多，外國所產之著名風景樹未經輸入者亦不在少數。中國各省現正革新市政，風景樹之研究，實與之有密切之關係。此種調查試驗工作，宜由政府獎勵各生物研究機關，如盧山植物園等擔任之者也。

（6）造紙研究

造紙為木材利用最重要之工業，今日吾國對於此業有學術經驗之人極少，而尤不知從何取材。如雲杉、鐵杉，皆通常習用之造紙木材，在中國生長亦甚多，尤以雲杉林在四川有莫大之面積。又吾國昔日造紙多用竹類，而製造不得法，以至成績不佳。近來印度試驗發明可以用長成至一年之竹作紙漿，而國產竹類以何種造紙最為相宜，必須有大規模之調查與研究，方可決定造林政策，廣為提倡栽培也。又如上說之雜種白楊以及北方最習見之臭椿樹，皆可造紙。

凡此種種皆宜有相當經費，指定由某機關擔任研究也。

（7）其他與森林有關之工業原料之研究

其他與森林有關之工業原料，種類甚多，桐油與漆即為最重要者。現在英美各國，正大規模培植油桐，吾國桐種與製油之方法，若不改良，將來必不能保持現在之大宗出口。他若各種纖維質工業，與人造絲原料工業，松節油之製造等等森林利用問題，一時不能遍舉。而橡皮樹與柚木（teak）栽培之研究，亦開發滇、粵、桂熱帶地方之要政，且與國防問題有密切關係者也。又近年瑞典某科學家發明以烏桕樹種子所產之皮油烤製為可可，前數年火柴大王即擬來華設廠製造，後因彼自殺，而此議中輟。聞之盧山森林植物園主任秦仁昌君云，彼在丹麥時曾親嘗用皮油製成之可可，其味與真者無異，而製造法甚為簡單，其專利權只賣十萬元。是亟宜與此發明家接洽，若此業能在中國成立，則又為國家闢一新富源矣。凡此種種森林利用工業之研究，皆宜從速由工業與生物學機關連合研究也。

2. 關於纖維植物之研究

纖維為紡織之原料，其重要不言可喻。纖維原料最重要者為棉，今日棉業改進會已大規模從事此項研究與推廣矣。其次為人造絲，則屬於森林利用與化學工業之範圍，然亦許有他項植物可以作為人造絲之原料者，是在大規模調查與試驗之也。此外之植物纖維最重要者，在中國莫如苧麻、夏布為吾國之特產，然其缺點在其纖維上有一層膠質，故纖維發硬，而冰體宜為夏衣而不宜為冬衣，不能代替亞麻以紡麻紗（linen）。若能發明一種漚麻或化學製麻之方法，以去其膠，則夏布可以機制而成。冬令所需之麻紗，則可增加國富不少矣。又苧麻之葉，可以養蠶，此項發明遠在二十年前，吾國已從事蠶桑業者，對於此點毫不注意。今須試驗每畝麻田，能摘葉若干，養蠶而不至傷損麻質。野生苧麻，在吾國到處產之，若一面研究如何改良製麻之方法，一面提倡以苧麻葉養蠶，則吾國養蠶可變為栽植苧麻之副業，其成本既少，其價自賤，若再加以養蠶方法之種種改良，不難與日本蠶絲角逐於世界日縮之市場也。此外又如麻袋，完全由印度輸入，每年入超之數可觀。若吾國栽培此項原料植物，或以他種纖維植物代替之，亦挽回漏卮之道。他種纖維植物可以研

究栽培者甚多,如新西蘭麻即號稱可以取棉而代之者。此類之問題,棉產改進會與中央農業實驗所在今日情況之下,皆無暇研究,是宜委託資助現有生物學研究機關擔任研究者也。

3. 關於園藝植物之研究

園藝之範圍極大,大要包括果樹、蔬菜、花卉三大類。吾國果業雖相當發達,然較之歐美與日本相去遠甚。如夏熟柑橘與西洋櫻桃之待栽培,即其例也。此外外國所產名果之可以輸入者種類不少,而吾國野生果品,亦有多種可以改良,如獼猴桃及各種懸鉤子即其著例。現在中央農業實驗所以其事業之偉大,與人力財力之缺乏,無暇研究及此,實則亦宜重視者也。蔬菜園藝研究,在吾國尚無特別重視之必要,而花卉園藝之研究,則宜極力提創者。吾國地處溫帶,植物種類之多,為世界溫帶區域之冠,名葩異卉,種類尤多,至有花國之稱。每年歐美各大植物或園藝機關,派遣專家來吾國採集植物及輸入種子者絡繹不絕,如杜鵑花一屬,全世界產五百餘種,而三百餘種產自中國,他屬稱是。故在歐美有「無中國產花卉不成園庭」之說。而中國自身反墨守昔時所栽植之備品種,自海通以來,則競栽植外國之花卉,甚至國產之品種,亦轉假手於外人以重行輸入之。英國某科學家常言,以中國人工之賤,卉木種類之繁,若在長江流域大規模作花卉與蔬菜之育種,可以壟斷世界之種苗業。同時外國之名葩異卉,未經輸入栽培者,為數亦多,然今日國內園藝家寥若晨星,繁植專家全國不過二三人。今幸廬山森林植物園有廣大之面積,與極幹練之技術家主持其事,政府亟宜與以資助,不難使之步英國邱皇家植物園之後塵,發達為東亞第一植物園也。

4. 關於藥用植物之研究

中國以植物種類之多,故先民對於藥物,研究極早,而特產之良藥亦極豐富,徒以未經科學整理,故不為操新醫業者所信任。吾國每年入口之生藥,價至六千萬元,而如大黃、甘草之類,本為中國土產,徒以無藥廠製造與科學方法鑑定,外人以一轉手之勞,而剝削吾人不少。他如附子、龍膽、遠志之類,中國所產與歐美所產者種類雖不同,而效用則相若,但未經研究而標準化,遂為新醫所擯而不用。至如麻黃已經協和醫學校之研究,而成世界之聖藥,而

黨參、川芎、當歸、半夏諸藥材，迭經科學研究而其效用以著，惟未經研究之藥尚多。今日研究中國藥物最感覺之困難，在鑒別其種類。蓋中國藥物種類極多，如龍膽有一百餘種，附子亦有十餘種，究竟市上所賣者係何品種，若無植物學家由栽培新鮮之品種入手以研究之，藥物學家與化學家終無法判定其品種，而其所研究之結果不能確定，無由以大規模精製之。只有由植物學研究機關，聘請藥學專家，會同採集栽培而研究之，方能得精確之效果也。

5. 殺蟲劑之研究

自防治害蟲研究漸有進展以來，殺蟲劑之研究，乃為世人所注意。在歐美各邦，通常多用鉛化砒、巴黎綠、青酸鉀等藥品。在中國工業不發達、農產品價格低下之情況下，利用購自外邦之工業製造殺蟲劑，殊不經濟，故有研究國產植物殺蟲劑之必要。近年浙江省昆蟲局之用巴豆粉殺蟲，大見著效，然國產植物可以作殺蟲劑者甚多，不過須生物學研究機關擔任此項工作，方易收效耳。將來衛生事業進行，甚至對於驅除瘧蚊亦須利用國產之殺蟲劑也。

6. 其他經濟植物之研究

除上列之各項經濟植物外，尚有多種經濟植物，皆須加以研究，如由海藻製碘，與細菌培養劑、牧草、軟木、豆類、青肥，與茶場中之豆類灌木、鞣質原料、橡皮樹以外之橡皮原料、蜜源植物等等，不可縷述，皆為現有之中央農業實驗所無人才與財力以研究之，而政府宜委託資助生物研究機關，以積極調查與研究之者也。

7. 植物病害之研究

損害植物者，除害蟲外，即為病菌，二者為害之程度，未易軒輊。如麥銹病所致小麥之損失，為數極巨；馬鈴薯疫病，昔年曾引起愛爾蘭之大饑荒；美國之栗樹火瘻病，至將美國產之栗樹完全滅絕；白松銹病亦幾使美國東部不能種植此項最可寶貴之森林。中國農林產之菌害，尚未經大規模之調查研究，而此項研究須從植物病理學之根本之菌學方面下手。現在二三生物研究機關，正努力為初步之研究工作，亟應提攜鼓勵之，使得從速邁進也。

8. 發酵菌類與細菌之研究

發酵菌類與細菌，關係於國計民生者極大。巴斯德研究之所得，

足以償普法戰後法國對於德國之賠款而有餘。土壤細菌之研究，關係於農業者至大，酒精工業、甜菜糖工業、製酒工業、紅茶製造、醬油製造等，在在與發酵菌類與細菌之研究有關。吾國民族為未知科學方法，而最能利用發酵菌類與細菌者，如醬及腐乳、粉絲、紅麴米、皮蛋之製造等，皆為吾民族所獨擅之技術，而歐美民族所不知者也。近世惟日本曾努力以科學方法研究發酵生物，吾國極宜追蹤亟起，以大力從事此項之研究，其影響於國計民生者，殆不可以億計也。

9. 水產生物之調查與研究

中國海岸北起自渤海灣，南至廣州灣，自北溫帶至熱帶，綿亙數千里，水產之富，不言可喻。而國人之消耗水產食物，亦在他民族之上，每年自日本有大宗水產之入超。在過去雖不乏研究水產學之人，惜皆於水產動植物分類學無深刻之研究，故歷年雖辦有水產學校，於吾國之水產業毫無裨益。不但不能以生態學研究之結果，增加水產之出產，即吾國水產之調查，亦無法進行。又如與醫學及國防有關之碘之出產問題，亦以無研究海藻之專家，未能著手研究。又如吾國素以養魚業著名，然所養之種類至少，若加以科學研究，則可養之種類當不止此。又如昆布吾國每年消費甚多，而皆來自日本，然日人已在大連一帶，移植昆布，成績甚優，在吾國其他海岸未嘗不能試為移植此類海藻也。又如防治瘧蚊，今日多培養特種在水面掠食孑孓之魚類。此種研究關係於衛生者至大，如滇、粵之瘴氣，已證明為惡性瘧疾，而當惡瘧盛行之時，每至全縣人口死淨。以後如欲開發熱帶邊境，非由治瘧蚊下手不可。說者謂羅馬帝國之敗亡，由於瘧疾，而中美洲邁耶（Maya）文化之滅絕，亦由於黃熱病瘧蚊之故。今日，意大利在羅馬近郊之治瘧蚊，即用移養魚類之方法。此類研究，亦今日不可緩之要政也。今幸國內水產動物學家大有人在，而研究海藻者亦有專家，現在中央研究院動植物研究所已大規模著手於海洋學之研究與水產之調查，政府亟宜以全力支持之，並鼓勵其他生物學機關，從事於此項研究也。

10. 昆蟲之調查與研究

與人爭利者以害蟲為最劇，治蝗自古即列為農政之要目。螟蟲

之為害亦為先民所知曉，然其他害蟲則視為無法防治而坐視其蹂躪。至於昆蟲與疾病有關，則非至今日科學昌明之世無由悉知也。今日據專家之估計，昆蟲所致農產品之損害以億萬計，故在歐美各邦，不惜糜鉅款以治蟲。每逢一種害蟲發生，防治之不啻如臨大敵。如美國竟有大規模之國立昆蟲局之設立，每每對於一種害蟲即設立一研究所，實則其所救濟之所獲，遠在其所耗費金錢之上也。在吾國則昆蟲學研究與實施，尚極幼稚，大規模之昆蟲防治機關，僅有浙江昆蟲局一所。中央農業實驗所之昆蟲組，亦僅粗具規模，而江蘇之昆蟲局竟至停辦，此江蘇省政之最可訾議者。同時對於為經濟昆蟲學之基礎之昆蟲分類學，乃甚少研究之，如鱗翅目乃包括最多種害蟲者也（螟蟲即屬鱗翅目），而中國竟無研究鱗翅目之專家，半翅目之專家只有一人，鞘翅目之專家亦只有一人。雙翅目為與人類衛生最有關係者也（蚊蠅皆屬雙翅目），而今日研究醫學昆蟲學者亦寥若晨星。而對於此類昆蟲研究有廣大之基礎者只有一人。故在今日言防治害蟲而不注意於昆蟲分類學之研究，不啻不揣其本而齊其末也。昆蟲之種類在動物中為至繁，吾國之昆蟲知之尤寡。某國昆蟲學家曾言中國之鱗翅目恐十種中即有九種為新種，故今日純粹與經濟昆蟲之研究，皆宜雙方並重而積極研究之者也。

11. 寄生蟲之研究

人體與獸體內之寄生蟲，為害極大，如浙江有數縣以肝蛭猖獗之故，至居民盡室逃亡。鉤蟲之為害於健康亦巨。人體寄生蟲固為醫學家研究之問題，牲畜之寄生蟲則為治農業者所宜注意。中國研究寄生蟲之專家，不過數人，此種研究，亦宜鼓勵者也。

12. 有益有害之鳥獸研究

最近實業部曾以益鳥害鳥等表分發各生物研究機關徵求意見，以為訂定狩獵法細則之用。實則在未經大規模與長期間之調查與研究，何為益鳥，何為害鳥，實無法斷定之。此時苟印行此類表，則必與昔日農商部所刊布之各省造林須知同貽笑柄。蓋中國鳥類獸類種類極多，而國內對於鳥類學有研究者不過三四人，對於獸類有研究者只有一人。自應用觀點言，獸類與人生關係尤為密切而顯著，如齧齒類之有害於農產甚，而傳播重要之疾病，如東三省之黑死病、

華南之鼠疫等，即其著例也。又如四川之麝鹿，及北方諸省產皮革以及可供狩獵之獸類，皆亟宜注意者。安哥拉兔，將來必為華北極重要之經濟原素，玄狐、白狐之馴養，亦已有人因之而獲大利。其他國產珍貴裘革獸類之馴養，似亦為當務之急。此類應用問題，必須先由大規模之鳥類獸類調查入手。美國國立生物調查所成立有五十年，規模宏大，建樹亦多，此吾國所宜效去者也。

以上所舉吾國亟應舉辦之生物調查與研究事業，皆在正式農業研究範圍之外者，而已經緯萬端，百廢待舉。然國家對於此類工作，除國立中央研究院之動植物研究院，曾注意予水產調查與菌類研究外，未嘗有分毫之努力。國內生物研究機關雖有六七所，然規模皆極狹小經費皆過少，且尚須為純粹科學之研究，對於此種種應用問題，常有心有餘而力不足之歎。說者尚恐機關太多，工作不免重複，實則十倍今日之人力財力，尚不足以應付一切當前之問題。苟非故意相犯，工作決不至重複也。上文所舉皆顯明之生物學之應用問題，亟待解決者，實則純粹與應用之研究，萬難強力區分。翁文灝先生有言：「科學是整個的，本無所謂純粹與應用，與其說應用的科學，不如說科學的應用。」此實深知酌見之言，而吾國之領袖，宜再三服膺者也。

丁文江先生告知吾人，吾國每年用於科學研究之款項大約四百萬元，不及美國用於工業研究兩日之款項。美國地質調查所每年經費三百萬金元，其他機關之經費可以類推。生物學研究之重要已如上述，而所有國內六七生物學研究機關之經費不到二十五萬元，如此欲求偉大之收穫，不啻以豚蹄而祝滿車。過去之政府不知治國之道，固不足深責，在今日政治刷新之時，為國防與生產計，則政府對於生物學之研究，決不可不極力提創，或專立研究機關，或資助已成立之研究機關，使之多著意於生物學應用之研究也。然以吾國人才之缺乏，而各研究機關各有其歷史，創立新機關反不如資助已成立之公私機關為更易收效。美國之國立博物院乃委託私立之斯密桑研究所主辦，紐約州之農學院附設於私立之康南耳大學，林學院附設於賽納邱士大學，而英國之邱皇家植物園亦由私人研究機關蛻化而成，皆其著例也。

再則雖以中國現在生物學之比較發達，然以事業之多端，十倍
於今日之人才，尚不敷用，若各省亦同時推進此項研究，則需要勝
任之人才益多。培植人才，實為當務之急，此尤政府所宜特為籌劃
者也。〔註696〕

1936年1月，《樸學之精神》文章在《國風》雜誌（第8卷第1期，第13
～15頁）發表。摘錄如下：

溯自辛亥革命，於茲二十四年，國內高等教育自草創之初基，
漸臻於發揚光大之域，而科學界成績尤非昔日夢想所能到。在此科
學進步中，國立南京高等師範學校實奠篳路藍縷之功。南高一校自
成立以至於今，迭經改為國立東南大學、第四中山大學、江蘇大學
與中央大學，然其誠樸篤實之精神，二十年來始終不變。南高舊日
同學以余昔日曾躬與母校開闢草萊之役，乃於發行紀念刊時，囑為
一言。余追循往事，有不禁愀然而悲，色然而喜者。夫何能不言，
言之且絮絮不能自己也。

南京高等師範學校成立於民國四年，農業專修科增設於民國六
年，主持科務者為鄒秉文先生。初創之時，鄒先生外，尚有原頌周
先生任作物學教授兼農場主任，翌年張範村先生來主講畜牧學，餘
則來授植物學。其時教授不過四人，學生二十餘人，顯微鏡二十餘
架，圖書幾絕無僅有。同人踽踽涼涼之態可掬。然各本少年銳氣，
不以艱巨為可畏。閱二年餘遂有漫遊浙贛，深入閩粵邊境採集植物
之舉。今日國人所創辦之七八生物研究所，要以此為嚆矢焉。無何，
秉農山先生來校授動物學。以其淵深博大之學問，孜孜不倦之精神，
誘掖青年學子以從事研究，於是在農業專修科中為附庸之生物學課
程，遂蔚為大國。其後，錢雨農、陳煥鏞、陳席山諸先生先後蒞止，
東南大學之生物系，乃蓋有不可動搖之基礎。從而生物系同人復以
赤手創辦中國科學社生物研究所，國內生物學研究因得積極進行。
二者交相為用，東大生物系遂人才輩出，迄今有六生物學研究機關，

〔註696〕胡啟鵬輯釋《胡先驌墨蹟選》（初稿），2022年2月，第305～324頁。張大
為、胡德熙、胡德焜合編《胡先驌文存》（下卷），中正大學校友會出版發行，
1996年5月，第243～253頁。

皆為南高舊日師生所主持，而七大學之生物系，皆有南高師生任教授，不得謂非一時之盛也。

在農科自身，則棉稻麥與蠶絲之改良，皆以南高農業專修科之草創事業為始，至今其影響已遍於全國。如棉作改進會、蠶桑改良會、稻麥改進所、中央農業實驗所、上海商品檢驗局，莫非鄒秉文先生及日東南大學農科同人為之策劃主持之。使無十七年以後改組之波折，其成就或不止於此也。

此外在其他自然科學中，南高與東大師生貢獻最大者，厥為物理學與氣象學。物理學系人才輩出，而全國氣象人才幾全為竺藕舫先生一人之弟子。北京大學以地質學系著稱，而東南大學則以生物系與氣象學馳譽。南北遙對，可稱為中國近世學術界盛事。再則南高東大師生於數學與化學，亦有相當之貢獻。此皆南雍實事求是質樸真誠之精神所表現也。

夫南雍之精神，不僅在提倡科學也。文史諸科名師群彥，亦一時稱盛。言國學則首推王伯沆先生之於文，柳翼謀先生之於史。當五四運動前後，北方學派方以文學革命，整理國故相標榜，立言務求恢詭，抨擊不厭吹求，而南雍師生乃以繼往開來，融貫中西為職志。王伯沆先生主講四書與杜詩，至教室門為之塞。而柳翼謀先生之作《中國文化史》，亦為世所宗仰。流風所被，成才者極眾。在歐西文哲之學，自劉伯明、梅迪生、吳雨僧、湯錫予諸先生主講以來，歐西文化之真實精神，始為吾國士夫所辨認。知忠信篤行，不問華夷，不分今古，而宇宙間，確有天不變道亦不變之至理存在。而東西聖人，具有同然焉。自《學衡》雜誌出，而學術界之視聽以正，人文主義乃得與實驗主義分庭而抗禮。五四以後，江河日下之學風，至近年乃大有轉變，未始非《學衡》雜誌潛移默化之功也。

總觀吾國二十年來之經過，政治不循正軌，學術群趨險詖，及其末流，至釀成空前之劇亂。內則殺人盈野，外則疆土日蹙，至舉國上下咸抱慕燕鑊魚危亡無日之感。幸今日秉國鈞者，知欲挽救國難，首在正人心，求實是，而認浮囂激烈適足以亡國滅種而有餘。於是一方提創本位文化，一方努力於建設事業。南雍師生二十年來力抗狂潮勤求樸學之精神，亦漸為國人所重視。吾知百世之下，論

列史事者，於南雍之講學，必有定評。則今日南雍師生所以紀念南雍成立二十週年者，他日尚可紀念於無窮也。〔註697〕

2月1日，胡先驌致劉咸信函。

重熙仁弟惠鑒：

前寄《關於生物科學之應用研究》一文，諒已收到。昨與秉師談，知傅斯年一輩人對於東大師生異常嫉視，吾人雖不喜朋黨，然亦不可不有所團結，以自防衛，庶求免受北大學閥之蹂躪。今幸東大師生在黨政學界已具相當之勢力，而尤以在學術界有甚大之成就，苟團結一致，努力進行，不難握得實權，徐圖建樹也。

羅佩秋人極忠誠，惜過於質直，而尚少前進之精神，驌已勉其以天下為己任，而善自修養矣。此次驌向陳果夫先生之建議，牽涉方面頗多，若有洩漏，或成怨府，故對秉師與曉湘師均未明告。原件面交果夫先生，不知佩秋已見否。茲將該稿寄足下一閱，閱畢仍乞寄回。可覓暇與佩秋詳商，若文化部以及一切驌所主張之各項文化建設果能實現，亦大佳事也。而除中正大學外，驌以為創立通儒院與擴大國立編譯館為最重要，後者若得柳翼謀先生與張曉峰或足下分任正副兩長，必可對於文化事業有極重要之建樹也。

在君先生固今日有為之人才，中道殂喪乃國家之損失，然在某方面亦為一種障礙。繼其後任者，有胡適之之說，恐彼未必肯就。陶孟和亦一適當人物，而考成沉著或尚在丁在君之上，然彼是否有此意，亦未可知。竺藕舫先生亦未肯就斯職。故一切尚在未定之局也。

暇中與佩秋談及，或通函請勸彼轉勸果夫先生，對於驌之事業多所贊助，如政府撥款與敝所，使在成都設立分所，俾得致力於生物學之應用研究，於國家必多有貢獻也。驌與秉師談及為鞏固科學社及生物研究所事業起見，宜使科學社與二陳公發生更密切之關係，如舉立夫先生為董事之類。請與佩秋一商，俟秉師南歸後再商具體辦法可也。餘容後陳。

〔註697〕胡宗剛撰《胡先驌先生年譜長編》，江西教育出版社，2008年2月版，第233～235頁。

即頌

撰祺

先驌 拜啟

〔廿五年〕二月一日〔註698〕

2月13日,胡先驌致劉咸信函。

重熙仁弟惠鑒:

奉二月九日手書,敬悉一是。自《生物學調查與研究》一文寄交翁詠霓、吳達詮兩先生後,翁先生已正式來函,囑為計劃在四川設立生物調查分所之具體辦法,驌已開列豫算開辦費九萬元,經常費八萬元,逐漸加至十二萬元。此事若能實現,則下半年驌將赴成都經營一切,則事業之發展未可限量矣。

科學的文化建設運動誠今日之急需,驌以為宜作一宣言,足下可與張曉峰聯合起草,並請各專家參加意見,供給徵引之材料。論文要旨約有以下數點:(一)中國文化以前所缺者為科學,即五四運動、中國本位文化運動亦未深知科學之重要。(二)無論社會科學、自然科學或應用科學,在中國皆須加倍努力進行,而執政者尤宜竭力提倡,而認為惟一之基本國策。(三)科學研究雖宜自由,然為應付當前國難,宜極力注重生產與國防兩方面之研究。(四)工業雖為科學之應用,然其成就較之純粹科學尤為困難,故政府與社會尤宜提倡而篤信之。(五)科學家宜參加政治與立法,以期直接輔助政府進行各項科學事業,並宜結合成政治組織,要求參加政治。政府亦效法歐美列強,多聘科學家為顧問,或在立法院特設若干科學家名額。

大意如此,該文作成後,請寄驌略為潤色,並宜廣徵國內重要科學家署名,並請告羅佩秋轉告,請陳果夫先生積極提倡,且當向奉化處陳說。至各事從速得以實現,則匪特國家之福,即對于果夫先生之事業亦大有幫助。現在翁先生贊襄大政,對此運動必能表深切之同情也。立夫先生感情用事,器量似甚狹小,此次因上海學潮

〔註698〕周桂發、楊家潤、張劍編注中國科學社檔案資料整理與研究《書信選編》,上海科學技術出版社 2015 年 10 月版,第 104 頁。

為奉化所斥責，若以後作事苟如此不擇手段，將來恐有更甚之蹉跌。現在奉化惟一之目的在澄清國內之政治，及挽救當前之危局，以立夫先生之地位，宜以全副精神幫助奉化達到此項目的，而決不可有門戶之爭。政學系中人頗多能作實際政治之人，惟有以成績可與爭勝。至於翁詠霓、蔣廷黻諸先生皆無黨派，亦惟實際工作方能與之沆瀣。甚望與立夫接近之人能於此進箴規也。Hooker〔？〕之《喜馬拉耶遊記》即日奉寄，餘不盡言。

　　即頌

奲祺

先驌　拜啟

〔廿五年二月〕十三日〔註699〕

2月14日，胡先驌致劉咸信函。

重熙仁弟惠鑒：

　　昨發之函有一頁未附入，茲特寄足下。即希詧收為荷。

　　此頌

撰祺

先驌　拜啟

〔廿五年二月〕十四日

　　再啟者：驌前有 Jowett 之原版 *Dialogues of Plato* 一部計四大冊，存在科學社圖書館，在民十五、六年為東大同學翁之詠由科學社圖書館借出，迄未歸還。曾函路季訥先生，彼亦未理此事。請代為設法追回為要。科學社圖書館現負保管之責，似不能置之不問也。又及。〔註700〕

2月17日，希望將將生物相關書籍轉交本所。

　　靜生所委員會第15次會議上，胡先驌在提交《請撥本所基地建議》的同時，也提出《請撥北平圖書館生物學書報歸本所建議》，此

〔註699〕周桂發、楊家潤、張劍編注中國科學社檔案資料整理與研究《書信選編》，上海科學技術出版社 2015 年 10 月版，第 105～106 頁。
〔註700〕周桂發、楊家潤、張劍編注中國科學社檔案資料整理與研究《書信選編》，上海科學技術出版社 2015 年 10 月版，第 107 頁。

－762－

兩項提案，在會上均得獲通過。其《請撥北平圖書館生物學書報歸本所建議》如下：「圖書為一切研究之參考，不可須臾或離，無圖書有人才標本儀器，亦必束手無策，不能研究，此學人皆知也。當本所初辦之時，以經費甚少無力購置書報，而國立北平圖書館所購置之科學書籍中亦有生物學一門，在當時以為若北平圖書館之生物書籍由本所開單介紹購置，並歸本所負責保管使用，則本所可以不必另備圖書而得圖書之用，而本所交換所得之刊物名義上亦為北平圖書館所有。七年以還，皆照此辦理，尚無若何窒礙難行之處，惟此項書籍為圖書館所有，並非圖書館與本所所共有，本所只有使用權，雖兩機關皆為中基會所辦，而一為國有，一為私立，國有機關不免為政局所支配，目前如此合作尚覺可行，然圖書為本所重要命脈之一，若圖書館有權取回，是本所命脈操之圖書館之手矣。昔日圖書不多，關係尚不重大，現時歷年所購置交換之書報已值十數萬金，日後尚與年俱增，而不止此數，萬一圖書館為勢所迫，或若干年後，人事變遷，主持圖書館者不允再將此項圖書歸本所保存使用，中基會勢不能為本所另行出資一二十萬元再為購備大宗書報，則本所非停辦不可。茲為本所樹立百年大計，惟有請貴會與教育部商決，將此項書報完全撥與本所，其為本所研究範圍所不及，如生理學等書報則歸圖書館，此外每年另行撥給本所圖書經費若干，以為添購圖書之用，則本所圖書百年之基礎以立，而可免刻刻懸心於不虞事變之發展矣。」〔註701〕

2月17日，建議私立機關建房保護好產權。

胡先驌在靜生所委員會第15次會議上，提出《請撥本所基地建議》，獲得通過。《建議》全文如下：「敝所建立新廈之基地本為官產，當時為減少請撥官產之困難起見，乃用國立北平圖書館名義具領，在敝所新廈建築之時，尚名為國立圖書館研究所，實為一種權宜辦法。國立北平圖書館為國立機關，本所為私立機關，以私立機關建廈於國立機關所有之地基之上，將來難得不發生重大之糾紛，為一

〔註701〕《靜生生物調查所委員會會議記錄》，南京：中國第二歷史檔案觀，609（3）。胡宗剛著《靜生生物調查所史稿》，山東教育出版社，2005年10月版，第61頁。

勞永逸計，擬請貴會將地權以部令轉移，以免日後發生糾葛，至以為幸。」〔註702〕

2月17日，胡先驌在靜生所會議上的兩項建議。摘錄如下：

在靜生所會議上的兩項建議

一、請撥北平圖書館生物學書報歸本所建議

研究所有四大要素：一為人才，一為標本，一為儀器，一為圖書。圖書為一切研究之參考，不可須臾或離，無圖書有人才標本儀器，亦必束手無策，不能研究，此學人皆知也。當本所初辦之時，以經費甚少無力購置書報，而國立北平圖書館所購置之科學書籍中亦有生物學一門，在當時以為若北平圖書館之生物書籍由本所開單介紹購置，並歸本所負責保管使用，則本所可以不必另備圖書而得圖書之用，而本所交換所得之刊物名義上亦為北平圖書館所有。七年以還，皆照此辦理，尚無若何窒礙難行之處。惟此項書籍為圖書館所有，並非圖書館與本所所共有，本所只有使用權，雖兩機關皆為中基會所辦，而一為國有，一為私立，國有機關不免為政局所支配，目前如此合作尚覺可行，然圖書為本所重要命脈之一，若圖書館有權取回，是本所命脈操之圖書館之手矣。昔日圖書不多，關係尚不重大，現時歷年所購置交換之書報已值十數萬金，日後尚與年俱增，而不只此數。萬一圖書館為勢所迫，或若干年後，人事變遷，主持圖書館者不允再將此項圖書歸本所保存使用，中基會勢不能為本所另行出資一二十萬元再為購備大宗書報，則本所非停辦不可。茲為本所樹立百年大計，惟有請貴會與教育部商決，將此項書報之為本所必須使用者，完全撥與本所。其為本所研究範圍所不及，如生理學等書報則歸圖書館。此外每年另行撥給本所圖書經費若干，以為添購圖書之用，則本所圖書百年之基礎以立，而可免刻刻懸心於不虞事變之發展矣。

二、請撥本所基地建議

敝所建立新廈之基地本為官產，當時為減少請撥官產之困難起

〔註702〕 胡先驌，《請拔本所基地建議》,《靜生生物調查所委員會議記錄》，南京：中國第二歷史檔案館，609（3）。胡宗剛著《靜生生物調查所史稿》，山東教育出版社，2005年10月版，第32～33頁。

見，乃用國立北平圖書館名義具領，在廠所新廈建築之時，尚名為
國立圖書館研究所，實為一種權宜辦法。國立北平圖書館為國立機
關，本所為私立機關，以私立機關建廈於國立機關所有之地基之上，
將來難得不發生重大之糾紛，為一勞永逸計，擬請貴會將地權以部
令轉移，以免日後發生糾葛，至以為幸。〔註703〕

2月20日，被選為國際科學教授會副會長。

　　胡先驌君：開歲應友人之招，至鎮江及南京小住數日返平，最
近曾被舉為國際科學教授會副會長（代表中國）。〔註704〕

2月，《南遊雜感》文章在《國聞週報》雜誌（第13卷第7期，第9~11
頁）發表。摘錄如下：

　　獻歲後，以友人之招，曾在首都作數日之勾留。得晤黨政學界
友人不少，耳目所接多平日蟄居研究所不及知之事。素不喜作文，
然以政治方有清明之機，輒拉雜書其所感，聊供社會人士之參考。
　　年來頗聞江蘇省政較前大有進步，然不知其事實。此次則知以
少數人操地方政府之治權，亦足為莫大之改革也。江蘇省政府各廳
長委員，純屬一黨一派。驟視之似不足以昭示大公，然彼等之奉公
守法，則幾為大眾所公認。民政廳長本為一潔身自好之士。財政廳
長雖非素習財政者，然僅以奉公守法之故，遂致江蘇省財政趨於光
明。其在任九個月期中，江蘇省政府之財政收入等於前任一年之所
得。江蘇省府成績之尤大者，則在全省匪患之肅清。江北號稱盜藪，
而今日竟可夜不閉戶。去年一年，全省僅發生綁票案一起，而作案
之匪且係由安徽竄入者，後且為其頭領所斥，而速即將肉票釋放。
昔日江北籍之有產資者咸不敢回里，今皆逐漸遷回。之所以有此奇
蹟者，不外保甲辦理認真，而懲治盜匪秉治亂國用重典之旨，不稍
姑息而已。至於建設事業，則以治水患為要政。建設廳長即為治水
專家，故能有特殊之成績，導淮事業不日即可告成。而徵工治黃患，

〔註703〕 胡宗剛撰《胡先驌先生年譜長編》，江西教育出版社，2008年2月版，第242
　　　　 ~243頁。
〔註704〕 《社友》第53號1936年2月20日信息。張劍、姚潤澤編注中國科學社檔
　　　　 案資料整理與研究《〈社友〉人物傳記》資料選編，上海科學技術出版社2020
　　　　 年版，第161頁。

以官民通力合作之故，亦有絕大之成績。徵工之多，每日曾達十六萬人。使民雖勞而不怨，費款極巨而弊絕風清。然蘇省為政極近人情，無他省擾民或虛偽之弊。可見為治之不難，苟能廉潔奉公，則雖無特殊之才幹與經驗之書生，亦能樹立清明之政治。苟各省政府皆能效法江蘇，中國地方政治不難逐漸趨入正軌也。

……

所謂基本經濟政策為何？即合作是也。國民黨之三民主義，實為一種反對階級鬥爭之溫性社會主義。國民黨既以社會主義式之民生主義相標榜，則如某學者所云政治不妨趨右（指中央集權統治經濟反對階級鬥爭言），而經濟必須向左。或以為果爾則必踏意大利德意志法西斯主義之覆轍，而終投降於資本主義。實際不然。蓋德意兩國本有偉大之資本主義與工業，故墨索里尼與希特勒雖以社會主義相號召，而終不得不與資本家謀妥協。中國則無可稱述之大資本家與大企業家，除聚斂非分之財之貪官污吏外，別無偉大操縱國家金融之資本家，故為溫性之社會主義之改革甚易。中國經濟既已落後，他日亦難發達為資本主義國家，則惟有效法斯干丁拉威諸邦，以造成一種無大資本大工業之溫和社會主義之最高文化。斯乃中國之幸福，而今日操黨政大權之首領所宜以全力進行者也。而達此目的之最佳工具厥為合作運動。蓋合作運動不但能增加人民之收入，且能齊一人民之意志，使之知必團結合作方能增加人民之幸福，使之知必擁護國家，方能保持一己之利益。於是則愛國心油然而生，而外患不足畏矣。評者謂斯大林之貢獻，在能使一團散沙，知識低下之俄人，有統一之意志。實則墨索里尼與希特勒之能攫得政權，皆在其能統一其國人之意志。國民黨如欲長久保持其今日之統治地位，亦必能求統一國人之意志之道。而統一國人之意志之工具，只能引起人民之消極擁護。惟合作運動能使盡人皆覺其自身對於謀公眾之福利有所貢獻，有貢獻之能力，舉足可以重輕，使之發生自尊與急公好義之心理。則國人數千年來各人自掃門前雪之心理將因以丕變，而救亡大業與一切社會教育民眾運動以及地方自治皆可以此為基礎矣。寢假合作事業發達而日趨於複雜，則不但農村可有種種合作社，工商業亦可以合作制度行之。如英國有種種之合作工廠與

進出口公司即其前例。其資本之雄厚與資本主義之工商業等，不過所有權不同，其目的亦不同耳。美國文豪 Upton Sinclair 在其競選加利福利亞州長時所主張之「epic」制度即此意也。美人某認英國不至有法西斯革命，即以合作社勢力極大之故。吾國若辦理合作事業得法，則勞資之衝突可免，經濟之難題泰半解決矣。雖然合作事業辦理殊非易易，據有辦理合作之經驗某君談，大抵信用合作與運輸合作已有成績，以其最為農民所需要而手續又最簡單故。消費合作與私用合作，則不易收效，以手續繁雜故。消費合作必須有精密之簿計，即此一端，已可知辦理此事人才為不易得也。實業部合作司司長章元善，辦理合作最有經驗也。現政府有款七百萬元交彼辦合作事業；如有需要，尚可增加。然章先生已感於辦理合作事業人才缺乏，不敢過於擴大其事業，以免有失敗之虞。蓋苟辦合作而失敗，則政府與黨皆將失去唯一之重要增進國民經濟與團結人心維新國運之工具矣。報載蔣院長將召集失業之大學文法科畢業生，施以適當之訓練，派往農村服務，吾意不妨以辦理合作為此種訓練之主要目標也。某領袖最傾心於合作事業，殆有見於此乎？

歸途晤見美籍要人某君，詢以對於中樞改組後之感想，彼云盼此政府至少秉政十年。具見中外人士對於政府之屬望，而諸公之責任益重。蓋今日吾國已至存亡危急之秋，政府舉措偶一不慎，即可陷吾民族於萬劫而不復。執政諸公幸秉臨深履薄之旨，將此失舵之孤舟挽救於狂飆駭浪中也。〔註705〕

2月，《中西醫藥研究社一週年紀念》文章在《中西醫藥》（第2卷第1期，第1～2頁）發表。摘錄如下：

吾國醫藥之學，託始神農，雖言不足徵，其發達之早，當不在秦漢以後。蓋吾國地人物博，植物種類之繁多，甲於溫帶，以先民利用厚生之勤，致知格物之敏，醫藥學之孟晉，自在意中也。至於本草之學，肇始於陶弘景，集成於李時珍；在近代科學未輸入以先，斯學已可雄視世界而無愧。而邇年以來，陳克恢、趙石民、許植方

〔註705〕 胡宗剛撰《胡先驌先生年譜長編》，江西教育出版社，2008年2月版，第237～242頁。

諸氏，以科學新法研究國藥，成績之佳，出人意表。當憶十年前陳氏麻黃精治療研究問世後，二年之內，歐美各邦醫藥學鉅子，關於麻黃研究之論文發表，不下一百二十餘篇，且不久德國即有人造麻黃精之製成，其他藥物雖著效不及麻黃，然如當歸、黨參、穹隱之類，其藥性已經科學研究而益明；至若吾國藥學雖陰陽五行之說，大悖科學精神，而以數千年之經驗，未始無科學醫學尚未發現之原理，已為舊醫所熟知，不過其理論未能科學化，不免知其然不知其所以然之譏耳。嘗讀王荊公《汝瘿》詩，知以甲狀腺治白癜，在北宋已為普遍之知識。以內臟治病，在我國殆視為當然，而在歐西方詫為奇創，吾國法醫學以滴血辨親子之關係，今亦為生理學者所公認。而以蛇毒治病，在歐美方在萌芽，將來應用至若何程度，尚不可知，而在吾國亦為習聞之事，故苟以近代科學將中國數千年醫藥知識加以精研，必能發揚光大，造福於無窮也。自植物學之立場言之，中國藥學與植物學，尚須極度之合作。中國之附子、龍膽，種類皆極繁多，品種不明，藥性即難斷定。又如木防己科皆含有各種不同之贗城，苟深加研究，則除防己、木防己、千金藤諸種之外，必更有多種可供特用之良藥。藥學家非與植物學家為密切之合作，終等於捫盤說日，毫無是處；而藥用植物之採集、鑒定與栽培，實為中國今日藥學之亟圖也。中西醫藥研究社成立，於茲一年，宗旨在研究吾國醫藥文獻，介紹世界衛生新知，其貢獻於吾國醫藥界者至大，而靜生生物調查所與江西農業院在廬山含鄱口合辦一全國最大之森林植物園，為期亦僅年餘，研究鑒定栽培國產藥材，本為植物園預定計劃之一，是將來與中西醫藥研究社合作之機會方長也。茲因研究社發行專刊，乃略抒所見，亦以交相策勵云爾。

民國二十四年十二月，新建胡先驌於北平靜生生物調查所〔註706〕

2月，《中國植物學雜誌》刊載靜生生物調查所出版書目。

一、《中國植物圖譜》，此圖譜系靜生生物調查所所長胡先驌博士暨廣東中山大學農林植物研究所所長陳煥鏞碩士合編，其研究所發見之新屬新種大半在此書發表，而尤注意國產有經濟價值之樹木，

〔註706〕《胡先驌全集》（初稿）第十四卷科學主題文章，第185頁。

為研究分類學者與園藝學家暨實業、行政機關、各圖書館所必備之良籍，說明中英文並用。第一二兩卷前在商務印書館出版，第三、四卷兩卷於淞滬之役，毀於兵燹，茲由靜生生物調查查所收回自印，力求精美正確，第三、第四兩卷業已補行出版，第五卷續出，每卷捌圓，郵費壹角伍分。

二、《中國蕨類植物圖譜》，此圖譜為胡先驌博士首創與蕨類專家秦仁昌先生所編纂，一切體例與中國植物圖譜相同，內容豐富，圖畫精美，已出兩卷，每卷陸圓，郵費壹角伍份。

三、《河北習見樹木圖說》，此書為靜生生物調查所研究員周漢藩先生所編纂，周先生在河北全省採集多年，然後以其經驗編成是書，共得樹木百六十四種，各具圖畫說明，用通俗之中文描寫，計百三十餘萬言。凡產地分布與經濟價值，莫不考訂精詳，詢為各級學校及造林實業機關參考之良書。且經胡先驌博士修改校訂，更為生色不少。每冊二圓，郵費伍分。此書並有英文本，由北平博物學會出版，本所代售，定價布面每冊三圓，郵費柒分五，紙面二圓肆角，郵費伍分。

四、《河北習見魚類圖說》，此書為魚類專家張春霖博士與周漢藩先生所合編，內述河北省常見魚類七十餘種，並有多數圖畫及檢索表，說明用中文，凡二十萬言，為通俗而富於經濟價值之巨著，每冊壹圓伍角，郵費伍分。

五、《中國動物誌》，中國動物誌為秉農山博士主持，編輯已出三卷，分述如下：（一）《中國蜻蜓誌》，為尼登博士 Needham, J. G. 著。為述中國蜻蜓，凡二百年餘種，並述研究中國之蜻蜓源流，及參考書，為治昆蟲學者所必備之書，每冊拾圓，郵費壹角伍分。（二）《華北蟹類誌》，係沈嘉瑞先生著，內述華北蟹類六十餘種，內有新種不少，每冊拾圓，郵費壹角伍分。（三）《中國鯉科誌》（上卷），係張春霖博士著，該書首述研究中國鯉科源流，繼述連年在滇川粵閩湘鄂江浙魯豫新甘等省所採標本之分類，凡四亞科六十餘屬一百餘種，每種有詳細說明，清晰插圖及檢索表，又次述鯉科地理之分布，末附研究中國鯉科學考書目，誠為中國人研究鯉科空前巨著，治斯學者不可不備之參考書也。每冊捌圓，郵費壹角伍分。

六、《靜生生物調查所彙報》，本彙報年出一卷，卷分十餘冊，具係本所各專家研究心得，現已出版四卷，自第五卷起，動植物兩部分別出版，分購價目，第一卷伍圓，第二卷捌圓、第三卷陸圓，第四卷柒圓，合購四卷共價貳拾肆圓，郵費每卷壹角伍分，無論分購合購均須照加預定第五卷，連郵共貳拾圓。動物或植物分定者減半，另有詳目函索即寄，通訊處：北平西安門內文津街三號本所。〔註707〕

3月4日（農曆二月十一），三子胡德輝在北平西什庫東夾道8號寓所出生。

3月9日，胡先驌致劉咸信函。

重熙仁弟惠鑒：

三月四日手書拜悉。科學的文化建設運動將來雖可以東大師生為骨幹，但究為堂堂正正之師，自宜酌量網羅此外之知名科學家加入發起之列，領袖決推任叔永先生。若驌居領袖地位，反響必大，於事行且無濟也。發起人數擬三十人，翁詠霓請張曉峰與之接洽，任叔永可由足下與張曉峰、嚴慕光、孫光遠、吳定良諸人出名作函接洽（惟饒樹人先生處可請吳正之接洽，不可由嚴慕光列名函邀），如彼謝絕領袖列名，則須敦勸竺藕舫先生領袖。其餘非東大師生，皆可由足下等列名邀請，不知尊意以為何如？

將來一切言論與活動，皆以不與他人衝突為原則，而絕對以建設科學文化為宗旨，如此則易於得社會之同情。將來發表言論之機關有《科學》《科學畫報》《國風》及《申報·科學副刊》，不患其勢力之不廣也。《大公報》現已遷往上海，將來可設法將其《科學副刊》編輯權取得，則勢力尤大矣。

發起人名列於左下方：

任叔永、翁詠霓、秉農山、竺藕舫、胡步曾、顧毓琇、饒樹人、葉企孫、何葵園、周子競、楊允中、楊鍾健、鄒秉文、錢雨農、李四光、曾昭掄、茅以升、董時進、陳煥鏞、謝家聲、吳正之、馬君武、伍連德、張曉峰、吳定良、歐陽翥、盧於道、馮澤芳、嚴慕光、劉重

〔註707〕中國植物學會編印《中國植物學雜誌》，1936年2月，第2卷第4期，第6頁。

熙、孫光遠

　　如此，則東大、師大已占大半，以後只要大家努力作文字及實際工作，其他團體殆難與之相競也。若上列諸人中有一部分不願參加，則如孫洪芬、鄒樹文、張景鉞、胡敦復、曹梁廈諸人亦可酌量請其加入也。此事若須面談一次再行發動，可待驌四月十六到京後，約定少數東大舊人一談，盼足下屆期能來京相晤也。

　　專此，即頌

孱祺

先驌　拜啟

〔廿五年三月〕九日

　　驌於去年中央研究院評議會曾提請中央年撥十萬元為獎學金，此次又擬提三案：

　　（1）請由中央研究院與國內各研究機關合作，積極從事與國防及生產有關之科學研究。

　　（2）請中研院物理、化學、工程各研究所與政府或大商號聯合組織科學儀器製造所。

　　（3）請中研院與國內各研究機關商洽，量為公開各研究室及圖書室，以獎勵科學研究。自謂此三案皆為目前要圖，盼能實現耳。〔註708〕

3月，胡先驌致中華教育文化基金董事會信函。

敬啟者：

　　自東北事變以來，華北之情勢至為兀危。敝所委員會屢次籌商，感覺有另謀處所建築房舍，以策安全之必要。兩年前敝所與江西省立農業院合辦廬山森林植物園，實為敝所事業發展之一重要階段。廬山居長江中樞，交通便利，而又不當衝要。植物園深居山谷，而又不過於僻遠，實為學術研究機關理想之區域。敝所若在該處建築房舍，消極可策安全，積極則增加研究之便利。敝所技師現任廬山森林植物園主任秦仁昌君曾設計繪一分所詳圖，按當地建築情形估價，建一二層工字式房屋，合計有一百二十餘方丈，所費不過三萬

〔註708〕周桂發、楊家潤、張劍編注中國科學社檔案資料整理與研究《書信選編》，上海科學技術出版社2015年10月版，第108～109頁。

一千餘元，外加家具及設備費約八九千元，總計四萬元即可全部設備完竣，擬請貴會核准。此次建築分三年撥款，第一年一萬六千元，第二年一萬二千元，第三年一萬二千元。是否由貴會覆核裁決。

　　此致
中基會

胡先驌
（1936 年 3 月）〔註 709〕

　　3 月，《論社會宜提倡業餘科學》（上）在《津浦鐵路日刊》（第 1508 期，第 42～43 頁發表）；《論社會宜提倡業餘科學》（下）在《津浦鐵路日刊》（第 1533 期，第 52～53 頁）發表。同年 4 月，轉載於《科學》雜誌（第 20 卷第 4 期，第 256～258 頁）發表，針對中國實際情況，胡先驌大聲呼籲全社會，提倡業餘科學。摘錄如下：

　　　　吾國人士之嗜副業，以及在副業上有大成就者亦夥矣。姑先就士大夫言之，自國家以科舉取士，除以帖括詞章書法為獵取功名之敲門磚外，所望於士大夫者蓋甚寡，殷民社者甚至政治法律亦不需研習，而但委之於幕僚。一切學問幾皆為副業之產物，若條舉之如經史百家、詩文詞典、訓詁校勘、醫藥曆算、博物考古之學，書畫、篆刻、音樂之藝，其有大成就垂名竹帛為國家民族光者，皆視為副業之產物也。甚而至於收藏善本圖書以及金石書畫，雖未必在藝術或學問上有何貢獻，然使歷代珍品異書得以保存，以貽後人而不至失墜，其有功於一國文獻者亦極重大，不可以玩物喪志譏之也。蓋副業者殆為人生所必需，而導之以正，則為益滋大，有如此者。

　　　　在吾國科學素不發達，故以科學為副業殊寡，然亦非絕無其人，如晉之張華在自然科學上有重要之貢獻，即其最好之例。又如遠宦而志其方物，漫遊而研其民俗，如范成大之作《桂海虞衡志》，顧炎武之作《天下郡國利病書》皆是也。而李時珍、吳其濬之於植物與本草，徐霞客之於地理，尤為世稱。甚而至於以萬幾餘暇，而精研數理之學如有清之康熙帝，則尤天亶聰明矣。獨國人性嗜文哲之學，

〔註 709〕胡宗剛編《廬山植物園八十春秋紀念集》，上海交通大學出版社，2014 年 8 月版，第 83 頁。

喜靜而惡動，喜玄虛而惡實際，故以科學為副業者蓋寡。然苟社會知以此為提倡，則業餘之科學家不難輩出，而科學亦可漸臻發達矣。

最宜為副業之科學，首推動植物等。蓋多識鳥獸草木之名，實盡人有此願望，而博物學之研究，雖精專則頗艱深，而研幾殊為簡便。若研究高等植物之分類，除一擴大鏡外，不須任何器具，苟知參考正確之圖書及就正於專家，則僅須有暇豫之時間、研討之精神與跋涉山水之精力，即可採製臘葉標本，而從容研究矣。若喜研幾下等植物，僅須購一顯微鏡，則藻類菌類以及苔蘚之離奇美麗之構造，皆可呈現於目前矣。若研究動物則稍繁難，然採集昆蟲與貝類標本，亦極簡易。研究高等動物如鳥類獸類者，固須習剝製標本之術，然亦無甚困難。至於鳥歌鳥卵以及其生活習慣，一切一切，莫非科學，而皆可為極有趣之副業研究。友人某君為銀行家，以其平生好奇之心，少年時曾為一種研究，即吃鳥肉。大而至於鷹鸇，小而至於麻雀，每獵得，必烹而食之，此亦以為副業而研究之之精神也。由此更進而為鳥類分類之研究，或研究其歌其卵其巢其食品其生活移徙之習慣，則成為中國之拉都希（La Touche）不難也。若有繪畫天才者，則研究動植物應尤覺有趣，蓋鳥類、昆蟲、貝類、花卉、樹木、菌類、藻類，皆足成為最美之圖畫也。且精確定名之標本，不但為私人之寶藏，且有商業之價值。外圍以賣標本為生之人亦有之，採集標本既可供業餘之消遣，說可造成有商業價值之標本室也。

吾國人性喜花卉，園庭之美為世所稱。嗜好甚者，有時不惜重金，以購嘉種，如梅蘭菊之類，皆有專好之人。而蘇州人之嗜蘭，不僅不惜重金，且精研其蒔養之方，與細錄其譜牒，駸駸乎有科學精神矣。惜僅墨守故常，所驚不廣，且不求與現代科學接近。藝蘭者雖不惜重金購求異種，然中國野生花卉美麗絕倫如杜鵑、報春之類者乃不知栽培。苟能推廣其栽培之範圍，不但司增加其庭園之美觀，且異種羅列，能一一舉其名稱，斯亦可滿足其求知之欲望矣。除動植物外，其他學問，亦足為自娛之副業。

......

以上所舉之副業多為一般非科學家說法，實則科學家亦可在其

所視為職業之科學外，以他種科學為其副業，亦更換環境休養身心之道也。治物理、化學者可以博物學為副業，治應用科學者可以純粹科學為副業，治生物學者可以天文、算學為副業，如此不但增加其副業之價值，且足以增厚其一般科學之基礎，於其專業亦有裨益也。

提倡科學副業之道，首在用文字或講演鼓吹，並多辦博物館、陳列所與業餘科學研究會。外國各學會之會員頗多以科學為副業者，而吾國則不然，此各學會所宜特別注意者。然自本社《科學畫報》發刊以來，銷行已逾萬份，具見有科學興趣者，非盡以科學為專業之人，則苟鼓勵有方，業餘科學之研究必能逐漸發達于全國矣。〔註 710〕

3 月，胡先驌致江西省主席熊式輝信函，採取以地換資金的方法，這種募集資金，要求省政府批准，做到有規可循。並把《廬山森林植物園募集基金計劃書》《廬山森林植物園募捐基金啟》兩份重要文件作為附件。

天翼主席勳鑒：

客歲接聆教言，倏易裘葛。丁茲赤禍初定，瘡痍未復，鈞座標建設為今年行政之鵠的，宏謀卓識，至為佩仰。陽和初肇與民更始，不世之勳如操左券矣。

茲有啟者：廬山森林植物園蒙鼎力促成，得在鄉邦立百年樹木之始基，為萬國觀瞻之所繫。公私兩者咸荷帡幪，感慰之懷，匪言可喻。惟預算至寡，而事業過巨，不籌他策，難免絕臏。嘗憶及十年前美國加州創辦巴薩丁拿植物園之計劃，以為可以借鏡。其時加州大學農學院院長麥雷爾博士與該地各方林場場主商議，由彼等捐大段森林為創辦植物園之基金與園址，而在植物園四周招來殷戶建築別墅，雙方各得其益，而植物園不費一金以成立矣。竊思廬山植物園面積九千餘畝，一部為陡峻山坡，不適種植之用，若得省政府通過，凡捐助植物園基金至若干數以上，得由植物園劃園地一至數畝作為永租，以供建築之用。人數苟眾，則可成一新村，一方植物園基金以得，一方又為繁榮廬山之良機。假設捐款二千元者給園地

〔註 710〕張大為、胡德熙、胡德焜合編《胡先驌文存》下卷，中正大學校友會出版發行，1996 年 5 月版，第 254～257 頁。

二畝，則以園地三百畝計，即可籌得植物園基金五十萬元，而園之基礎以立矣。此意與中基金會董事數人談及，皆韙其議，且已有允捐鉅款者。用敢專函商請，如鈞座認為可行，再當會同農業院正式向省政府呈請，同時並望鈞座列名於募捐啟，以為之倡。南京、北平、上海政、學、商界諸名流均不難請為列名也。植物園基金募得預增加之後，驌尚能向洛氏基金會請求補助林業研究經費，則植物園事業尤可擴充，而大有裨於江西林業，想亦鈞座所許也。

　　專此，佇候回示，並頌

政安

胡先驌 謹啟

1936 年 3 月〔註711〕

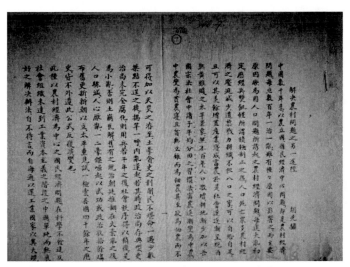

《解決農村問題之另一途徑》手稿，現藏臺灣國史館

　　3 月，胡先驌向蔣中正所提關於《解決農村問題之另一途徑》的建議，手稿現藏臺灣國史館。同年 9 月，轉載於《海王》（第 9 卷第 1 期，第 4～5 頁）；11 月，轉載於《工業中心》（第 5 卷第 11 期，第 511～513 頁）刊載。摘錄如下：

　　　　中國數千年來，以農立國，國民經濟中心問題，即是農村經濟問題。每互數百年一治一亂，雖有種種原因以影響之，而主要原因

〔註711〕 胡宗剛著《廬山植物園最初三十年》，上海交通大學出版社，2009 年 8 月版，第 54～55 頁。

厥為因人口問題所誘起之農村經濟問題。每逢大亂初定,歷經兵燹
飢饉所謂積極制止之後,人口死亡眾多,農村經濟之壓迫減少。遺
黎戮力耕織,不但八口之家,可以自給自足,且可以其羨餘增置產
業,寢成富農,於是社會遂逐漸呈現酒熟黃雞賤之太平景象。然不
百年,人口激增,耕地減少,加以吾國宗法社會中諸子平均分田之
習慣法,富農逐漸變為中農,中農變為貧農,寢且貧無立錐而為佃
農,甚至欲為佃農而不可得。加以天災之洊至,土豪貪吏之剝削,
民不堪命,一遇少數桀黠不逞之徒,揭竿一呼,內亂遂起。若其時
政治尚存典型,史治尚未完全腐化,則用兵若干年之後,社會秩序
得以稍復,是為小亂;否則土崩瓦解,舊有之統治朝廷推翻。在大
紊亂之後,人口驟減,人心厭亂,一二豪傑崛起以武功或政治收拾
餘燼,布舊更新,新朝以立,太平重見。試一檢索吾國四千餘年之
歷史,皆不外遵此公式,反覆演變也。

此種以農村經濟為中心之國民經濟問題,在科學不發達及社會
組織未達到工業資本主義之階段之中國,單純而無良好之解決辦法,
自不待言。而自海通以還,工業國家以其大規模製造之工業品,傾
銷於中國市場,使手工業一敗塗地,更有以促進中國農村經濟之崩
潰。在昔日自給自足之農業社會中之副產品,如絲織品、棉織品茶
糖、紙、煙葉等等,皆為機製品,所驅逐於本國市場之外,國外貿
易更無論矣,於是每年巨額之入超,遂無法以平衡之,而農村經濟
益加速的崩潰;今日朝野上下鑒於此種情態之不可終日,群起而謀
救濟之道,如廢除苛雜,提倡合作,努力於棉麥之改良,設立農本
局,積極修築鐵路、公路以利農業之運輸等等,皆新政中至可稱道
者,然人口過剩,耕地面積過小之問題,始終無法解決。如陶孟和
先生最近主張宜樹立一個急進的根本的農業政策,大旨在應用科學
以增加農業之生產,第一為農業工作的機械化,第二為以人工支配
種子水分與肥料,第三為化學品代替自然的產品,此種政策,固可
增加農業產品之數量,與減少從事於農業之人口百分數,結果可一
時增進農村經濟,然終無法以解決人口問題。反之,苟使百分之六
十的農民的生活和職業,以應用科學方法而奪去,則適以使人口問
題益趨於嚴重,至不可收拾之境。若不預籌對策,則救濟農村者適

以害之。在生物科學家之立場，固知改良農業，捨此別無良圖，然自全國之經濟改造立場觀之，則知捨此之外，尚須樹立其他政策也。

土地問題之解決，自人口問題上觀之，亦只能收效於一時。蓋即使將大地主之土地徵收以平均分配於人民，亦不能解決吾國諸子平均分田，數代之後，耕地仍然不足之問題。最好之辦法，即規定每戶所有之田，不得少過若干畝，而惟長子為能承受田產；然此種法律在中國必無法施行，甚且引起社會上極重大之紛擾。集團農場雖可增加農作之效率，然耕地面積日趨於減少之問題，仍不能藉以解決之。且農業機械化與組織集團農場在中國施行，殊非易事。蓋除華北與西北各省，平原千里，所種植者為小麥、玉蜀黍、高粱、小米等旱地作物，可大規模用機械耕作外，其餘各省，皆以稻作為主，尤以梯田之制盛行，則大規模用機械耕作殆不可能。在俄美兩國皆不以稻作為主，故農業不難大規模機械化。美國南部以機械種植稻田，農作方法遂不得不粗放，而每畝之產量，亦不及日本之高；而在日本以稻作為主之國家，則仍不得不取小農制；此種情形，乃吾國談農業經濟者，所不可不知者也。故在中國，即使農業技術盡力改良，從事於農業之百分數，亦不能劇減至俄美之程度，即以此也。

中國今日農村問題，殊不在農產之不能自給。吾國入超，除工業品外，農產品尚占巨額，此實有特殊之情形。中國所產之稻供給全國之用，所缺之百分數甚少，然而每年輸入洋米至一萬數千萬元者，完全由於交通不便，內地之米，不足以供給廣東與閩浙諸省之故。今粵漢路已通車，則將來以湖南、安徽之米供給廣東，以江西之米供給浙江，則洋米輸入之數量，勢必減少其泰半。而中國近年稻麥育種之成績極佳，美棉之推廣，尤見著效，將來交通極端便利，水災問題解決，螟蟲等害蟲防治得法，中國農產行且有過剩之害。而農村經濟內在之癥結，非另籌他法，仍不能改除之也。

解決之方法如何？極力提倡小工業是也。吾國農村自來以男耕女織為生產之方式，在宋唐以前，以蠶桑之普遍，至以帛為錢幣。自棉布推行而蠶桑日就退減，今測土布為機械布排斥殆盡，無形中農村中婦女之職業已盡為所奪，農村焉得不急速崩潰哉？然手工紡

織之紗，雖不能與機制之紗競爭；而以手工用簡單織布機所織之布，則與機織之布，尚可頡頏。今日當務之急，在急於使農村婦女傳習以木機或鐵機織新式之布匹。苟此種運動，以政府之力，用積極與統制之方法，使之普遍於全國，則全國棉織物之入超，可減其太半，而農村經濟增加億萬矣。此外一切輕工業可用小規模興辦者，皆須按各地出產原料與交通狀況，使農業尤以農村婦女傳習之，而尤其獎勵國防有關之鐵工業。中國民眾素長手工，四川之鐵工，可不用械器而造槍造彈，苟加以科學之訓練，則以簡單機械製造機製品，自非難事也。俄國五年計劃開始進行之初，每以不能得熟練工人為撼！吾國大可在提倡小工業以救濟農村之方式中，造成多量之熟練工人也。日本在世界普通不景氣之情況中，而以輕工業稱霸於世者，即在以輕工業鄉村化，使其成本異常低廉，他國莫能與競也。吾國農民生活標準尤較日人為低，我苟步其後塵，使農村遍習輕工業，則成本之低廉，當尤非彼所能及矣。

統籌之法，有兩方面須兼顧及：第一為詳細調查自國外輸入之一切輕工業製品，大而至極珍貴產品，小而至於一針一釘，皆求能以簡單製作之方法，使農民得以傳習。他國之專利工業製品，在吾國未得專利權者，不妨儘量仿製，庶幾漏卮可塞。第二則宜調查國外市場之需要，以製造價廉物美之物品，尤宜注重南洋與印度一帶之市場，藉以維持僑商之固有地位，則不難使工業品入超之中國，變為輕工業品出超之國家矣。至於推行之方法，宜聯合教育、實業兩部，各省省政府與國內金融界共同詳細規劃之。今日政府所持之普及教育方針，係以教養、衛、人生三大要素合而為一，惜養之方面，但注意農業而不及工業，尤未計及使工業農村化或農村工業化！竊以為今日興辦農村教育，一面固須注重農業教育，一面尤須特別注重工業教育。本來今日之農夫，即須同時為一機匠，何況使輕工業為農家副產乎？故無論辦何種鄉村學校，除教授公民所應有之知識外，尚宜教以工業技能。鄉村師範學校中，亦宜授以各種工業學科，而尤以鐵工為重要。在鄉村學校中，除教員外，可覓各種技工為職業教師。藝成之後，則可組織鄉村工業社，仿合作社之方式，由農民銀行貸之以款。製成之物品，由運銷合作社運銷至各大商埠

發行,甚至在上海、天津、青島、廣州各大埠,組織全國之運銷機
關以行銷於海外。則教育、工業與農村三位合為一體,吾國不難於
短期間大規模與辦輕工業,漏卮日塞,國富日增,農村之人口問題,
亦可解決,且於國防問題,亦大有神益矣。朝野賢達,其有以採其
芻蕘,則中國幸甚,中國農民幸甚![註712]

　　春,派靜生所職員王啟無從雲南大理向南,瀾滄江南段沿岸植物之採集,
以猛海、車裏一帶為中心。得臘葉標本9000餘號,及大量苔蘚、菌藻、球根、
種子及木材標本等。

　　春,雲南植物標本採集獲得更多成果。

　　　　王啟無自大理向南進發,全力致於瀾滄江南段沿岸植物之採集,
以猛海、車裏一帶為中心。此地為熱帶雨林,海拔較低,燥熱多雨,
向稱煙瘴之地。王啟無在此又得臘葉標本9000餘號,及大量苔蘚、
菌藻、球根、種子及木材等。《中國植物學雜誌》於其旅途情形有如
下記載:靜生生物調查所云南植物採集團王啟無君,自去冬沿滇省
西境南下以來,現已至猛渾一帶。此後即將沿瀾滄江南下雲南最南
之區域車裏工作。王君過猛果東,曾便中輕裝去斑洪一遊,來信謂
「只留一日,而耳聞目擊者,遠非外間所能知。國人奇恥,太好礦
山視同草芥耳;日內得暇,當寫斑洪一日談,只怕無暇耳」。猛渾林
木極茂,幾全為闊葉常綠樹所佔據。林內組織,複雜非常。大樹密
生,外間雖風雨劇作,而林內猶能不風不雨,如置身屋內然。樹下
復藤蔓纏繞,垂懸枝幹間,宛若巨蛇。其地除盛產舉世聞名之普洱
茶外,復多樟腦,二者每年皆成巨額之輸出。雲南迤西一帶,本為
烈性痢疾與腸窒扶斯等疾病橫行之區(即一般所稱之瘴氣),王君等
一行二十餘人,日啖金雞納二餅,始免於疾。又同行採集員李春茂
君,自猛滿去南嶠途中,突遇夷族羅黑人攔劫,幸隨有當地團丁護
送,未發生事故云。[註713]

〔註712〕 胡啟鵬輯釋《胡先驌墨蹟選》(初稿),2022年2月,第337～343頁。《胡先
　　　　　驌全集》(初稿)第十五卷人文科學文章,第237～239頁。
〔註713〕 《國內植物學界消息》,《中國植物學雜誌》,1936,3(2)。胡宗剛著《靜生
　　　　　生物調查所史稿》,山東教育出版社,2005年10月版,第75頁。

春夏，靜生生物調查所派員進行動物標本採集。

> 《第八次年報》：何琦君於五六月曾赴陝西採得昆蟲標本七千餘件，那華彥君暑假曾由開封採得蝦類標本三十四號；鄧祥坤君秋間赴江西採得蛇類標本三號，螺類標本五十餘號，昆蟲標本四萬五千餘件；常麟春君在煙台採得海產魚類標本三百六十八件。其他採集限於北平附近及河北各縣進行。〔註714〕

4月16日，參加在南京舉行的中央研究院評議會第一屆第二次會議。會議主要審議13個議案，其中胡先驌有三個議案，作為主要提案人，副署人為秉志、張其昀、謝家聲、王嘉輯等，分別是：「請中央研究院與國內各研究機關商洽積極從事與國防及生產有關之科學研究案」、「請與各研究所機關商洽量為公開各研究室及圖書室以獎勵科學研究案」和「請中央研究院物理化學與工程各研究所與政府或大商號聯合組成科學儀器製造所案」等。充分反映了胡先驌對中國科學事業的關心，特別是加大對國防、生產密切相關的實用科學及確定一批有實力的企業定點生產物理化學儀器等。提案是胡先驌提出，而又增加四位副署人呢？原因是這樣的，這三個提案是胡先驌在當時開評議會時寫的，根據會議規定，臨時性的提案要有五人聯名，才可以在本次會議討論通過。胡先驌為了這些提案在本次會議討論，或者通過，免得下年來討論，提高效率。就找了四位評議員簽名，當能這些提案，簽名者也認可，有必要提出來，否則不會簽名。此文為1936年4月15日胡先驌在中央研究院評議會第二次年會上的三項提案。本次年會共有13項提案。後載於《國立中央研究院首屆評議會第一次報告》115頁，117頁，116頁，1937年。摘錄如下：

> 第二案、請由中央研究院與國內各研究機關商洽積極從事與國防及生產有關之科學研究案。提案人：胡先驌；提議副署人秉志、張其昀、謝家聲、王家楫。
>
> 科學研究本不限於應用，而科學家之作研究宜從其所好，用其所長，庶於人類全體之知識與幸福能有最大之貢獻，然在國勢危急之秋，科學家宜各盡其能，為國家謀極急之安全，挽將至之危難。故在歐西各國每當戰爭一開，科學家皆全體動員，從事應付當前之

〔註714〕《靜生生物調查所第八次年報》。胡宗剛著《靜生生物調查所史稿》，山東教育出版社，2005年10月版，第84頁。

需要。我國自「九一八事變」之後，國勢日蹙，民生日悴，而挽救
國難非從國防與生產兩方面切實努力不為功。在政府之一切措施每
感與國內之科學研究缺乏，不足以應付現局，而國內一切科學機關
與科學家亦苦於不深知政府之需要，無由以作必要之研究，是宜由
中央研究院與政府各部院參謀部兵工署資源委員會切實商討，條舉
目前與國防及生產有關最切要之問題，再與國內各研究機關接洽，
使之分頭從事研究，庶於挽救目前之危局多所貢獻，而政府亦宜量
為資助各研究機關或各科學家以從事此類之研究，以期收群策群力
之效也。〔註715〕

第四案、請與各研究所機關商洽量為公開各研究室及圖書室以獎勵科學
研究案。提案人：胡先驌；提案副署人秉志、張其昀、謝家聲、王家楫。摘錄
如下：

研究機關之職責固在求得研究之成績，然以國內科學人才之缺
乏與研究機關之稀少，研究機關亦宜略負教育之責任。現在國內各
大學辦有研究院者不多，而研究院以資格之關係，對於研究生之去
取亦不得不較為從嚴，遂使多數有從事科學研究之志願及能力之大
學畢業生無從事研究之機會。現在國內各公私科學研究機關允許外
人借閱圖書或自由研究者固有之，而不許外人利用其圖書設備者亦
夥。是宜由中央研究院首為之創，與國內其他公私研究機關商洽，
凡遇大學畢業生之願意從事科學研究者，若得國內知名之科學家之
介紹與保證，經其主管人員詳加考詢後，得任其入研究室研究或至
圖書室參考圖書，尤以在中等學校任教職之人，宜使之能在年暑假
中從事科學研究，而各研究所之專家亦宜盡力獎掖之，為之擬定研
究題目，並指導其研究。在必要之情形下得酌量收費，以供彌補材
料消耗之用，庶幾於促進科學研究收效易著也。〔註716〕

第五案、請中央研究院物理化學與工程各研究所與政府或大商號聯合組

〔註715〕《國立中央研究院首屆評議會第一次報告》，胡宗剛撰《胡先驌先生年譜長
　　　　　編》，江西教育出版社，2008年2月版，247頁。
〔註716〕《國立中央研究院首屆評議會第一次報告》，胡宗剛撰《胡先驌先生年譜長
　　　　　編》，江西教育出版社，2008年2月版，246頁。

成科學儀器製造所案。提案人：胡先驌；提議副署人秉志、張其昀、謝家聲、王家楫。摘錄如下：

> 科學教育與科學研究皆有待於科學儀器，以國內近年新興事業與教育之發展，是項儀器之需要與年俱增，在平日是為一種重大漏巵，而萬一在非常時期，必致來源斷絕，與國防及教育均有妨礙。近年來中央研究院物理研究所之製造中學用之物理儀器與工程研究所之製造玻璃器皿，成績均極優良，似宜擴大此項事業。前者中央大學物理教授丁緒寶先生曾一度提議創辦此項儀器公司，其所估計之預算殊不為大，似可由中央研究院與政府機關如兵工署資源委員會或商業機關如商務印書館等合組一規模較大之儀器製造所，大量製造科學儀器，於國防與教育必多有裨益，而且能獲相當之利潤也。〔註717〕

4月30日，胡先驌致劉咸信函。

> 允中吾兄重熙仁弟惠鑒：
>
> 在京把晤，至以為快。舍甥黃山濤承允令其來社服務，至以為感。茲特命彼來滬任事，惟彼家年來以訟事糾紛，家境困苦，不堪言狀。到滬賃屋及伙食一應用度，請許其預支薪水應用，並為代覓一較廉寄宿之處為感。此子天分頗高，中英文在高中畢業生中尚稱優等，《科學》及《科學畫報》零碎翻譯之事，若能加以指導，或可擔任也。
>
> 專此，敬頌
>
> 春安
>
> 　　　　　　　　　　　　　　　　　　　先驌　頓首
>
> 　　　　　　　　　　〔廿五年五月〕四月卅日〔註718〕

4月，靜生生物調查所、江西省農業院合編廬山森林植物園第二次年報，人員作了部分調整，名單如下：委員長：龔學遂、胡先驌；副委員長：金紹基、范旭東；會計：董時進、程時煃；書記：秦仁昌。職員，主任：秦仁昌；會計：胥石林；技術員：汪菊淵、雷震；助理員：曾仲倫；練習生：馮國楣、劉雨時。

〔註717〕《國立中央研究院首屆評議會第一次報告》，胡宗剛撰《胡先驌先生年譜長編》，江西教育出版社，2008年2月版，248頁。

〔註718〕周桂發、楊家潤、張劍編注中國科學社檔案資料整理與研究《書信選編》，上海科學技術出版社2015年10月版，第110頁。

1936 年 4 月秉師農山（秉志）五秩壽辰誌慶，前排左起：1 胡先驌、5 秉志

4月，為賈祖璋、賈祖珊編《中國植物圖鑒》作序，開明出版社初版。摘錄如下：

植物學者有關於農林、園藝實用學科者至切，而愛好自然，博識名物，雖非專家，每喜旁涉；則尤宜多著通俗之書，以供一般社會之檢閱。賈君祖璋有鑑於此，以三年之研幾成《中國植物圖鑒》一書，自細菌以至種子植物，無論國產非國產，栽培或野生者，共搜集二千餘種，各繪圖列說，且附以分科之表解。其圖多由各專著轉錄，或由實物寫生。對於中小學校教師及愛好自然者，在未有更精之圖鑒問世之前，洵為良好之參考書矣。

惟中國植物，異常繁多，僅以種子植物論，已知者已逾一萬八千之數；而如羊齒植物，方在秦子農先生全部革新整理之中。且各種植物之學名至為紛亂，非專家殆無從整理。賈君此書之全稿未獲先睹，則學名之可商者，或尚有之；然為初學及通俗用，當不害此書之價值也。驌曾編纂《中國植物圖譜》有年，賈君此書，深切嚶鳴之感，故樂為之序。〔註 719〕

5月7日，胡先驌致劉咸信函。

重熙仁弟惠鑒：

五月四日手書拜悉。前奉快函後，比即函告舍甥黃山濤，並作介紹函，囑彼持往面呈，不知何故尚未赴滬。茲再為函催，想得信即將就道也。《科學評論》何時可出版？驌當不時投稿，勿念。

專此，即頌

〔註 719〕《胡先驌全集》（初稿）第十四卷科學主題文章，第 175 頁。

撰祺

先驌 拜啟

〔廿五年〕五月七日〔註720〕

5月22日，陳封懷負責廬山森林植物園園林布置工作。

　　廬山森林植物園委員會在南昌洪都招待所舉行的第 3 次會議上，通過了聘請陳封懷任植物園園藝技師，以加強植物園的園林建設的議案。陳封懷 7 月返國，在北平稍事停留，即偕夫人一同來廬山。此後植物園園林布置、園藝進展皆出自其手。〔註721〕

5月28日，董事會會議，本年年會論文委員會公推胡先驌為委員長。

　　理事會第 130 次會議記錄（1936 年 5 月 28 日），南京社所開理事會議，出席者：丁緒寶、趙元任、周仁、楊孝述、秉志（楊代）、竺可楨、翁文灝。主席：趙元任，記錄：楊孝述。

　　一、本年年會論文委員會公推胡先驌為委員長，除物理科學、生物科學已經推定委員外，應請就工程科學及社會科學二大組各推論文委員一二人，由委員長聘任。

　　二、全國學術團體聯合會所籌備委員函知預定辦公室面積辦法，每間二方，定價八百元，本社是否需要案。

　　議決：本社在南京已有自置辦公處所，事實上不再需要。

　　三、翁文灝提議：依照本社章程第六條「凡本社社員有科學上特別成績，經理事會或社員二十人之聯署提出，得常年會到會社員過半之選決者，為本社特社員」，本社以後似應逐年舉行選舉以符章程案。

　　議決：由各理事提出候選人，再全體通信投票通過，提交年會選決。〔註722〕

　　5 月，Smithiodendron, A New Genus of Moraceae（桑科──新屬，梨桑屬）

〔註720〕周桂發、楊家潤、張劍編注中國科學社檔案資料整理與研究《書信選編》，上海科學技術出版社 2015 年 10 月版，第 111 頁。

〔註721〕1936 年，胡宗剛著《靜生生物調查所史稿》，山東教育出版社，2005 年 10 月版，第 115 頁。

〔註722〕何品、王良鐳編注中國科學社檔案資料整理與研究《中國科學社董理事會會議記錄》，上海科學技術出版社 2017 年版，第 223～224 頁。

刊於 Sunyatsenia《中山大學學報》（第 3 卷第 2、3 期，第 106～109 頁）。

6 月 10 日，胡先驌致孫洪芬信函。

孫洪芬吾兄道鑒：

　　盧山森林植物園建成二年以來，辦理成績異常優越，採集交換之種子幾及六百種之多，雖成立之時甚暫，也已為中外所矚望。盧山管理局關於盧山造林計劃每多下問，而國外農林機構亦常以技術事業相委託。范旭東先生與陳辭修指揮先後捐助溫室、溫框，此即社會信任與期望之表達也。

　　二十四年春，由植物園呈准江省政府募集基金，謀立百年大計。蓋斯園已成本所之重要，宜謀永久之計劃事業。此次植物園委員會在南昌開會時，已取得江西省農業院之同意，決定永久合辦，相應徵取本所委員會之同意，以便商請中基會之同意，再與江西省政府換文，以為繼續合辦之根據。用敢專函奉詢，尚希臺端查核示復為荷。

胡先驌
1936 年

中國第二歷史檔案館藏中華教育文化基金董事會專卷。〔註 723〕

6 月 11 日，胡先驌致劉咸信函。

重熙仁弟惠鑒：

　　前書計達記室。舍甥黃山濤不識已到滬否？茲有懇者，桂秉華女士自為王恒守排擠辭職後，尚未覓得相當之位置，彼物理之造詣（渠曾代任之恭教授山大四年級課程，學生對之頗為悅服），足下所深知。請函令妹，如下學期能聘為南昌女中高中部物理、數學教員，女中必可得一良師，令妹亦可得一臂助也。成否，乞從速示復為感。

　　專此，即頌

撰祺

先驌 拜啟
〔廿五年六月〕十一日〔註 724〕

〔註 723〕 胡宗剛編《盧山植物園八十春秋紀念集》，上海交通大學出版社，2014 年 8 月版。第 084 頁。

〔註 724〕 周桂發、楊家潤、張劍編注中國科學社檔案資料整理與研究《書信選編》，上海科學技術出版社 2015 年 10 月版，第 112 頁。

6月15日，胡先驌致劉咸信函。

重熙仁弟惠鑒：

六月十一日手書拜悉。此次在省對於農業院之興革有所主張，而該院之成績燦爛可觀，以二年草創之初，竟將全國未敢舉辦之家畜保險在臨川大奏功效，不可謂非特殊快意之事。在教廳對學校行政人員講演，對於江西教育曾為不客氣之批評，至少足以引起辦學者之警惕，不敢存宴然自足之感，即程廳長自身亦當有所衝動也。

令妹之位置，據程千侯云，非萬不得已，不至有變動。而驌認為教職員似有更迭之必要，以期一新耳目。務將東大出身之不職或闊冗者去其一二，或變更職務，或減少鐘點，而添聘一二得力之新進，以及在省中而屬他學系之有名教員一二人，則浮言自息矣。桂秉華女士似可任為物理、數學教員，或兼任一部分行政職務也。

足下主持《大公報·科學半月刊》極佳，望努力為之。山濤應以一部分月薪贍家，可不時詢及之也。佩秋勇於作事，竟遇蹉跌，至堪惋惜。然此乃從事實際政治必須有之經驗，適以動心忍性，增益其所不能，絕不可遽存消極之意，便中望轉告。

文化委員會專門委員聘函已收到，恐無事可作，驌見其羅舉之各項文化事業中無科學事業，曾函果夫認為今日談文化事業決不可一日或離科學，此外亦無所建議也。

專此肅復，即頌

夏祺

先驌 拜啟

〔廿五年六月〕十五日

聞上海科發藥房有一種殺菌藥，名為 Iodophen，此間各藥房遍購不著，請代購一瓶寄下為感。青島擬辦市立博物館，規模頗大，敝所決與之合作。該館籌備主任齊君樹平，關於人文部分擬向足下請教，屬為先容，望盡力助之為荷。又及。〔註725〕

6月22日，胡先驌致劉咸信函。

〔註725〕周桂發、楊家潤、張劍編注中國科學社檔案資料整理與研究《書信選編》，上海科學技術出版社 2015 年 10 月版，第 113 頁。

重熙仁弟惠鑒：

奉到《海南黎人文身之研究》一文，深感研究之周密，洵為劃時代之著作，而王勳黥面之起源說有公主妻犬之神話，顯示黎人與瑤族、佘族有血統之關係。而姊弟母子婚媾又類暹羅之俗，可見西南夷之關係至為密切也。

專此，即頌

綏祺

先驌 拜啟

〔廿五年六月〕廿二日〔註726〕

1936 年 6 月 19 日靜生生物調查所人員在所辦公樓前合影，左起，前排：關季生、楊宜之（惟義）、那望之、桂幼常、何希韓、吳功賢、壽理初、胡先驌、張旭賓、王宗瀞、潘次儂、李靜庵、喻慕韓；後排：趙安祥、涂鏡清、施懷仁、鄭吉甫、周仲呂、俞季川、任樹棟、白金聲、彭鴻緩、楊昭民、張宗原、唐善康、馮澄如、夏玉峰、劉洞林、房麟符、餘光庭、蔡玄彭、章蔚如

6 月 30 日，胡先驌致范旭東信函。

《海王》期刊曾節刊一通胡先驌致范旭東函，描述了盧山生活艱苦給秦仁昌帶來的傷痛：「盧山森林植物園主任秦子農君近遭一極拂意事，其夫人擬赴安慶分娩，由牯嶺下山，竟以轎夫失足跌傷，至胎兒殞命，幸大人尚無危險。子農年近四十，並無子嗣，此次意外，不得不謂為植物園犧牲，而所犧牲者大矣！」〔註727〕

〔註726〕 周桂發、楊家潤、張劍編注中國科學社檔案資料整理與研究《書信選編》，上海科學技術出版社 2015 年 10 月版，第 114 頁。

〔註727〕 《海王》第七年，第 29 期，1936 年 6 月 30 日出版。胡宗剛編《盧山植物園八十春秋紀念集》，上海交通大學出版社，2014 年 8 月版。第 016 頁。

6月，與錢耐共同研究山旺植物化石。

　　美國加州大學伯克萊（Berkeley）分校的古植物學家 R.W.錢耐
教授應邀訪華，胡先驌陪同錢耐（Chaney 1890～1971，1947 年當選
為美國科學院院士），到山東臨朐進行野外採集和地質學考察，發現
山旺中新世具有豐富的植物化石，枝葉、果實、花保存完好，共同
研究我國山東山旺新生代第三紀中新世古植物化石時，證明距今
1200 萬年前山東的植物同現代長江流域的植物有相似性。〔註728〕

《中國科學發達之展望》文章

　　6月，《中國科學發達之展望》文章在《正風》雜誌（第 3 卷第 3 期，第
293～295 頁）發表。同年 10 月，轉載於《科學》雜誌（第 20 卷第 10 期，第
790～793 頁）；《科學時報》（第 3 卷第 10 期，第 21～23 頁）；《工業中心》（第
5 卷第 10 期，第 472～474 頁）；《海王》（第 8 卷第 36 期，第 604～605 頁）；
《月報》（第 1 卷第 1 期，第 166～169 頁）。後收錄楊毅豐、康蕙茹編《學衡
派》，李帆主編《民國思想文叢》，長春出版社，2013 年 1 月版，第 248～250
頁。摘錄如下：

　　中國科學社與中國數學會、物理學會、化學會、植物學會、動
物學會、地理學會於民國廿五年八月十七日至廿一日在北平清華大

─────────────

〔註728〕劉鳳臣、杜聖賢、韓代成主編《地學萬卷書——山旺化石》，山東科學技術出
　　　　版社，2016 年 6 月版，第 3 頁。

學與燕京大學舉行第三次聯合年會。……征諸近年中國科學發達之成績,適與各學會之發達合符節,此溯往瞻來,大可樂觀者也。

吾國近年之各種科學研究,首以有地域性者最為發達。地質學之研究肇始最早,二十年來,日有長足之進行;尤以古生物學之研究蜚聲於世,北京人之發現,堪稱為中國科學界最大之貢獻焉。生物學發軔雖稍遲,而以從事者眾,進步之速,有非一般社會所能臆及者,如方炳文先生之於中國之爬崖魚,秦仁昌先生之於中國與喜馬拉耶之蕨類,歐陽翥、盧於道二位先生之於神經學,林可勝、吳憲二先生之於動物生理,湯佩松先生之於植物生理,皆已世界知名矣。氣象學雖少重要之發明,而測候所遍於全國,材料搜集日多,成績之多可以預卜。至於有普遍性之科學,雖難與先進諸邦爭一日之短長,然物理學界人才輩出,化學家貢獻亦多,天文學最為後起,然亦粗具規模矣。凡此種種,豈二十年前所能夢見者耶?

至於應用科學之研究最有成績者,當推稻麥之育種。此類研究,東南大學與金陵大學導之於先,中央農業實驗所繼之於後,今日則研究已入正軌,著手之高,亦為純粹科學如地質學者然,竟在日本之上。目前之成績已見,他日之卓效堪期。昆蟲學亦經提創有年,螟蟲、蝗蟲、倉穀蟲之防治,皆已收顯著之成效。森林學方面,則木材學研究之初基已奠,他日之能發揚光大,不待著龜;而造林學研究,亦已肇其端,且有極有深造之學者,將來必能在中國林學史上開一新紀元也。工業方面以黃海化學工業社之對於應用化學之貢獻為最巨,中央研究院之工程研究所與中央工業試驗所,成績亦極昭著,而兵工署對於兵工研究有驚人之成績,則又非一般社會所及知矣。醫藥學方面則以協和醫學校之提倡研究最有特殊之成績,尤以陳克恢、趙承嘏二先生在藥學上之貢獻為最大,經利彬先生對於國產藥物之生理研究亦可稱述焉。

至於近年科學所以發達之故,半由於少數科學家之努力,半由於科學研究機關之設立。中國地質學之有今日,完全由於丁文江、翁文灝二先生二十來年不懈之努力,而生物學之發達,則以秉農山先生領導之力為多,至中國之氣象學之設施,則全為竺可楨先生一人之事業也。中國之物理學家多出胡剛復先生之門下,而傑出之數

學家則多推姜立夫先生之門徒，三四大師之影響有如此者。然苟無近十年來科學機關之設立，則中國科學之發達亦不克臻此也。北伐成功以來，政府既已設立大規模之中央研究院於南京，復設立北平研究院於北平，而私立之研究機關，如中國科學社生物研究所與靜生生物調查所，十年來亦有長足之發展。靜生生物調查所與江西省農業院合辦之廬山森林植物園成立雖僅兩年，而進步之速，規模之大，至為可驚。他日對於植物學、森林學與園藝學之貢獻，殆不可以臆計也。關於應用科學則中央政府既設立大規模之中央農業實驗所，復設立中央工業試驗所。而地方政府如江西者，雖在兵燹凋敝之餘，尚不惜巨金以設立農業院以為農業研究與推廣之機關。在私人方面則以范旭東先生之獨立創辦黃海化學工業社最為足稱。同時各大學亦先後設立研究院與研究所，而協和醫學校以億萬之資金，盡美之設備，以網羅人才專事研究，其能得優越之成績，則尤在意想之中矣。

中國科學研究最大之希望，尤在青年科學家藝努力與成就，其不避艱苦，公以忘身之精神，每每非外人所及知。如地質調查所之趙亞曾先生，竟以珍護研究材料至以身殉，使葛拉普先生認為中國莫大之損失。他如何琦先生之深入海南五指嶺瘴癘之區以研究瘧蚊之生活史，幾喪其生，則社會上幾無人知之。而王啟無先生迄今仍在滇南瘴鄉，藉 Plasmoquinine 以與瘧蚊為性命之相搏，以圖深入不毛，採得大宗珍異之植物標本焉。至於青年科學家之成就，則各學會之先進皆能（爾見）縷，無庸列舉。要之此輩青年皆天資穎異，卓有鍥而不捨之精神，著手既高，成績自見，苟能長此自強不息，則平視東鄰，仰追歐美殆非難事矣。

然事亦有未可過於樂觀者，今日政府當局雖號稱提倡科學，然征諸事實尚未能以充分財力以興辦維持各種科學研究事業。國立中央研究院為吾國科學研究最高機關，然以研究所林立，至研究經費甚感不足，且時賴庚款機關補助。北平研究院之經費尤為支絀，地質調查所以研究成績蜚聲於世，而庚款機關之補助費竟兩倍於主管機關所給與之經費。工業研究所關係國家命脈者極巨，而每年經費僅有二十餘萬元。各省政府太半無款以供科學研究機關之用，偶有一二此項機關，大都人才經費兩皆不足。至於私立研究機關，除受

各庚款機關之補助外，政府殆無任何之補助。此外尚有極多與國計民生有關之科學研究，皆無機關人才或經費以研究之。換言之，即政府對於與國家命脈攸關之科學研究事業，無通盤之籌劃與擴充之決心。丁茲以科學研究角勝於物競天擇之場之時代，政府不知急起直追求以一當，而欲求得達復興民族抵抗外侮之目的，殆猶緣木而求魚也。蘇俄革命較吾國晚幾十年，而國力之膨脹遠非吾國所能望其項背，寧非彼知獎勵科學而我不知耶？對於欲求深造之青年科學家，政府亦不能資助之。昔年尚多留學異國之機會，今則除清華大學留美學額、英庚歡會留英學額、中華教育文化基金會研究補助金名額及各省尚有少數留學名額外，青年科學家出國求學之機會極少，甚且政府所辦之研究機關，雖痛感人才之缺乏，亦無法以資助青年出國深造。前歲作者曾向中央研究院評議會建議請政府每年設立科學研究補助金額百名，雖教育部長允與政府接洽，而至今未能實現。治三年之病不蓄七年之艾，效果寧可期耶？

至於中國社會，素不知提倡科學研究之重要，陳嘉庚先生以獨力創辦廈門大學，可謂前無古人，而竟因其個人商業失敗，致大學亦岌岌乎不能維持。此外獨力辦研究機關者，只有范旭東先生創辦黃海化學工業社之一例，四川盧作孚先生所創辦之西部科學院亦困於經費支絀不能發展。反之無謂之慈善事業如興修廟宇等，則踴躍輸將者大有人在，以視歐美諸邦之富豪，每以鉅款捐助教育與研究機關者，其智量之相去殆不可以道里計矣。殊不知科學發達，國力日增，國家之福亦即私人之福，甚且資助科學機關之研究，即能直接增加個人營業之收入焉。英人喜園藝，每不惜以鉅資捐助園藝研究機關以求得分潤優良之卉木，英人喜賽馬球，竟設一研究所專門研究鋪地之各種草皮，其所以有此者，蓋深知科學研究與個人有切身之關係也。

回溯科學界以往之成績，可以預卜吾國科學研究將來之成就。若政府與社會深知科學研究之重要，以全力提倡而扶助之，則此後之進步將益有一日千里之勢矣。政府與社會賢達，幸勿河漢斯言。〔註729〕

〔註729〕張大為、胡德熙、胡德焜合編《胡先驌文存》下卷，中正大學校友會出版發行，1996年5月版，第258～262頁。

6月，《江西省農業院成立二週年紀念會演說詞》文章在《江西農訊》（第
2 卷第 11 期，第 183～183 頁）發表。江西農業院編著《江西農業院新院落成
暨成立兩週年紀念刊》一書。封面由熊式輝題為：民國二十五年五月《江西省
農業院新院落成暨成立兩週年紀念刊》。從目錄中，該書分為八大部分，從中
可以看出江西農業院工作內容，及各地設立分場工作。一、本院組織系統及事
業範圍表（附本院事業所在地點圖）。二、本院創設計劃及組織規程。1. 改進
江西農業計劃大綱。2. 江西省農業理事會組織規程。3. 江西省農出院組織大
綱。三、本院創辦兩年來之回憶（董時進）。

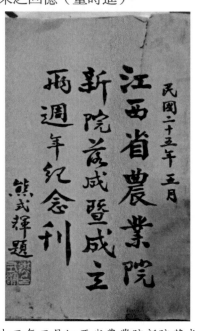

熊式輝題為：民國二十五年五月江西省農業院新院落成暨成立兩週年紀念刊

四、本院兩年來之試驗推廣及教育工作。1. 農藝部作物組工作（許傳楨）。
2. 農藝部園藝組工作（董時厚）。3. 農藝部農業化工組工作（沈學源）。4. 農
藝部農具組工作（騫先達）。5. 農藝部昆蟲組工作（忻去邪）。6. 藝部農業經
濟組工作（余其心）。7. 畜牧獸醫部畜牧組工作（黃異生）。8. 畜牧獸醫部獸
醫組工作（王沚川）。9. 森林部工作（包括各中心苗圃（鍾毅）。10. 推廣部工
作（包括各推廣區）（陳鳴岐）。11. 附設永修棉場工作（廖顯揚）。12. 附設修
水茶場工作（方翰周）。13. 附設廬山林場工作（邱琨）。14. 附設湖口林場工
作（汪兆熊）。15. 附設景德鎮林場工作（張之翰）。16. 附設第一教育林場工
作。17. 附設永修高級農林職業學校概況。五、江西農業之現狀及應採之農業

生產政策（董時進）。六、本院二十五年度工作計劃。七、本院添設推廣處及各種場圃計劃。1. 本院設立全省八區農業推廣處計劃。2. 本院設立南康糖業實驗計劃。3. 本院設立廣豐菸葉實驗場計劃。4. 本院設立三湖果樹實驗場計劃。5. 本院設立星子種馬牧場計劃。6. 本院設立武寧及寧都兩中心苗圃計劃。八、附錄。1. 本院理事名錄。2. 本院職員名錄。摘錄如下：

　　鄙人對農業院創始，曾參加末議，今天目睹本院告成，事業有顯著之成績，與有榮焉。記得民國二十一年，蕭委員奉熊主席電召回贛，我曾和他詳細商討江西農業問題，並上書主席，貢獻改造江西農業的意見。二十二年承邀回省面商，當時匪勢猖獗，軍務倥傯，勝負之數，尚未可料。我同主席會談兩次，即決定農業院大計，足見主席眼光的遠大。過去農業失敗，無可諱言，但責任不能全歸於辦理農業的人，因人材經費組織種種的不合理，無法辦出成績。從前孫傳芳曾和我說，中國派人出洋，學農業和學陸軍是同時的，但是陸軍成功，農業失敗。的確，我國的陸軍雖不能和外國抗衡，但不能說沒有進步。惟有農業，毫無成功可言。現在本院，雖距離成功理想尚遠，以兩年的經營，居然有如此成績，不能說不是驚人的。農業院走的路子，我相信是對的，這樣做下去，我敢斷定以後一定有很好的成績。個人夢想實現，覺得非常愉快，同時對於省政府關係各廳肯劃出經費事業之一部，交給農業院，並且對於用人，以人才為主，請外省人來辦，這是很值得欽佩的。本院雖是政府機關，而同時帶有社會的性質，省政府主席，及財、教兩廳長參加理事會，不是以長官名義，而係以公民資格。現在中國農事機關，經費充裕，人才眾多，要算中央農業實驗所；但是他們只敢做幾樁較有把握的事情，例如稻麥改良，害蟲防除等，他如畜牧獸醫森林，尚未舉辦。農業院的家禽防疫，有很好的成效；辦理耕牛保險的結果也不壞，所花的錢，卻並不多；稻作育種，已走上科學的道路，其他方面，都有相當成績。江西過去每年在農業學校及農林試驗場所花的錢，不下二百餘萬，試問成績在哪裏？農業院兩年來所花不過幾十萬元，而家畜防疫與防治積穀害蟲，兩種消極工作所減少的損失，足以抵償過去兩年江西在農業院所花的經費而有餘。農業上的事體，非常複雜，需要各方面的合作，希望在座縣長，及社會人士，絕對信仰，

並擁護農業院。我相信農業院，一定成功的。〔註730〕

7月22日，《世界日報》刊載王啟無在雲南採集消息。

　　7月王啟無在西雙版納時，曾有函至北平靜生所，報告途中情形。該函被北平《世界日報》獲得，摘要刊載於1936年7月22日，該報「教育界」欄目中。王啟無去歲沿瀾滄江南下雲南最南之區域車裏工作。王過猛果東，曾便中輕裝去班洪一遊，來信謂：「只留一日，而耳聞目擊者，遠非外間所能知，國人奇恥，大好礦山，視同草芥耳！」並謂猛渾林木極茂，幾全為闊葉常綠樹所據。林內組織，複雜非常，大樹密生，外間雖風雨劇作，而林內猶能不風不雨，如置身屋內然。樹下復藤蔓經繞，垂懸枝幹間，宛若巨蛇。其地除盛產舉世聞名之普洱茶外，復多樟腦，二者每年皆成巨額之輸出云。雲南迤南一帶，本為烈性瘧疾橫行之區（即一般所謂瘴氣），王等一行二十餘人，日吃金雞納霜二餅，始免於疾。又同行採集員李春茂，自猛滿去南嶠途中，突遇夷族羅黑人攔劫，幸隨有當地園丁護送，未發生事故云。〔註731〕

8月16日，董事會會議，推定為中國科學社獎金委員會委員，並為委員長。

　　理事會第132次會議記錄（1936年8月16日），北平察院胡同任宅開理事會，出席者：伍連德、秉志、胡先驌、任鴻雋、周仁、楊孝述。主席：任鴻雋，記錄：楊孝述。

　　一、本年推選特社員案。

　　首由楊孝述報告前兩次理事會議關於此案之談話情形及各理事提出之名單。伍連德主張，應先規定若干合格條件而後再定人選，且特社員之名稱亦有另行考慮之必要。到會者各有意見發表，討論歷半小時，咸謂此事比較重要，應從長計議，暫緩提出。

　　二、秉志提議：本社應於現有各種捐助獎金外，設立中國科學社獎金，為金質獎章一枚、獎狀一紙，給予國內科學研究成績最著

〔註730〕《胡先驌全集》（初稿）第十四卷科學主題文章，第176頁。
〔註731〕胡宗剛著《王啟無自述在雲南採集之經歷》，公眾號註冊名稱「近世植物學史」，2022年07月05日。

之一人者，於每年年會時頒給之。

議決：通過，並推定胡先驌（生物科學）、胡剛復（物理科學）、顧毓琇（工程科學）、黎照寰（社會科學）四人為中國科學社獎金委員會委員，胡先驌為委員長，妥擬給獎辦法，提交本社理事會通過施行。

三、周仁提議：本社事務會計兼出版部幹事於士元，平時事務較繁，責任亦重，應否酌加薪金以示獎勵案。

議決：自本月起每月加薪五元。〔註732〕

8月16日～21日，在北平舉行中國科學社第20屆年會，當選本年會總委員會委員、論文委員會委員長。

本年聯合年會職員名單如下：

主席團：蔣夢麟、梅貽琦、陸志韋、李書華、李麟玉、徐誦明、李蒸。

年會總委員會：蔣夢麟（委員長）、樊際昌（名譽秘書）、楊孝述、梅貽琦、陸志韋、曾昭掄、葉企孫、胡經甫、楊光弼、章元善、孫洪芬、熊慶來、江澤涵、趙進義、饒育泰、嚴濟慈、謝玉銘、張子高、劉拓、壽振黃、徐蔭祺、張景鉞、胡先驌、李良慶、謝家榮、洪思齊、張其昀。

常務委員會：孫洪芬（名譽秘書）、楊光弼、熊慶來、謝玉銘、曾昭掄、胡經甫、張景鉞、洪思齊、蔣夢麟、樊際昌、楊孝述。

論文委員會：胡先驌（委員長）、壽振黃、李良慶、錢崇澍、張子高、薩本鐵、熊慶來、何衍璿、蔣丙然、竺可楨、吳有訓、饒育泰、余青松、張雲、吳定良、劉咸、李書田、楊肇燫、周仁、陳總、何廉。

招待委員會：沈履（委員長）、蔡一諤、馬文綽、畢正宣、樊際昌、劉拓、楊光弼、李繼侗、胡經甫、陳楨、趙訪熊、程春臺、徐任民。

會聞委員會：劉咸（委員長）、曾昭掄、林恂。

〔註732〕何品、王良鐳編注中國科學社檔案資料整理與研究《中國科學社董理事會會議記錄》，上海科學技術出版社2017年版，第226頁。

　　　註冊委員會：楊孝述（委員長）、周仁、曾遠榮、彭光欽、徐榮貴、吳蘊珍、蔡鎦生、張印堂。〔註733〕

8月16日～21日，參加在北平舉行中國科學社第20屆年會。

　　本屆聯合年會註冊繳費會員實數為四百五十六人，比去年廣西聯合年會多一百十人，人數已達實開國內學術會議之最高紀錄。茲將本社到會註冊社員名單計二百零九人列下：

　　顧毓瑔、顧毓琇、魏壁、瞿文琳、楊卓新、林伯遵、劉肇安、張丙昌、張澤熙、郭霖、盧平長、李書田、姚國珣、李珩、田和卿、榮達坊、劉夢錫、林覺世、王鍾文、張鴻基、孟心如、周仁、楊孝述、彭濟群、範永增及夫人、王非曼、張洪沅、周榕仙、徐調均、關實之及夫人、袁同禮、劉運籌、劉咸、張肖松、董時進、陳清華、馬心儀、林韻和、鄒明初、朱德明、陳品芝、何德奎、高文源、柯象峰、郝毅志、趙燏黃、鄭禮明、馮景蘭、王金吾、伍連德、包志立、任鴻雋、徐仁銑、嚴濟慈、謝玉銘、王恒守、丁緒寶、王明貞、祁開智、鄭華熾、吳大獻、張貽惠、魏培修、丁巽甫、吳正之、姚啟鈞、何增祿、楊汝楫、任之恭、葉企孫、饒毓泰、鄭衍芬、朱物華、周同慶、魯淑音、李書華、曹梁廈、趙廷炳、陳可培、許植方、許夫人、陶桐、張準、劉拓、黃子卿、曾昭掄、李方訓、孫洪芬、馬彌德、楊紹曾、張克忠、趙學海、蔡鎦生、張銓、朱振鈞、邱崇彥、劉雲浦、吳憲、彭用儀、薩本鐵、湯騰漢、周培源、湯佩松、竇維廉、陳可忠、李胤、戴芳蘭、吳韞珍、李繼侗、劉汝強、胡先驌、李良慶、張景鉞、張夫人、彭光欽、陳楨、張春霖、沈嘉瑞、徐蔭祺、范袁謙、蔡堡、魯進修、經利彬、李汝祺、林紹文、胡經甫、章元善、壽振黃、袁復禮、楊鍾健、呂炯、胡煥庸、洪思齊、孫雲鑄、王益厓、謝家榮、胡敦復、朱公謹、顧養吾、湯彥頤、馮祖荀、江澤涵、趙進義、張希陸、熊慶來、楊武之、周宗璜、程干雲、陳章、秉志、王家楫、伍獻文、吳承洛、張鈺哲、裴維裕、梅貽琦、袁翰青、蔣夢麟、陸志韋、查謙、徐誦明、柯箴心、方子衛、余蘭園、單德廣、王崇

〔註733〕王良鑷、何品編注中國科學社檔案資料整理與研究《年會記錄》選編，上海科學技術出版社2020年12月版，第327～328頁。

植、俞德濬、沈祖榮、阮冠世、楊光弼、高長庚、俞同奎、楊保康、周銘、葉善定、張肇騫、湯覺之、沈慈輝、歐陽翥、蔣丙然、陳耀真、王志稼、馬蔭良、孫宗彭、白克、李燕亭、徐善祥及夫人、何尚平及夫人、孫國封、蔣丙然、熊正理、鄭集、顧翼東、李賦京、陳世昌、孫延中、倪方中及夫人、袁至純及夫人、戴安邦、柳子賢、朱亦松、屬德寅、張世杓、龍正善、戴述古。〔註734〕

8月16日下午2時，參加在北平清華大學同方部舉行中國科學社第20屆年會第一次社務會議，當選下屆理事。

> 下午二時，本社在清大同方部舉行第一次社務會。出席社員四十餘人，由任鴻雋主席主持，劉咸記錄。先由本社各機關提出報告：（1）總幹事楊孝述報告一年來社務；（2）理事會計周仁報告一年來收支帳目；（3）生物研究所所長秉志報告一年來研究工作；（4）編輯部長兼圖書館主任劉咸報告一年來編輯部及圖書館進行狀況。次由司選委員王家楫報告選舉理事結果，計當選下屆理事者為任鴻雋、胡先驌、周仁、李四光、王璡、孫洪芬、嚴濟慈七人。次推定伍獻文、董時進、袁翰青三人為下屆司選委員會委員，又何德奎、陳清華二人為下屆查帳員。四時散會。〔註735〕

8月16日下午2時，在北平舉行中國科學社第20屆年會第一次社務會議，以185票當選下屆理事。

> 旋由司選委員王家楫君報告選舉理事結果，計當選下屆理事者為任鴻雋（287票）、胡先驌（185票）、周仁（163票）、李四光（165票）、王璡（149票）、孫洪芬（132票）、嚴濟慈（127票）七人。又次多數七人如下，曾昭掄（126票）、鄒秉文（118票）、丁燮林（116票）、錢崇澍（111票）、伍連德（111票）、丁緒寶（106票）、吳有訓（120票）。〔註736〕

〔註734〕王良鐳、何品編注中國科學社檔案資料整理與研究《年會記錄》選編，上海科學技術出版社2020年12月版，第328～330頁。
〔註735〕王良鐳、何品編注中國科學社檔案資料整理與研究《年會記錄》選編，上海科學技術出版社2020年12月版，第321頁。
〔註736〕王良鐳、何品編注中國科學社檔案資料整理與研究《年會記錄》選編，上海科學技術出版社2020年12月版，第335頁。

8月17～21日，在北平召開中國植物學會第3屆年會、選舉第四屆負責人，戴芳瀾（1936～1949年）為會長，張景鉞副會長，李良慶為書記，俞大紱為會記。評議員進行改選為鍾心煊、李繼侗（1934～1937年）；錢崇澍、胡先驌（1935～1938年）；俞大紱、李良慶（1936～1939年）。收到論文32篇，作者分別是俞大紱、湯佩松、胡先驌、張景鉞、裴鑒、秦仁昌、嚴楚江。胡先驌作《中國科學發達之展望》，顧毓琇作《七科學團體聯合年會的意義和使命》等文章，在會上講演有秉志《動物之競存》，胡先驌的《如何充分利用中國植物之富源》，董時進《中國天然資源損壞的危險及其挽救辦法》等6位。由於抗日戰爭全面爆發，植物學會活動不能順利開展，換屆工作一拖再拖！

8月18日，在北平舉行中國科學社第20屆年會第二次社務會議，推舉為中國科學社獎金委員會委員。

> 十八日上午八時至十時，各學會與本社同性質之各組聯合宣讀論文，數理化三組在燕京，動植地三組在清華。十時至十二時為各學會開事務會之期。正午十二時應燕京大學歡宴。
>
> 下午二時本社在燕京穆樓開二次社務會，出席社員四十餘人，仍由任社長主席，劉咸君記錄。首由主席報告本社理事會於十六日在北平開會，決定設立中國科學社獎金，贈予國內科學研究成績最著之一人，獎品為金質獎章一枚、獎狀一紙，於每年年會給予之，並推定胡先驌、胡剛復、顧毓琇、黎照寰四社友為此項獎金委員會委員。次討論社員黎照寰、胡敦復、李書田等提議採用世界曆一案，由胡敦復說明提案要旨及世界曆之優點。議決通過，並由本社函徵此次參加年會之各學會同意，聯名呈請政府採用。最後討論下屆年會地點，結果決定武昌或杭州，俟與其他學會接洽後，再由理事會酌定。四時散會。〔註737〕

8月18日下午，參加在北平燕京大學貝公樓大禮堂舉行中國科學社第20屆年會，作《如何充分利用中國植物之富源》的演講。

> 下午四時公開演講。任之恭博士在清華講《超高頻率電波對於

〔註737〕 王良鑌、何品編注中國科學社檔案資料整理與研究《年會記錄》選編，上海科學技術出版社2020年12月版，第321頁。

生物之效應》。胡先驌博士在燕京講《如何充分利用中國植物之富源》。雖以天雨，二處聽眾仍極擁擠。〔註738〕

8月19日，在北平舉行中國科學社第20屆年會期間，靜生生物調查所等機關聯合歡宴。

十九日上午會場移在城內北京大學開會。八時至十時各組繼續宣讀論文，地點在北大二院。十時至十一時公開演講。吳憲博士在北大二院講《蛋白質為生物的性質》，胡煥庸教授在北大地質館講《中國之農業區域及自然區域》。又董時進博士講《中國天然資源損壞的危險及其挽救方法》，地點亦在北大二院。

正午十二時在北大三院大禮堂，應北京大學、北平研究院、北平圖書館、北平故宮博物院、北平大學、中法大學、靜生生物調查所、中華教育文化基金董事會等機關聯合歡宴。是日中央研究院物理研究所自製物理儀器展覽會，地點在北大物理實驗室，參觀者甚為滿意。〔註739〕

8月19日，在北平參加中國科學社第20屆年會社員參觀靜生生物調查所等機構，作講解。

下午二時至四時，由年會辦事處預備汽車，分四組遊覽市內各文教機關，計第一組北大、中法大學、北平研究院等處，參加者八十餘人；第二組，參觀國立北平圖書館、故宮博物院、中山公園、北海等處，參加者一百五十餘人，而是日北平圖書館亦舉行科學儀器展覽及新出有關科學書報，所展覽之儀器，實物與圖書並陳，多採英、德、法各國之新出品，就中照相機尤多，順次排列，頗便觀覽，參觀既畢，並招待茶點；第三組，參觀平大工學院、醫學院及師大，參加者五十餘人；第四組，參觀靜生生物調查所、北平研究院、生物研究所、西郊農事試驗場等處，參加者八十餘人。〔註740〕

〔註738〕王良鐳、何品編注中國科學社檔案資料整理與研究《年會記錄》選編，上海科學技術出版社 2020 年 12 月版，第 321 頁。
〔註739〕王良鐳、何品編注中國科學社檔案資料整理與研究《年會記錄》選編，上海科學技術出版社 2020 年 12 月版，第 321～322 頁。
〔註740〕王良鐳、何品編注中國科學社檔案資料整理與研究《年會記錄》選編，上海科學技術出版社 2020 年 12 月版，第 337 頁。

8月29日，胡先驌致劉咸信函。

重熙仁弟惠鑒：

　　故都聚首，至為欣快。桂女士今日已赴贛矣。最近又作《關於消費研究》一文，今特寄上，請轉交《大公報》，作為星期論文發刊為荷。

　　專此，即頌

撰祺

先驌 拜啟

〔廿五年八月〕廿九日〔註741〕

　　8月，《如何充分利用中國植物之富源》文章在《科學時報》雜誌（第3卷第10期，第25～27頁）發表。同年9月，轉載於《中國植物學》雜誌（第3卷第3期，第1069～1078頁）；10月，轉載於《科學》雜誌（第20卷第10期，第850～858頁）。在開場白中指出，中國植物種類的豐富與繁多，是大家所早已知道的，而其中能夠供人利用的，更是不勝計數。中國人的「食」是世界聞名的，吃的動物固然是無奇不有，每每令人咋舌，而所視為珍肴的植物食料，更是形形色色，無美不備。從低等藻類如葛仙米起，一直到高等植物止，能夠編入中國人食譜的，不知道能列成一張多少長的名單。例如四川一帶所出產的竹蓀，外國人原認為是又臭又毒的菌類，可是中國人卻能加以製造，成為著名的菜肴。諸君如果到《救荒本草》、《野菜博錄》等古籍中去翻一翻，則所列的種類，更加繁多，更加奇異，連我們中國人自己看了都會吃驚！其他如關係衣食住行的經濟植物，中國所產的也非常之多。不過處在一切都需要科學化的今日，我們對於已利用的經濟植物，應該研究其改良種植的辦法，使其獲得最高效果；對於未利用的經濟植物，應該加以調查和提倡，使民眾的生產能力提高，使國家的富源增加。

　　接著，列舉二十八大類經濟植物，進行詳細闡述。糧食、牧草、草場草、豆科植物、蜜源植物、果品、堅果、花卉、風景樹、枕木、製炭、造紙、人造絲、玻璃紙、蒸餾產物、鞣質、油漆、槍柄材、飛機木材、火柴杆、鉛筆杆、纖維植物、藥用植物、殺蟲劑、樹膠代用品、細菌、食用菌、海藻等。

〔註741〕周桂發、楊家潤、張劍編注中國科學社檔案資料整理與研究《書信選編》，上海科學技術出版社2015年10月版，第115頁。

《如何充分利用中國植物之富源》文章

最後強調，今天所舉的，無非是個人所見到的一些值得去做的實業。以植物與人生關係的密切，恐怕舉凡一草一木，沒有是不可以利用的。人類積數千年之經驗，一直到近代才知道一小部分電力的利用。人類和植物有了數十世紀的接觸，一直到近代還不能完全明瞭他們的功用。所以此後人類幸福的發展與進步，當集中在如何去發現這些和我們共同存在於地球上的鄰居們的富藏，以為利用。植物的富源，當更富於金礦。因為世界上金礦有開發完盡的一天，而植物的寶藏則愈用愈多，永無絕滅！而且利用植物富源的實業，大的可以供國家辦理，小的可由人民自行經營，伸縮性頗大，最有利於農村經濟。當此我國民窮財竭的時期，如果要恢復國民經濟的元氣，開發植物的富源當然是最有效方法之一。至於怎樣才能開發並利用這些植物的富源，則全在乎國立專門研究機關之設立和現在私立機關會社或令人的補助了。〔註742〕

9月12日，胡先驌致劉咸信函。

重熙仁弟惠鑒：

九月九日手書拜悉。驌年來極不好作文，近日偶然興到，作一二篇，亦係例外之事。居常不知《大公報》星期論文之制度，以為

〔註742〕張大為、胡德熙、胡德焜合編《胡先驌文存》下卷，中正大學校友會出版發行，1996年5月版，第263～272頁。

有重要建議之稿件，即可刊登。今知須有特約之束縛，則殊不敢應命。請與胡政之先生相商，不必函約，即約亦不能擔任也。

專此，即頌

撰祺

先驌 拜啟

〔廿五年〕九月十二日

得滬函，知桂女士九月八日可抵贛。〔註743〕

《河北博物院畫刊》（生物專號）作序

9月25日，為《河北博物院畫刊》（生物專號）出版作序言（第121期，第1版，第1頁）。摘錄如下：

本刊專號承靜生生物調查所多方贊助，並蒙該所諸公或惠賜大作，或代為繪圖，始告成功，特此誌謝。所有論文本期未能刊完者，下期專刊一期續登，敬祈讀者公注意。本院啟。

博物院之使命，在搜羅古物與天產，使國人有所觀摩，以補教育之所不及，而省立博物院則首以陳列地方之文物與自然界產品為職志。河北博物院自民國二十年秋發刊半月刊以來，對於茲二者之

〔註743〕周桂發、楊家潤、張劍編注中國科學社檔案資料整理與研究《書信選編》，上海科學技術出版社 2015 年 10 月版，第 116 頁。

收集刊布，至為美備。關於自然科學，已先後刊布周君晦庵之《河北習見之樹木》與《河北習見之魚類》。今又發行生物專號，以一地方創立之博物院而有此盛大之舉，甚可喜也。中國地大物博，世所豔稱，而以學有所蔽，庠序中人每每菽麥桑麻之不辨，准諸格物致知之學無亦儒者之大恥耶。河北雖位於華北平原，其動植物宜少特異之品匯。然北境多山，奇葩異卉與夫獨有之種類，數不在少，苟勤於搜討，當繼續有新發現。千里之程，起於跬步，他日斯學之昌於斯土，茲刊經始之功必不可沒。此余之所以樂為之弁言也。〔註744〕

10 月 3 日，秦仁昌致江西省政府信函。

秦仁昌呈江西省政府文。呈為本園植物種類繁多，擬建築較大溫室一幢，以供繁殖之需要，懇請補助臨時建築費貳仟元，以利進行事。竊本園自成立以來，一方為促進植物科學之進步，一方為國家講求利用厚生之道，責任重大，事業巨繁，迄今搜羅各地植物種類已達五千餘種之多。本年復蒙國內外各農林機關暨植物園贈送本園各種名貴植物種子，計二千餘種。此項植物在幼小時，多數須繁殖於溫室內，以策安全。本園原有之小溫室三棟，面積過小，不敷應用（均由久大精鹽公司經理范旭東先生，及陳總指揮辭修先生前後捐贈），急需建築較大溫室一幢，以應急需。查此項建築經費，最少需洋貳千元。惟本園經費支絀，進行困難，當開辦之初，既未籌有分文之開辦費；成立之後，亦未籌有絲毫之事業費。一切開支，僅恃每月一千一百六十元之經常費，即維持現狀，猶感不足，更無論從事建築、充實設備矣。為此，用敢懇請鈞府，補助臨時建築費貳仟元，以便建築一幢，以應急需而利進行。是否有當，理合具文，呈請鈞府俯賜鑒核示遵，不勝迫切待命之至。謹呈

江西省政府

廬山森林植物園園主任　秦仁昌〔註745〕

10 月 30 日，胡先驌致劉咸信函。

〔註744〕《胡先驌全集》（初稿）第十四卷科學主題文章，第 184 頁。
〔註745〕胡宗剛編《廬山植物園八十春秋紀念集》，上海交通大學出版社，2014 年 8 月版。第 86～87 頁。

重熙仁弟惠鑒：

兩奉手書，備悉一是。禮俗組事得足下貢獻讜言，必有莫大之成就。典禮局有否設立之需要，尚未易言。民俗博物館及人類學系之設立，則殊為當務之急。青島博物館與敝所合作殆成定局，彼方可得益不少。考古與中研院合作，自是要策。齊君如北來晤及，或將來通函時當為主張也。驌前赴中央文化會會議，對於史地組略有主張，將來該會須設科學組，果夫先生囑驌為之策畫，將來未知所主張者能有若干可以實現也。

楊永泰之遭狙擊，殊出意外。行刺動機遽難推測，而影響政局者必異常重大，則可斷言也。款已收到，極慰。嚴君向患神經衰弱，周仲呂已往汴為之代課矣。餘容後詳。

　　即頌

秋祉

先驌 拜啟

〔廿五年十月〕卅日〔註746〕

10月26日，江西省政府復秦仁昌信函。

江西省政府覆函，同意秦仁昌所請，但要求廬山森林植物園再上報編制建造溫室預算，以便早日撥款。12月即得撥款二千元，並開始興建。該年《年報》記有；「江西省政府撥臨時費二千元，以供建築溫室之用。此項建築業已興工，其基地位於范旭東及陳辭修兩先生所捐兩溫室之後之平臺上，估計佔地三千方尺，實為本園現有溫室之最大者。如天氣多晴，則全部工程於明年3月中旬可以落成，將來本園繁殖工作當更有長足之進展也。」該項工程完工於1937年4月中旬，總投資2700餘元，除省政府下撥2000元外，余為植物園自籌。〔註747〕

10月，《近十年回顧之感想》文章在《大公報二十五年國慶特刊》（第39

〔註746〕周桂發、楊家潤、張劍編注中國科學社檔案資料整理與研究《書信選編》，上海科學技術出版社2015年10月版，第117頁。

〔註747〕《廬山森林植物園第三次年報》。胡宗剛著《廬山植物園最初三十年》，上海交通大學出版社，2009年7月版。第43～44頁。

頁）發表。摘錄如下：

　　大公報改組重張於茲十年，以國慶日徵文於余。余以為吾國自辛亥革命於茲雖二十五年，惟此十年最為重要。回憶民十六實為北伐告成之年，在吾國歷史上亦即為劃時代之一年。然北伐雖云告成，革命尚未奏功。此十年來可歌可泣可悲可痛之事屢見迭出，非前此十五年之比也。自其可悲可痛者言之，則執政之黨在過去十年，每因意氣之私，屢肇閱牆之禍，直至西南問題圓滿解決，統一大業方得謂為完成。此可痛者一也。自國共合作，禍根已種，寧漢分裂，太阿幾至倒持。而以內戰之故，至贛省共黨坐大，殺戮之慘，比諸闖獻。其後突圍西走，流毒遍於川陝，迄今根株未絕，招撫無功。同為國民，何以自相殘殺甘為他人作驅除？此可痛者二也。北伐告成，政權轉移，而政治未見清明，官邪視前尤甚。萬姓蹙額，百國貽譏。此可痛者三也。軍興以還，軍用浩大，內債屢舉億萬。加以舉世皆敝，波及至我，農村崩潰，工商破產，經濟危機，百倍於昔。此可痛者四也。教育則領導無人，學風日下，教員學生不務所業，競為政治運動，甚至干涉國家大計，益增喪權辱國之機會。賊人之子，莫此為甚。此可痛者五也。以茲種切，乃召外禍，東北四省，淪於異族。舐糠及米，內蒙華北幾為之續。冀東畸形之局，至今無解決之方。華北走私，稅制破壞，正義莫伸，自衛乏術。此可痛者六也。六者先後疊乘，國幾不國。兵燹之害，過於洪楊。剝復之觀，剝已極矣，復之表現如何？

　　多難興邦，古有明訓。東北事變之後於茲五年，改革過程之速，竟有夢想不到者。丁茲巨變之後，朝野上下，一致反對內戰。冒不韙者，滅不旋踵。福建事變解決之速已出意外，西南問題竟得圓滿解決，尤為舉國所慶幸。自此以後內戰必至絕跡，精神團結，不為空談。此可喜者一也。東北事變初起之時，共黨方為腹心之患。幸執政者知政治設施重於軍事，卒之江西之禍以解。竄川竄陝竄晉竄甘，無一處能再坐大。而青年思想亦漸趨穩健，共禍或終有消滅之一日。此可喜者二也。執政者知非安內不能攘外，屬行生產建設，公路鐵路積極敷設，農民銀行農本局合作事業先後設立，民困得以稍紓。而幣制改革告成，經濟之危機亦減。重工業方面雖無建設可

言，而輕工業則頗有增益。硫酸錏廠之成功，具見國人已有建設巨大工業之能力。此五年來生產交通事業與農業經濟之有長足進步，實為民族復興之曙光。此可喜者三也。九一八以還，內政外交，諸多棘手。執政者痛感政府中人才之缺乏，毅然打破成見，樞府要職，惟賢是任，黨派淵源，視為次要。至事務官與地方長吏，亦頗知遴選才智之士。闒茸貪酷，漸歸淘汰。而下級官吏常以青年有識之士任之。吏治澄清，漸有希望。此可喜者四也。十年以前，科學事業方正萌芽，今則中央研究院北平研究院中央農業實驗所以及其他公私學術研究機關先後設立。研究成績，斐然可觀。青年學子亦由高談文哲之習，群趨於腳踏實地之科學與技術之研究與學習。技術人才，日有造就。政府特訂技術人員優待條例，尤知獎勵之道。此可喜者五也。治學之旨趣既有變更，學風亦漸入正軌。一般學子漸知高談主義橫干政治，於公於私兩無裨益。會考制度雖不無流弊，而一般學校之平均水準確因以提高，大學學風尤多轉變。加以朝野漸知重視職業與鄉村教育，教育方針日趨健全。假以時日，可期成效。此可喜者六也。可悲之事多在三四年以前，國難以還，漸多可喜之現象。剝極而復，果真有望耶？

　　然環觀世界一般之現象，公理漸滅殆盡，主強權者如飲狂藥。永遠局外中立之瑞士，亦鑒於戰氛之密布，誓約之無靈，亟亟欲整軍備以圖自保。吾國介乎法西與共產兩大潮流之間，欲求幸免，惟藉自力。三四年來雖有不少之進步，然進步頗嫌迂緩。國防方面雖有若干之努力，而全國一切之政治經濟組織不足以適應現狀之需要。時不我待，是否尚許我有從容布置之餘地？一般民眾對於危機之迫切，尚無深刻之認識，愛國之熱忱尚未普遍。一旦有變，勝算難操。斯有心之人丁茲國慶之晨，回溯十年之經過，喜懼交並。亟望朝野上下加倍戮力，以求挽此危機，而得自存於此弱肉強食之世也。〔註748〕

　　10月，盧開運編，胡先驌校《高等植物分類學》，上海中華書局初版。1941年3月再版，1951年4月第4版。

　　10月，唐燿著，胡先驌校《中國木材學》，中華教育文化基金董事會編譯

　　〔註748〕《胡先驌全集》（初稿）第十五卷人文科學文章，第240～241頁。

委員會編輯，商務印書館初版。

12月15日，秦仁昌致江西省政府信函。

> 秦仁昌呈江西省政府文（節錄）。茲奉前因，遵即與農業院所派技師陳振，技士梁孫根、邱琨，技術員熊肇元，盧山管理局派秘書袁鏡登、科長裘向華，於本年拾一月二十七日上午，在盧山管理局協商查勘本園界址應取步驟。當經決定原則二項：（一）本日下午，先會勘張伯烈地界址，決定後再測量面積；（二）由植物園向涂家埠農林學校調閱關於該項林地之卷宗，下午即實地會勘張伯烈亞農森林場界址。經查明東至七里沖，西至蘆林前俄國租界，南至大口與太乙村葛陶齋所有山地為界，北至刷子澗。原有「亞農森林界」界石，尚多完整可識，惟間有數處業已失蹤者。當即會同補釘木樁七個，以資標記。至此項界內面積就有若干，須待本園測量後，再行呈報。再查亞農森林場以外各地，如五老峰、青蓮谷等處，應否仍歸本園管理？依擬前項決議第二項，俟由本園向涂家埠農林學校調閱前省立林業學校擴大該項林地之卷宗後，再行另案呈報。〔註749〕

12月，Sinojohnstonia, A New Genus of Boraginaceae from Szechwan（紫草科——新屬瓊斯東草）刊於 Bull. Fan Mem. Inst. Biol. (Bot)《靜生生物調查所彙報》（第7卷第5期，第201～204頁）。

12月，Amesiodendron. A New Genus of Sapindaceae from Southern China（無患子科——新屬恩密士木）刊於 Bull. Fan Mem. Inst. Biol, Bot.《靜生生物調查所彙報》（第7卷第5期，第207～209頁）。

12月，Notulae Systematicae ad Floram Sinensem VII（中國植物分類小誌七）刊於 Bull. Fan Mem. Inst. Biol.《靜生生物調查所彙報》（第7期，第211～218頁）。

是年，秦仁昌呈江西省政府文。

> 竊本園蒙鈞府核准，由靜生生物調查所與江西省農業院合辦，並撥前省立農林學校實習農場地九千餘畝，充本園園址，俾本園於去年八月二十日正式成立，為江西農林事業立一始基，至為欣感。

〔註749〕 胡宗剛編《盧山植物園八十春秋紀念集》，上海交通大學出版社，2014 年 8 月版。第88頁。

惟本園事業繁鉅，責任重大，而經費預算則至寡。當開辦之初，既未籌有分文之開辦費；成立伊始，亦未籌有絲毫之事業費。一切開支，僅恃每月一千元之經常費，即維持現狀，猶時患不足，更無論百年大計矣。若不另籌良策，難免有絕臏之虞。查現在世界各國著名之植物園，如英國皇家植物園，法國巴黎植物園等，其成功之原因，雖甚複雜，要以充裕穩固之基金，有以致之。又查十年前，美國加州創辦巴薩丁植物園，乃由加州大學農學院院長麥雷爾博士商得同該州各大農林場等，由各農林場捐出大段森林或場地，為植物園之園址及基金。同時在植物園四周劃定相當地點，招徠殷戶，建築別墅，即凡願捐助該園款項在若干數以上者，均得在該園四周劃定之地點內建築房屋，而此馳名之巴薩丁植物園竟得以成立矣。

查本園全部面積，計九千餘畝，除供培植各區植物及造林外，尚有因土質及地勢不適宜於種植之地，茲擬仿傚加州巴薩丁植物園募集基金辦法，為本園立一穩固妥善之基礎。即凡國內熱心學術研究，愛好自然界之各界人士，一次捐助基金在一千元以上者，得由本園在上述之不甚適宜之地帶內劃給土地二畝，作為捐款者之永租地，歸捐款者建築別墅及設置園庭之用。假定永租地以一千畝計，則可募得基金五十萬元，一舉而本園之基礎以立矣。此事前曾與中華教育文化基金董事會多數董事商討，皆韙其議，且有允捐鉅款為之倡者。為此，用敢擬具《廬山森林植物園募集基金計劃書》，呈請鑒核，如蒙准予募集，即當函商國內政、軍、學、商界領袖名流，列名發起，以利進行。所擬《廬山森林植物園募集基金計劃書》，是否有當，理合具文，呈請鑒核示遵，實為公便。謹呈
江西省政府
　　附計劃書一份。

　　　　　　　　　　　　廬山森林植物園主任　秦仁昌〔註750〕

是年，廬山森林植物園派員進行植物標本採集。
　　對於廬山植物的調查仍在進行，尤以在 4～5 月間，著重採集著

〔註750〕胡宗剛編《廬山植物園八十春秋紀念集》，上海交通大學出版社，2014 年 8 月版。第 87 頁。

花植物之標本，以補園內標本室標本之欠缺，所獲約 750 餘號，又有許多新記錄，最著名的有紫杉（Taxus chinensis）、光葉欒（Koelreuterliaintegrifoliata）、亨利紅豆（Ormosia henryi）、白雲木（Styrax dasyanthus）等。至此，廬山植物已基本探明，得其全貌。抗日戰爭之後，1947 年吳宗慈再為編輯出版了《廬山續志稿》，其物產之一卷，係由廬山森林植物園提供《森林植物名錄》，計 1473 種，當為抗日戰爭之前植物園之於廬山植物調查之完備記錄。〔註 751〕

是年，秦仁昌致江西省政府信函。

江西省建字九○二八號指令僅是對園址界線備案，而未涉及園址面積、執業證等項。1938 年 1 月 10 日，秦仁昌又呈文江西省政府，請求省政府對此再予備案。函云：「茲查本園園址面積業經測量完竣……共計面積四四一九畝，廬山管理局查照，並已由該局發經理字第二三號管業證，理合檢同本園平面圖份，備文呈請鈞府鑒核備案，實為公便。」〔註 752〕

是年，廬山森林植物園委員會成員及職員。

廬山森林植物園第三次年報委員會。委員長：龔學遂，伯循；副委員長：金紹基，叔初；委員：胡先驌，步曾、范銳，旭東、程時煃，伯盧，會計：董時進；書記：秦仁昌，子農；職員。主任：秦仁昌，子農；園藝技師：陳封懷；技術員兼會計：雷震，俠人；練習生：馮國楣，光宇、劉雨時，潤生、楊鍾毅，鳴雛、熊明，耀國。本年度本園職員略有更動，技術員汪菊淵君、助理員曾仲倫君、會計胥石林君，均於五月中相繼辭職。陳封懷君於八月來園，擔任園藝技師職務。陳君留學愛丁堡皇家植物園，從園長司密士教授與古柏博士研究報春屬植物及園藝等學，本年秋歸國。又練習生楊鍾毅、熊明二君七月到園仟事。〔註 753〕

〔註 751〕 1936 年，胡宗剛著《靜生生物調查所史稿》，山東教育出版社，2005 年 10 月版，第 111 頁。
〔註 752〕 胡宗剛編《廬山植物園八十春秋紀念集》，上海交通大學出版社，2014 年 8 月版。第 021～022 頁。
〔註 753〕 胡宗剛編《廬山植物園八十春秋紀念集》，上海交通大學出版社，2014 年 8 月版。第 118 頁。

是年，胡先驌致熊式輝信函。

天翼主席勳鑒：

客歲接聆教言，倏易裘葛。丁茲赤禍初定，瘡痍未復，鈞座標建設為今年行政之鵠的，宏謀卓識，至為佩仰。陽和初肇，與民更始，不世之勳，如操左卷矣。

茲有啟者：廬山森林植物園蒙鼎力促成，得在鄉邦立百年樹木之始基，其為萬國觀瞻之所繫。公私兩者咸荷帡幪，感慰之懷，匪言可喻。惟預算至寡，而事業過巨，不籌他策，難免絕臍。嘗憶及十年前美國加州創辦巴薩丁拿植物園之計劃，以為可以借鏡。其時加州大學農學院院長麥雷爾博士與該地各方林場場主商議，由彼等捐大段森林為創辦植物園之基金與園址，而在植物園四周招來殷戶建築別墅，雙方各得其益，而植物園不費一金以成立矣。竊思廬山植物園面積九千餘畝，一部為陡峻山坡，不適種植之用，若得省政府通過，凡捐助植物園基金至若干數以上者，得由植物園劃園地一至數畝作為永租，以供建築之用。人數苟眾，則可成一新村，一方植物園基金以得，一方又為繁榮廬山之良機。假設捐款二千元者給園地二畝，則以園地三百畝計，即可籌得植物園基金五十萬元，而園之基礎以立矣。此意曾與中基會董事數人談及，皆韙其議，且已有允捐鉅款者。敢專函商請，如鈞座認為可行，再當會同農業院正式向省政府呈請，同時並望鈞座列名於募捐啟，以為之倡。南京、北平、上海政、學、商界諸名流均不難請為列名也。植物園基金募得預增加之後，驌尚能向洛氏基金會請求補助林業研究經費，則植物園事業尤可擴充，而大有裨於江西林業，想亦鈞座所許也。

專此、仁候回示，並頌

政安

胡先驌 謹啟

（1936 年）〔註754〕

是年，派北平靜生生物調查所採集員王啟無到雲南的順寧、鎮康、耿馬、雙江、瀾滄、滄源、南嶠、佛海、車裏、大猛龍、鎮越、六順等處採集標本

〔註754〕《胡先驌全集》（初稿）第十七卷下中文書信卷，第404～405頁。

9390 餘號。〔註 755〕

是年，對廬山森林植物園期望：「廬山森林植物園成立雖僅兩年，而進步之速，規模之大至為可驚。他日對植物學、森林學、與園藝學之貢獻，殆不可臆計也」。〔註 756〕

廬山森林植物園政府能夠大力支持，必將成為世界著名的植物科研機構，再次預言：「今幸廬山森林植物園有廣大之面積，與極幹練之技術家主持其事，政府亟宜與以資助，不難使之步英國邱皇家植物園之後塵，發達為東亞第一植物園也。」〔註 757〕

是年期間，北平靜生生物調查所所長胡先驌與經濟部中央工業試驗驗所所長顧毓瑔協商，利用雙方的優勢，待唐燿回國後，靜生所出人才，試驗所出資金，兩單位合作從事木材研究。

【箋注】

顧毓瑔（1905～？），中國紡織機械製造專家。1927 年畢業於國立交通大學，1931 年獲美國康奈爾大學機械工程博士學位。曾任中央大學教授、中央工業試驗所所長，國民革命軍德國軍事顧問團工程師，國民政府實業部副部長，解放後任上海紡織工業局高級工程師、上海紡織器材公司總工程師，是全國政協委員和民革中央監察委員會副主席。

是年，為《蝸牛舍詩》作序，范罕著，由南通翰墨林書局出版。摘錄如下：
　　通州范氏以詩世其家，至肯堂先生遂為大宗，散原翁所謂蘇黃
　　而下無此奇者是也。乙丑秋，余再自美洲歸，挈病婦返秣陵，僦宅
　　太學街右，與范君彥朾同居，頗得文酒談宴之樂。翌年仲春，令兄
　　彥殊翁自通來，傾蓋如故。誦其詩，瘦硬枯淡，如諫果、如苦茶、

〔註 755〕胡先驌著《植物分類學簡編》，高等教育出版社 1955 年 3 月版，第 5 頁。
〔註 756〕胡先驌著《中國科學發達之展望》，科學 1936 年 20 卷第 4 期。張大為、胡德熙、胡德焜合編《胡先驌文存》下卷，中正大學校友會出版發行，1996 年 5 月版，第 259 頁。
〔註 757〕胡先驌著《中國亟應舉辦之生物調查與研究事業》1937 年。張大為、胡德熙、胡德焜合編《胡先驌文存》下卷，中正大學校友會出版發行，1996 年 5 月版，第 248 頁。

意境在東野、長江、宛陵、後山之間，讀之令人悒悒寡歡。然其真氣潛在，固非以狂花客慧相炫耀者，所可同日語也。常於佳日，攜幼子與翁躡鍾山之背，彳亍萬花之中，假村舍煮茗，商榷藝事，不覺松陰數轉，暝煙漸升，始興闌而返。彈指八載，景猶在目而人事日遷，世變日劇，與翁一別迄未更晤。吾婦早故，彥鉥亦殂謝矣。余北來，日事草木，箋疏之細，吟詠久廢。翁獨杜門里閈，聚徒誦學，名益晦而詩益昌。其特立獨行，蓋有與吳野人、鄭子尹相伯仲者焉。癸酉春，得翁書，告將裒集其詩，以付剞劂，屬為一言，爰舉與翁定交之始末，以志鴻爪之跡云爾。〔註758〕

是年，王啟無在雲南採集植物標本情況。

滇南為熱帶雨林，海拔較低，燥熱多雨，向稱煙瘴之地。王啟無在此又得臘葉標本9000餘號，及大量苔蘚、菌藻、球根、種子及木材等。《中國植物學雜誌》於其旅途情形又有如下記載：

靜生生物調查所云南植物採集團王啟無君，自去冬沿滇省西境南下以來，現已至猛渾一帶。此後即將沿瀾滄江南下雲南最南之區域車裏工作。王君過猛果東，曾便中輕裝去斑洪一遊，來信謂「只留一日，而耳聞目擊者，遠非外間所能知。國人奇恥，大好礦山視同草芥耳；日內得暇，當寫斑洪一日談，只怕無暇耳」。

猛渾林木極茂，幾全為闊葉常綠樹所佔據。林內組織，複雜非常。大樹密生，外間雖風雨劇作，而林內猶能不風不雨，如置身屋內然。樹下復藤蔓纏繞，垂懸枝幹間，宛若巨蛇。其地除盛產舉世聞名之普耳茶外，復多樟腦，二者每年皆成巨額之輸出。

雲南迤西一帶，本為烈性痢疾與腸窒扶斯等疾病橫行之區（即一般所稱之瘴氣），王君等一行二十餘人，日啖金雞納二瓶，始免於疾。

又同行採集員李春茂君，自猛滿去南嶠途中，突遇夷族羅黑人攔劫，幸隨有當地團丁護送，未發生事故云。〔註759〕

〔註758〕張大為、胡德熙、胡德焜合編《胡先驌文存》（上卷），江西高校出版社，1995年8月版，第332頁。

〔註759〕內植物學界消息，《中國植物學雜誌》，第三卷第二期，1936年。胡宗剛著《雲南植物研究史略》，上海交通大學出版社2018年7月版，第66頁。

編年詩：《哭昀谷》（二首）。

民國二十六年丁丑（1937） 四十四歲

中年時期的胡先驌

1月19日，胡先驌致龔自知信函。

> 敝所前曾派員赴貴省採集生物標本，先後已屆五載，均承貴廳
> 轉呈省府，令飭各縣予以保護，不勝感謝。本年春間，敝所繼派俞
> 德濬、劉瑛、楊發浩、倪琨、李春茂等五人續往迤西及西康邊境各
> 地採集植物標本，仍請貴廳轉呈省府照往年辦法每人發給隨身護照
> 一紙，並令沿途各縣予以保護。
>
> 一九三七年一月十九日〔註760〕

1月，《醫師有協助社會取締偽藥之責任》文章在《中西醫藥》雜誌（第3
卷第1期，第6～7頁）發表。摘錄如下：

> 當朝野上下提倡民族復興與國民經濟建設運動之日，以醫藥為
> 業之醫師與藥劑師個人，尤其以醫學團體實有積極協助社會取締偽
> 藥之責任。偽藥之流行，殆無過於今日之中國者。合市場上所銷售
> 中西製造之偽藥，每年人民所消耗者，將以千萬計。此種可痛之情
> 形，有數種原因有以造成之：（一）國民衛生醫藥以及科學知識之淺

〔註760〕 《胡先驌全集》（初稿）第十七卷下中文書信卷，第410頁。

薄，（二）政治力量之薄弱，（三）醫師與藥房缺乏服務社會之道德。有此三種原因，於是乎真偽莫辨。政府對於外國製造之偽藥，無力取締，而醫師甚且與貨賣偽藥者勾結以欺眾，藥房竟以製造偽藥以牟利，遂造成此江河日下之形勢，不惟人民浪費大量無益之金錢，且因以損害健康斷送生命，此社會有識之士尤其以醫藥界不能再行坐視者也。

此問題有關於中醫西醫兩方面：今姑不論中醫醫理之是非，中國藥之重要以科學之研究而益明，然中國藥品非盡有效，尤以極貴重之藥品如犀角，羚羊角，牛黃，馬寶，珍珠之類為甚。此類藥品即使有效，其功效亦與其價值不相稱。人參，燕窩，鹿茸，白木耳等滋補品亦然。今欲提創節儉，此種無益之消耗，實宜大聲疾呼以攻擊之者。今日之時醫，開一方劑每至值數百金之多，此實以欺人為增加聲譽之道，殊非真懷救世之念者所宜取者也。且有多種病證西醫已有特效治療之藥品者，苟以濟人為念之中醫，自不宜更用舊中醫所用之藥品以貽誤患者。今日醫瘧疾而不用金雞納霜，醫楊梅而不用六零六、九一四者，其罪可誅，吾甚盼今日之中醫深記此語也。

至於西醫中則偽藥與有害之或無價值之藥極夥，此類藥品全藉廣告之力以欺騙愚蒙之群眾。此類藥品雖本國藥房製造者亦有之，而大多數以舶來品為多。以宣傳日久，往往積非成是，認為不可少之藥。如仁丹幾盡人皆認為解暑聖藥即其一例，然其為害尚不大。至於誤信十滴水可以治霍亂，則真有性命之憂矣。此類偽藥以德日兩國製造為多，論理吾國可設立藥品清潔法律，如各大國所已有者，或由衛生署為極嚴厲之檢驗，然吾國處於極弱之勢，加以行政不統一，故未易達到此種目的。然苟全國醫藥界深知其對於國民所負責任重大，群起為一種清潔運動，對於偽藥為有系統之攻擊，則亦可以挽救不少也。

今日醫藥界對於此問題可由數方面入手：（一）多作文勸告民眾凡不將化學成分寫明之一切專利藥品，無論其有效與否皆勿購買；（二）對於各種偽藥個別批評，對於真正可靠之良藥——即有公開之藥劑方者——個別討論而提創之；（三）對於唯利是圖，以醫學理論而為偽藥作介紹之醫生，盡力鳴鼓而攻之；（四）所有醫藥刊物並勸

各大報紙絕對拒絕登刊偽藥或專利藥品之廣告；（五）藥房多製造用公開藥劑方，而效力與專利藥相似之藥品，以廉價售賣於社會，而由醫藥學會保證之。茍西藥能在此五方面努力，則有裨於國民之健康與經濟者極巨，而亦不負社會委託之使命矣。〔註761〕

　　1 月，黃野蘿譯，胡先驌校，英人哈欽松著《雙子葉植物分類》，中華教育文化基金董事會編譯委員會編輯，商務印書館初版。分為緒論、植物系統圖、生存種子植物之大綱、新系統中各科之排列並其傾向之摘記、人為分類群之解表、具有某種各科之記述及英華分類術語對照表等內容。

【箋注】

　　黃野蘿（1902～1981），原名黃在璿，號正仔，江西省貴溪縣志光鄉。1931 年春又轉入東京文理科大學重新攻讀生物學。1932 年應胡先驌的邀請，回國入北平靜生生物調查所工作。1933 年得胡先驌資助赴德留學，就讀於明興大學，專攻森林土壤學。1937 年曾赴匈牙利森林學院進行研究，1938 年 6 月返德，獲明興大學森林土壤學博士學位。同年 9 月赴英國土壤試驗站蘋果研究所工作。1939 年在法國巴黎學習法文，1940 年 1 月赴美國羅傑斯大學土壤系進行考察和學術交流。1940 年冬由美回國，任中正大學教授兼農學院森林系主任。中國森林土壤研究和紅壤利用改良的先驅。全國院系調整後，由於江西農學院不設森林專業，他在主持學院行政、教務工作的同時，轉而研究紅壤的利用改良。

　　2 月，靜生生物調查所第八次年報，委員會委員長：任鴻雋；書記：翁文灝；會計：湯鐵樵；委員：周詒春、范銳、江庸、金紹基、王家駒、胡先驌（當然）。

　　2 月，靜生生物調查所、江西省農業院廬山森林植物園第三次年報。委員會委員長：龔學遂；副委員長：金紹基；會計：董時進；委員：胡先驌、范銳、程時煃；主任：秦仁昌；園藝技師：陳封懷；技術員兼會計：雷震；練習生：馮國楣、劉雨時、楊鍾毅、熊明。

　　2 月，派靜生所職員俞德濬率領採集員劉瑛、倪琨、楊發浩、李春茂等十餘人前往雲南西北部高山區域，繼而西進，四月達麗江。為採集方便，全隊分為 3 個小組，散至永寧、木里、中甸，西康的定鄉及稻城、德欽，瀾滄江東岸的白馬山及西岸的四莽大雪山等處採集。採得植物標本 10000 餘號，其中植物

種子 2700 餘號，菌藻球根標本 300 餘號。

2 月，盧山森林植物園致管理中英庚款董事會信函。

　　　　盧山森林植物園向管理中英庚款董事會申請，請求建築森林園藝實驗室及儀器設備補助金。該會第四十六董事會議決定，同意補助一萬元，分兩年撥付。工程於當年 8 月開始動工，在開工之時，植物園即向中英庚款董事會去函，報告工程進展。其函云：「本園建築森林園藝實驗室，原係應研究實驗上之急用。故本園需要此項建築、設備，實刻不容緩。且此項建築規模甚小，預計四個月內即能完工。加上山上天氣，冬令冰凍甚厲，屆時一切工程勢必停止，故全部工程以能在冬令以前完成始稱萬全。為此特殊情形，擬請貴會仍照原定計劃，如期完成，甚裨益本園前途，當匪淺鮮也。」〔註762〕此後，植物園再次致函，言明此工程須在年內完工，「查上項建築，尚不能在本年冬令以前完成，則因高山寒冷，冰凍甚厲，已成部分難免椽落崩塌之虞，勢必影響全部工程，功虧一簣，實為可惜。」要求將一萬元經費一次撥付，以便進行。若在承平之日，植物園原可向銀行借墊，無奈值此國難之時，銀行已停止發放借款；而植物園自身常年費，在此時期，也非常竭蹶，沒有可供挪用之數。〔註763〕

2 月，發表了一篇《南遊雜感》，以合作為基本經濟政策，共同富裕，溫和社會主義的最高文化。

　　　　我回北京後，當即發表了一篇《南遊雜感》，對於江蘇省的政治大為稱讚，對於中央政府翁文灝、蔣廷黼、張公權、吳鼎昌都很恭維，對國民黨的各種政策亦有直率的批評，而主張以合作為基本經濟政策，期望中國效法北歐各國造成一種無大資本、大工業的溫和社會主義的最高文化。〔註764〕

〔註762〕盧山森林植物園致管理中英庚款董事會函，森字第卅九號，1937 年 8 月 13 日。中國第二歷史檔案館藏靜生所檔案，全宗卷 609，案卷號 21。

〔註763〕盧山森林植物園致管理中英庚款董事會，1937 年 11 月 12 日。中國第二歷史檔案館，609（24）。胡宗剛著《盧山植物園最初三十年》，上海交通大學出版社，2009 年 7 月版。第 70 頁。

〔註764〕胡先驌著《南遊雜感》發表《國聞週報》第十七卷第七期。胡先驌著《對於我的舊思想的檢討》，1952 年 8 月 13 日。《胡先驌全集》（初稿）第十五卷人文科學文章，第 629～640 頁。

2月，《笛斑木花之形態》文章在《科學》雜誌（第21卷第2期，第179頁）發表。摘錄如下：

衛矛科中之笛斑木屬（Dipentodon）為其採集者 S·T·Dunn 氏所發表。其花被具十齒，其中五齒為萼片，另五齒為花瓣，更具小蕊五枚與五腺體相互生，此腺體可謂為花盤之突起物，或謂其自十小蕊退化而成此現象者亦無不可。

但在雲南所採此類果實標本中發現有花一朵僅具大小不等之齒七，與四枚小蕊成互生之腺體四枚；另一花更具有一小蕊六枚。由此吾人可得結論，其花被繫二裂之萼片五枚而並非花瓣，且其腺體乃係自十小蕊之原型退化而產生者。〔註765〕

3月6日，胡先驌致劉咸信函。

重熙仁弟惠鑒：

三月手書拜悉。此次得謁奉化，暢所欲言。所談約分經濟、建設、政治、教育四端，大約勸其積極注重民生主義之實行、重工業之建設，行政以不擾民為原則，中樞部院則須汰除闒茸不職之事務官，而尤主張徹底改造中國教育，並面交一條陳。計縱談至一小時半，了無顧忌。奉化與陳布雷先生皆鑒其誠懇，或不無補於高深也。

《植物學過去一年之進步》一文當請周仲呂為之，驌秋間出國，本為預期，盼不至更有意外事以阻其行耳。程廳長更換之說，未有所聞，若熊主席內調，省府政府則勢不能不去。此公頗有儒生本色，而數年來過於牽就環境，至鮮有建樹，聲譽日墮，至可悲也。理初之《鳥類誌》尚未印得，將來可以一部奉贈中基會。動物組審查人大約為陳席山師也。

專此，即頌

撰祺

先驌 拜啟

〔廿六年〕三月六日〔註766〕

〔註765〕張大為、胡德熙、胡德焜合編《胡先驌文存》（下卷），中正大學校友會出版發行，1996年5月，第273頁。

〔註766〕周桂發、楊家潤、張劍編注中國科學社檔案資料整理與研究《書信選編》，上海科學技術出版社2015年10月版，第118頁。

3月12日，《華北日報》刊載俞德濬赴雲南採集消息。

　　俞德濬一行係1937年2月初自北平啟程，2月底抵達昆明。抵達之後，即有函致北平靜生所，報告一路經過。3月11日俞德濬函到，《華北日報》記者於當日即為獲悉，12日報載如下：俞德濬一行五人，上月離平南下後，迄未接到抵滇報告，昨日俞德濬自雲南昆明有函到平，報告已抵昆明，並說明沿途經過及採集辦法。茲將來函覓志於後：

　　余等於二月五日離平，七日抵滬，在滬停留二日，十日搭招商海利輪去港，在港以候船之暇，復轉赴廣州，參觀中山大學及農林植物研究所。該所所長陳煥鏞學生對余等採集及研究工作殷殷指導，厚意可感。該所近年收藏西國諸大名家如 Henry、Forrest、Wilson 等氏手植標本較國內任何機關為獨多，彌足珍貴。其標本室中係採哈欽松系統，分屬分種之下，並依地理區域排列，其已有記錄，而無標本者，則代以照片或繪圖，頗便研究參考。惜以時間匆促，未能久作勾留。二十日再搭法油船小廣東號自港駛海防，二日即達。（中略）當日轉車至東京，便中得去東京植物園一遊。滇越鐵路因沿途山險甚多，火車晝駛夜停（中略），二十六日晚安抵昆，寄宿民眾教育館中。近正忙於製備各種用具，並接洽匯款及治安諸問題。

　　本年採集，擬分三組，大約以木里、中甸及阿墩子三地為中心。劉瑛、倪琨二君將留住木里，楊發浩及李春茂二君擬囑其先赴阿墩子以北諸山工作，餘則往來於二組之間，惟此地去大理，尚有十三站，大理至麗江七站，麗江至木里須八九站，實地工作，至早當在四月上旬。邊地交通不便，於時間方面，至不經濟（中略）。又滇省教育當局擬請本所所長胡步曾學生於暑假內入滇講學，刻此間教育界，現已準備屆時歡迎云。〔註767〕

3月18日，《華北日報》刊載靜生生物調查所採集員消息。

　　採集團自昆明奔赴採集目的地途中，劉瑛遇在雲南採集已多年之英國採集家考浦斯，其願與靜生所合作進行，劉瑛乃向所長胡先

〔註767〕胡宗剛著《俞德濬赴雲南採集之新史料》，公眾號註冊名稱「近世植物學史」，2022年07月03日。

驌呈函請示，1937 年 3 月 18 日《華北日報》載有：北平靜生生物
調查所前派赴雲南之採集團，現已抵達該地開始工作，茲聞有一英
國採集家卡浦斯，由一九二一年起，即在該地採集，距今十有六年，
成績極佳，此次與該團相遇，卡氏頗為欣喜，並向該團建議，願與
之合作，以期獲得更好之成績。該團團員劉瑛，日前特致函該所所
長胡先驌報告一切，並請示可否與卡浦斯氏合作採集。胡氏具報後，
認為頗有合作必要，昨已覆函該團與之合作，努力進行云。〔註768〕

3 月，與陳煥鏞編撰《中國植物圖譜》（Icones Plantarum Sinicarum）（第五
卷），共 50 頁，有 50 圖版，靜生生物調查所印行。封面從右到左，上下排，
印倆位著者工作單位，職務及畢業大學，專業，學歷等。靜生生物調查所所長、
美國哈佛大學科學博士胡先驌；國立中山大學農林植物研究所所長、美國哈佛
大學森林學碩士陳煥鏞編撰。

譜主認為：「中國植物圖譜（Icones Plantarum Sinicarum）共五冊，胡先驌
教授與陳煥鏞教授所著。第一冊五十頁，有五十圖版，一九二七年商務印書館
出版；第二冊五十頁，有五十圖版；一九二九年商務印書館出版；第三冊五十
頁，有五十圖版，一九三三年靜生生物調查所出版；第四冊五十頁，有五十圖
版，一九三五年靜生生物調查所出版；第五冊五十頁，有五十圖版，一九三七
年靜生生物調查所出版；內有多種新種的圖版，為研究中國植物的重要參考
書。」〔註769〕

3 月，《中國植物之性質與關係》文章在《中國植物學雜誌》（第 4 卷第 1
期，第 7〜25 頁）發表。摘錄如下：

中國土地廣闊，氣候地形繁雜多變，遂影響植物社會之性質。
苟吾人如對各種植物之定名人略加注意，則立覺可別為數群。……
故凡有經驗之中國植物學者，僅一觀植物學名定名者之為誰，即可
明曉諸植物之性質與關係。

吾人可將中國植物略分數群如下：

〔註768〕 胡宗剛著《俞德濬赴雲南採集之新史料》，公眾號註冊名稱「近世植物學史」，
2022 年 07 月 03 日。
〔註769〕 胡先驌著《植物分類學簡編》，高等教育出版社 1955 年 3 月版，第 423 頁。

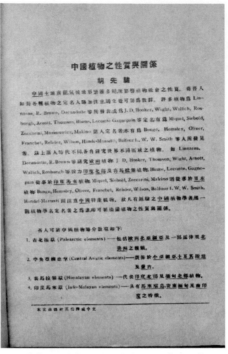

《中國植物之性質與關係》文章

1. 古北極群（Palearctic elements）——包括歐洲、北亞細亞及一部延伸至北美洲之種類。

2. 中央亞細亞群（Central Asiatic elements）——廣布於小亞細亞、土耳其斯坦及蒙古。

3. 喜馬拉雅群（Himalayan elements）——代表印度北部及緬甸北部植物。

4. 印度馬來群（Indo-Malayan elements）——具有馬來群島、安南、緬甸及南印度之特徵。

5. 日本群（Insular or Japanese elements）——為日本及琉球群島之典型植物。

6. 北美群（North American elements）——依前冰期之分布，現只存於中國與北美東部及日本者。

7. 泛世界群（Cosmopolitan elements）——廣布於全世界，原產地不可考者。

8. 中國特產群（Endemic elements）——為中國特產或偶現於鄰國邊陲者。

　　略言之，古北極群為華北通產，分布可至西北、東三省，而抵西伯利亞，以及所有北溫帶及北極帶，更有南向綿延而達廣東者。中央亞細亞群發現於新疆、蒙古或偶至甘肅、華北東部，更或零散產於滇、鄂。喜馬拉雅群產於川、康、藏、滇省北部，延至陝南鄂西間，或東南諸省亦有之。印度馬來群通產於粵、桂、閩及滇省南部，偶現於桂、浙、湘、川、贛省南部。日本群廣布於東南諸省，但北上可至山東及東三省而成鉗形分布。北美群只為前冰期北極分布之遺跡，現唯中國及北美東部有若干屬，餘則殘存於東三省及日本。泛世界群皆富於適應、易於生長之植物，多為莠草，遍布全陸，原產地迷離難辨。中國特產群為我國植物主要部分，除普通特產種外且有特產之屬，以至於科，實為植物界最有趣之分子。

　　我國棺物雖約分八群，但諸群間之組織與分布則決無定限。因自然界永無靜態，而變化不息也。非但某區植物於不同地質時代可遭巨變，即全世界植物因有人類生活，亦頗受影響。吾人決定某區之植物群落，必先談及氣候、土壤及生物等因子，但生物包括人類，故當有無限重要。事實上人類影響天然植物社會之摧毀至巨，如以砍伐森林，開墾荒土之故，本地原產之植物常因以絕滅，他鄉異種亦因以侵入。如澳洲本地植物多因美國仙人掌之侵入而摧毀，中國南方小溪，支流曾因南美洲之風眼蘭布滿而堵塞，即其例也。現代中國各植物群落中，許多種皆為有史前後由人類所運輸；吾人極易辨認其為自外移植者，有者則僅係想當然耳。

　　英人 Reginald Farrer 採得 Viola Chebsonensis 於寧夏僧寺中，實則此新種不過為極普通之三色菫（Pansy）。因喇嘛活佛等遠途帶至西藏東部而成野生，遂致誤認新種耳。其他植物亦常有類似情形，許多習見植物吾人早已忘其血統，正如從河南開封居民中難辨誰為猶太人之後裔耳。吾人須知玉蜀黍、白薯、馬鈴薯、南瓜、菠菜、胡椒、石榴、西瓜、落花生、胡桃、煙草、棉等皆為異國產品，自漢朝或近迄元明始輸入中國者。

　　陳煥鏞教授語余，彼從事研究廣東植物，近年雖發現新種不少，但多種由老植物學家 Hance Bentham, Champion 等早有記錄之植物則並未能採到，常引為異事。此類植物雖在他日或尚可發現，然不

免有少數品種因伐林耕地漸歸毀滅也。

各植物群落現仍繼續變化，更以近代交通便利，世界各地植物之混雜當與日俱增。吾人可將名貴之哈密瓜，由飛機帶至天津，余且曾以此瓜乾上之種子試植成功；則其他新疆之植物種子何不可由飛機運輸而傳播於沿海，而異日熱心之青年植物學家得之，或將認為新奇發現乎？

明瞭上述事實後，吾人可再將中國各植物群落詳細討論之。……

自上述諸端分析之，可得中國植物組織概念，其所以種類豐富，由於其國土廣闊，氣候及土壤變化繁多，而地形複雜甲於全球所致。中國與北美或歐洲同面積之地帶，較具有較高大山脈，較高之森林帶，因之更多隔離之機會。故特產植物及單種能異常發達，同時緊鄰種種異邦植物區系，更可使優越植物群落更為豐富。中國本部幸免冰期嚴酷，故植物得慶保存者甚多。反之歐洲植物因此遭遇而植物變為簡單，在北美則稍佳。中國本部無內海與大漠之阻隔，因之植物群落，較北美東部易於混雜溝通。如北方之鐵杉、山毛櫸、椴、益母草等可滋蔓綿延至廣東，西部植物可由滇抵浙，東北諸群可由松潘（Sungpan）直達西藏。昔者植物調查偏重華西，遂覺我國植物群落之分界太顯。後經近年一再努力，作大規模採集，關於離散分布情形，收穫頗多。在中國每年有將近3CO新種之發現，證明中國植物之特別豐富也。

除有純粹科學之興趣外，我國植物更有值經濟上之調查者。余曾屢言中國有多種珍貴植物，將來必有重大經濟價值，茲略舉數例。雲南產一種鴿豆（Pigeon bean），為木本大豆之類，或稱之曰木豆（Cajanus cajan），可用之作豆腐，並可用以榨油。更沿金沙江沿岸有一種油蘆子，可製成燈油，或可食用。此植物播種甚易，如注意研究其用法，將來當為重要經濟產物。雲南一種漆樹種子可榨取漆油。本地取之製肥皂，可治皮膚病，用化學分析之，發現其內含有多量碘質，此產物頗有醫學價值。數年前在雲南發現一種珍奇葫蘆科植物，屬於單種屬 Hodgsonia。土名油渣果；為百英尺高大藤本，產瓜大如人頭，內包 12 種子，每兩個合而為一。此復種子大如鴨卵，含二油質核仁，啖之味如胡桃。雖土人重視其種子如珍寶，但此植

物迄未廣栽，每瓜值洋約四角。此種植物早有記錄，但在中國迄今始初次發現。我國繁盛之植物寶藏中，不知有若干經濟植物，待人發現。總之，上述諸端，即顯然證明對中國植物大舉調查，及努力研究，非僅為科學上之重要發現，乃為助成國家及民族之福利也。

（張英伯譯成中文）〔註770〕

3月，俞德濬與雲南木里土司晤面。

　　俞德濬在上海勾留之時，還與雲南木里土司晤面，獲得土司允諾，予採集團以便利和保護。選擇木里為主要採集地，或與此有關。關於此，《華北日報》云：又具該所某負責人向記者談稱，彼等（指俞德濬一行）此次入滇，須至雲南西南邊境一帶深山之間採集，因地理及環境關係，工作進行極為困難，彼等經過上海，曾一度與京請願開發滇邊之雲南木里土司高玉桂晤談，結果甚良好，高允彼等抵滇後，介紹該地土人照料一切，並盡嚮導之誼。彼等抵昆明後，亦曾與各滇邊土司接洽，一切結果，亦極圓滿，並咸對彼等此來表示歡迎之意。故彼等雖深入荒山，亦方便多多云。〔註771〕

3月，秦仁昌致廬山管理局信函。

　　廬山森林植物園又補刻界石，11月結束。11月27日，植物園主任秦仁昌曾致函廬山管理局，請其派員察看界石，並准予備案。函電云：「本園園址界線前經會同貴局暨農業院於二十五年十一月二十七日勘定，並呈奉省政府「建字九○二八號」指令備案；復於本年三月二十一日以森字第六六號公函請貴局派員會同補刻界石。茲查上項界石業經本園補刻完竣，特函請查照備案。」〔註772〕1937年《廬山森林植物園第四次年報》對此次勘定界址始末作了詳盡的記載：「本園成立以來，土地界址，迄未正式勘定。按前江西省立林業學校移交本園宗卷內，僅有彩色實習林場地圖一幅，四址具詳，但

〔註770〕張大為、胡德熙、胡德焜合編《胡先驌文存》（下卷），中正大學校友會出版發行，1996年5月，第274～295頁。
〔註771〕胡宗剛著《俞德濬赴雲南採集之新史料》，公眾號註冊名稱「近世植物學史」，2022年07月03日。
〔註772〕《廬山森林植物園文稿簿》第二冊，南京：中國第二歷史檔案館，609（12）。

未經省府及廬山管理局登記備案，實不足為本園土地界址之根據。本年，經省府明令江西農業院、廬山管理局、廬山林場，會同本園，重行勘定。計東至七里沖、西至太乙村、東南至駱駝蜂、北至刷子澗，共計面積四四一九畝，全線衝要地點，均豎有本園界石為記。除已向廬山管理局登記，曾得執業證外，並經呈准省府備案。本園久懸之土地界址問題，於此解決矣」。〔註773〕

8月，胡先驌擬定中國植物學雜誌投稿簡章。

　　一、本雜誌登載關於純粹與應用植物學之文字，不拘體裁，無論文言、白話，撰著或翻譯均所歡迎，惟篇中有引據之處，須一一注出用便閱者。

　　二、本會備有特製之稿紙，每面橫廿五行、直三十行，投稿人可按稿之長短向本雜誌總編輯函索（北京靜生生物調查所），或依樣自備亦可，一律自左向右，橫書繕寫清楚並加標點符號。

　　三、文中插圖除照像外，須用白紙黑墨水給製，務求清晰，圖長不得過十七生的、寬十五生的。

　　四、稿件揭載後，作者得享有五十份單印本之酬報，如須加印由作者納費，詳情函商，惟未聲明，需用單行本不送。

　　五、原稿登載與否，概不退還，惟未登載之稿件，得因預先聲明並附寄郵資可以檢還。

　　六、投稿題目下面請署作者姓名，如係譯稿須注明原著者姓名及雜誌或書板名稱與出版時期及地點。

　　七、稿件內容得由編輯酌量增刪，如有不願者請先聲明。

　　八、投稿請寄北平文津街靜生生物調查所本雜誌總編輯胡先驌先生收。〔註774〕

春，出席中央研究院評議會議。
春，靜生生物調查所派員進行動物標本採集。

〔註773〕《廬山森林植物園第四次年報》，1937年。胡宗剛編《廬山植物園八十春秋紀念集》，上海交通大學出版社，2014年8月版。第021頁。
〔註774〕中國植物學會編行《中國植物學雜誌》，1935年8月，第2卷第2期，第673頁。

《第九次年報》：今年動物標本之採集，特別注重於山東。由本所與山東青島博物館合作，組成山東生物採集團。春初，本所派遣唐善康、趙安祥、洪紹山、常麟春等，前赴山東，與青島博物館職員施白南、黃山澤等會合，組成海陸兩大採集隊。海隊即在膠東半島沿岸之淺海中，採集各種海產動物。陸隊則在膠東半島內部之各縣，採集陸產動物。自二月初起，至七月止，工作進行頗稱順利。計得各種動物標本，達三萬餘件，以魚鳥類之標本為最多。自八月後，惜受戰事影響，工作告停，各採集員，遂分散回里，或輾轉返所。尚有十一箱標本，約五千餘件，仍存青島，不得運寄來平。又由王啟無君，自雲南採得各種無脊椎動物，一百七十七件。〔註775〕

春，會晤陳立夫、蔣介石諸位，對政府政策進行批評。

江蘇省政府的秘書長羅時實寫信給我，要我到鎮江去看陳果夫。我因為無意參加政治活動，未往鎮江，仍回北京。後來他又打來電報請我去，於是我去鎮江，陳果夫已去南京，羅時實便同我去南京，同他談過一次話，他便介紹我去見蔣介石。我對國民黨的種種錯誤作了深刻的批評，我說國民黨以三民主義相標榜，而實際上，為人民謀福利還趕不上英美等資本主義國家。我說國民黨要免除……的威脅，必須要「向左走」。我當時認為，敢於批評蔣介石是我的清高大無畏的精神，其實我說這話的動機，還是為反動派政府出策，希望他能以改良主義的設施來沖淡人民革命的情緒，反於革命的事業發展是極端的有害的。〔註776〕在自傳中，再次交代該段歷史：後來陳果夫出任江蘇省主席，由羅時實（陳果夫的秘書長，前東大學生，我與他並無交情）介紹，邀往南京，與陳會談，由他介紹見蔣介石。我與蔣談話頗久，勸他走「社會主義」的路線，說話很切直。談畢，我即回北京，因為我對他無所希求，並未與蔣陳發生關係，亦無特別好感。〔註777〕我與蔣介石這次談話的動機有兩點：第一，因為我一貫是反蘇……的，但是看見國民黨政治的腐敗，認為若政治不革新，國民黨必定會失敗，故希望他能藉革新政治來鞏固他的政權；第二，我對他敢於如此自

〔註775〕《靜生生物調查所第九次年報》。胡宗剛著《靜生生物調查所史稿》，山東教育出版社，2005年10月版，第83頁。

〔註776〕胡先驌著《對於我的舊思想的檢討》，1952年8月13日。《胡先驌全集》（初稿）第十五卷人文科學文章，第629～640頁。

〔註777〕胡先驌著《自傳》，1958年。《胡先驌全集》（初稿）第十五卷人文科學文章，第656～659頁。

接進言,表示我無求於他,因而在他的心目中,提高了我的身份,這是我以退為進的一種策略。〔註778〕

4月19日,倪琨、楊發浩致龔自知信函。

至於採集途中情況,未得俞德濬隻言片語,僅有一通倪琨、楊發浩在麗江採集時寫給龔自知廳長的彙報之函,從中略知當時情形:

仲鈞廳長鈞鑒:

此次在昆,未得面陳微情,及請示一切,殊深缺憾。歸家後接該生物調查團主任俞季川來函,催赴西北工作,已於本月初抵麗江,其間經過情形,方知甚屬荒唐,但事已至此,惟勉強赴命,以不負鈞長栽培為原則,俾全終始而已。

本年大體計劃,以移高山植物往盧山森林植物園為目的,已決定木里、中甸、阿墩子為三中心點,盡年內冬初畢事。現刻在麗江開始工作,見有經濟價值及可供園藝栽培之植物甚多,竊思若本省舉辦小規模之植物園,材料之供給,實占天時地利也。

此行因事出倉卒,荒謬之處,伏祈鈞宥並懇照往例予經濟上之補助,更祈時加訓諭,俾便遵循。

肅此敬請

教安

生 倪琨、楊發浩 謹上 四月十九日麗江〔註779〕

5月1日,董事會會議,代表中國科學社獎金委員會擬訂獎金章程八條。

理事會第135次會議記錄(1937年5月1日),上海社所開理事會議,出席者:任鴻雋、胡剛復、馬君武、周仁、孫洪芬、楊孝述、秉農山(早退,楊代)。主席:任叔永,記錄:楊允中。

甲、報告事項

一、本年年會籌備委員會已於前日在杭州開第一次籌備會,已推定各委員會負責辦理。

〔註778〕 胡先驌著《對於我的舊思想的再檢討》,1952年8月18日。《胡先驌全集》(初稿)第十五卷人文科學文章,第641～646頁。

〔註779〕 胡宗剛著《雲南植物研究史略》,上海交通大學出版社2018年7月版,第71頁。

乙、討論事項

一、中國科學社獎金委員會胡先驌、胡剛復、顧毓琇、黎照寰四委員擬訂獎金章程八條，送請核議通過案。

（議決）修正通過。

二、秉志、周仁、楊孝述三理事提議：第一百三十三次理事會議為生物研究所基金投資於建築出租房屋一案，曾推舉同人為建築委員，業經聘請建築師擬就出租住宅圖樣，惟現在中國科學公司決在首都設立印刷分廠，希望該項住宅改為廠屋，租於該公司應用，是否可行，請公決案。

（議決）可行，惟須斟酌京社全盤地形，建置廠屋以不妨礙研究所將來之擴充為限，投資建築費自二萬元至三萬元。

三、中國科學社科學研究獎章於民國二十七年年會開始發給，是年輪獎學科定為物理科學（包括數學、物理、化學、天文、地學、氣象），除原推定之四委員為常設委員外，並公推李四光、張子高、沈璿為特設委員。〔註780〕

5 月 3 日，參加中央研究院第三次評議會。

「中央研究院評議會三屆年會，三日晨九時開幕，到李書華、姜立夫、葉企孫，吳寬、趙承嘏、李協、凌鴻勳、林可勝、胡經甫、謝家聲、胡先驌、朱家驊、張其昀、王世杰、何康、周鯁生、胡適、陳垣、陳寅恪、趙元任……由院長蔡元培主席。開幕式後，即由蔡致詞，大意謂：在過去一年會務進行尚屬順利，所有本會職權行使，均在切實進行中，此為諸位熱心協力效果，此後更將繼續努力，一切尤待贊助，次述該會職權為決定中央研究院學術方針，及促進國內學術研究合作與互助，並分為三個方面報告：（一）對於該院各所。（二）對於國內各學術機關。（三）對於國外研究機關。希望各位乘此開會機會，有詳細指示云云。」（《申報》1937 年 5 月 4 日）〔註781〕

〔註780〕 何品、王良鐳編注中國科學社檔案資料整理與研究《中國科學社董理事會會議記錄》，上海科學技術出版社 2017 年版，第 230~231 頁。

〔註781〕 王世儒編《蔡元培年譜新編》，北京大學出版社，2019 年 10 月版，第 1313 頁。

　　5 月 3 日～4 日，參加在南京舉行的中央研究院評議會第一屆第三次會議，會議分三組討論審查 13 個提案。如：「有關學術研究調整」提案，「有關高等教育及國際學術合作」提案，「有關學術研究設備」提案，這些提案基本上原則通過，有些提案被修正。

　　5 月 5 日，靜生生物調查所王啟無接受《華北日報》採訪，對雲南採集標本介紹。

　　　　本所云南植物品種之調查，最早為蔡希陶先生主持，此次繼續前期，除作普通植物之調查工作外，並致力於滇省主要植物社會之區分及其分布，與滇產經濟植物之調查，以為將來開發準備。在滇期間頗得當局及地方人士之協助，並派有關人員參加工作，以資見習，故工作進行尚稱便利。第一年工作區域在滇西北之高山區，及滇康沿邊，西康察瓦龍及西部滇緬未定界伊落瓦底上游之獨龍河（俅江）谷地。察瓦龍地鄰藏緬，南接察隅，後者地勢平夷，出產豐盛，與康藏本部之苦寒情形迥異，故又為英人所垂涎窺測，因不許外人入內，故有謎地之稱。此次得桑昂區主藏官特許，遍歷其地，在內三月，收穫奇豐，而艱難險阻及進行上之困難，自不待言。深秋入俅江谷地，濕潤溫和，植物暢茂，居民紋身裸體。第二年南行過卡窪山（居民卡窪即以人頭祭谷者），過班洪入滇南，與安南、暹羅、緬甸交壤之十二版納僤人地。僤人俗稱水擺夷，人口約三十萬，占雲南迤南之大半，自有其不同之語言與文字，物產豐盈，茶、樟腦為當地之自然產物，柚木成林，椰子普遍栽植，米穀奇賤，土壤荒棄，為將來有最大希望而亟待於開發之地。外傳該地瘴癘極烈，少人前往，多難確信。如此次余等一行多人，在該區安度全雨季，遍歷十二版納原林深處，安全而返。本年則由俞季川君在滇繼續進行云。此次除得有大批之珍貴記錄外，有植物標本一萬八千號，現已先後到平，滇產經濟植物及植物之科學重要性者，先後移植於江西廬山植物園者，已近千種；此外滇產木材之調查，攜歸樣本六百餘種，滇產木材大略粗備，即分交本所木材研究室從事試驗研究。此外為研究該省植物社會分布之區分，並與該省教廳合設氣象測候站六處，自記三處，分布全省，已各有一年以上之記錄，仍在繼續記錄中，至為可貴。此則為植物學調查工作附帶之至重要收穫。余等

一行二年在滇，多在邊地窮荒及瘴癘流行之雨季中，始終工作無間，偶遇匪窘，工作仍能進行無阻，滇中當局及地方人士，於種種困難情形下所予之同情與協助，至表感謝云云。〔註782〕

5月6日，中國科學社致高女士徵文委員、中國科學社科學研究獎章委員。

逕啟者：

本社廿六年高女士獎金徵文範圍為地學，茲經第一百卅五次理事會議公推先生為本年該獎金徵文審查委員會委員，用特函達並附徵文辦法一份。敬希臺詧為荷。此致

△△△先生

附徵文辦法一份

社長　翁文灝

總幹事　楊孝述

謝家榮、張其昀、胡煥庸

逕啟者：

本社新設中國科學社科學研究獎章，關於該獎章之章程業經委員會擬訂，並經本社第一百卅五次理事會議修正通過。照章應於明年開始給獎，其輪獎學科已定為物理科學（包括數、理、化、天、地、氣象），除原推定之四委員為常設委員外，並公推先生為特設委員。用特備函敦聘，並附奉章程一份。敬希臺詧為荷。此致

△△△先生

社長　翁文灝

總幹事　楊孝述

附委員名單及章程一份

常設委員：胡先驌、胡剛復、顧毓琇、黎照寰。〔註783〕

5月20日，胡先驌致龔自知信函。提出北平靜生生物調查所與雲南省教育廳合作，在昆明創設一植物研究機構的構想。對設立該所的目的，雲南方面

〔註782〕 胡宗剛著《王啟無自述在雲南採集之經歷》，公眾號註冊名稱「近世植物學史」，2022年07月05日。

〔註783〕 周桂發、楊家潤、張劍編注中國科學社檔案資料整理與研究《書信選編》，上海科學技術出版社2015年10月版，第282～283頁。

同意，提供場地，部分經費，就可成立，開展研究工作。龔自知廳長收到來信後，面呈雲南省政府主席龍雲，得到龍雲批准後，龔廳長給胡先驌回信，贊同胡先驌的提議，並轉告雲南大學校長熊慶來。

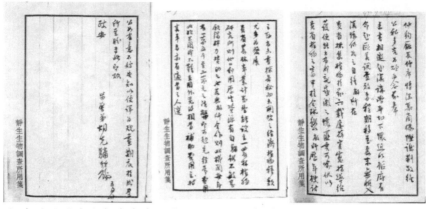

胡先驌致雲南省教育廳廳長龔自知信札，商議合辦雲南農林植物研究所

仲鈞廳長侍席：

　　精深暮蘭，緣慳識荊。敬維公私多吉，多頌為念。

　　前奉來書，想邀赴滇講學，本切下懷，近以樞府有命，赴歐美調查教育，程期移至夏末，無暇入滇，悵何如之！

　　自維敝所在貴省採集植物於茲六載，屢荷官憲指導維護，使能大有成就，感激之懷，匪言可喻。復以貴省植物之富，甲於全球，雖已敝所歷年搜討之勤，當未盡探其迷而未開發之經濟植物種類尤多。為發展貴省農林事業計，甚望能設立一農業植物研究所，則他日利用厚生資源有自。驌雖不敏，願竭綿力贊助之也。若與敝所合作，則此機關，每年有一萬五千至兩萬元之法幣即可免充經常費用。此次出國或不難在國外覓得相當補助費用。主其事者亦有適當之人選。公如有意，不妨告知，以便詳為規劃，期底於成，是所至盼。

　　專此即頌

政安

　　　　　　　　　　　　　　　　步曾弟　胡先驌　拜啟

　　　　　　　　　　　　　　　　五月二十日〔註784〕

〔註784〕中國科學院昆明植物研究所簡史編纂委員會《中國科學院昆明植物研究所簡史（1938～2008）》，2008年10月版，第27頁。

中輕時龔自知

【箋注】

龔自知（1896～1967），雲南大關縣翠華人。字仲鈞，筆名春水、致志。1917年於北京大學預科畢業，回滇任教於雲南高等師範學校、東陸大學。1922年任昆明市政公所教育課課長，推行義務教育，卓有成效。1928年起，任省政府秘書長、省教育廳長。推動教育立法，爭取並實現教育經費獨立，重點發展師範教育、民族教育、民眾教育。1935年受龍雲委託，創辦《雲南日報》，任常務董事，主持編務近10年。1949年赴香港，登報聲明脫離國民黨，協助龍雲策動雲南起義。解放後，歷任雲南軍政委員會委員、省人民政府委員、副主席、民革雲南省委員會主任委員、民革中央委員。

5月22日，胡先驌致劉咸信函。

重熙仁弟惠鑒：

十九日手書拜悉。陳訓恩君屬作一文論中國植物富源，當勉為之，即乞代為轉告。

廬山談話尚未有請柬，不識見邀否。政府對於科學之重要，認識似尚未足，殊屬遺憾。足下如能作一大文登《大公報》提倡，大是佳事。科學部之說或太早，計然不妨有所建議也。《科學副刊》改為週刊，具見過去之成績已得社會之信仰，至為快慰。

最近曾草擬設立廬山林業試驗場之計劃，已蒙委座同意，或不久即可成立，將聘黃野蘿主持之。江西又屬驌為之籌設淡水動物實驗館，震東將往為之計劃，而由傅桐生（秉師之內弟）任館長。熊迪之先生回滇任大學校長，將與敝所合辦一農林植物研究所。此三者告成，生物學之應用卓然可見矣。

專此，即頌

撰祺

先驌 拜啟

〔廿六年五月〕廿二日〔註785〕

5月，胡先驌向蔣中正所提關於《改革中國教育之意見》的建議，手稿現藏臺灣國史館。文章在《國聞週報》雜誌（第14卷第9期，第9～12頁）發表。1941年3月，轉載於《漢聲》（第1期，第35～38頁）；1943年9月《真知學報》（第3卷第1期，第127～130頁）。摘錄如下：

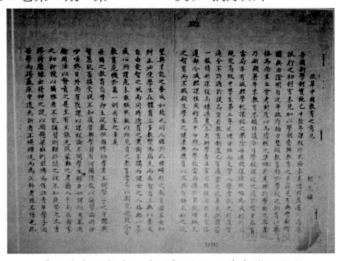

《改革中國教育之意見》手稿現藏臺灣國史館

吾國新學制實施已十餘年，課程形式務求美備，程度甚為高深。試行之初，利害未見，加以學潮迭興，教育之良窳是否與學制有關，無由證明。自近年政府極力整頓教育，對於學校之訓育，以嚴格為尚，並立會考制度，以為稽核之準繩，於是現行學制之弊害，乃漸顯著。年來教育界頗非議今日學校課程之過於繁重，教育當局亦有減輕學校課程之舉，除每週授課鐘點略為減輕外，且規定高級中學至二年文理分組，而大學入學考試之程度亦通令不許過於提高，宜若教育制度已有適當之改革矣。天然體察一般情形，課程尚嫌過重（各省辦學者且常因種種原因，不肯恪遵部令，減輕課程或將高中

〔註785〕周桂發、楊家潤、張劍編注中國科學社檔案資料整理與研究《書信選編》，上海科學技術出版社2015年10月版，第119頁。

分組），而學校當局過於重視機械式之智育，而不暇顧及學生之健康與德育，以及其自動求知之欲望與才能之養成如故也。同人鑒於此種畸形之教育，若不亟加糾正，必使學生在體育上多數變為病夫，而在智育上無以養成自由愛智之風尚，同時德育之薰陶不講，而健全之人格無以養成。心所謂危，未敢緘默，輒以所見，貢之教育當局，以期能挽救今日教育危機於萬一，則國家之幸矣。

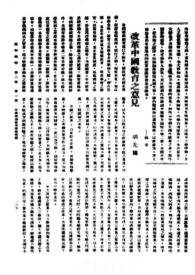

《改革中國教育之意見》文章

吾國之教育，自昔即主從嚴。但圖博積群書，不問學子之身體與智慧能否接受，從不知疲勞與學習有何關係。故以誦習論，則除咿唔終日外，尚有夜課。以課程論，不問學生理解力如何？但用嚴厲輸入法，以督責之。甚至有主張先從最難之書籍入手，而在發蒙之初，即授以《爾雅》者。不能誦習，則鞭扑隨之，從不知疲勞為害，謬持磨練出精神之說，以頭懸樑、錐刺殿傳為佳話。青年學子因苦學而得羸疾，中道夭折者，不堪殫述，而為父師者，殊不悟也。此種科舉時代之遺毒，而今尚殘存一般教育當局之腦中。殊不知學校之所以成績不良，多由於課程繁重，與教授不得法，不能全歸罪於學生也。及至近年，政府欲整頓教育，不知從根本著手，但以會考方法以鞭策學校當局。學校當局欲圖會考之成績優良，則對學生惟知督促其功課，學生生理與心理之健康，全不顧及也。此外更加以嚴厲之軍訓，以及社會服務等課外工作，遂使學生終日無片刻之

暇晷。飲食不良，睡眠不足，夜以繼日，尚未必能保證會考之必能及格。幸而會考及格矣，而入學考試又每每過於艱深，備極辛勞，而大學之門牆終於可望而不可即。同時職業學校又極少，無由以容納此成千累萬之高中畢業生。此種畸形之教育，若不亟為徹底之改革，其遺害國家與民族，有不可勝言者矣。

今日課程之繁重，自小學起即如是。某君有子弟，前在德國曾入小學校，繼入中國自辦之小學校，乃發見中國小學所有課程，較德國小學所有者，約重三倍。嘗有某小學教師，其規定小學生回家自修之課，為百五十字抄錄三遍，其繁重不衷於理，可以此類推矣。中學課程則視小學尤為加劇。某著名工程師嘗謂，渠少子在初中所演習之數學題，乃研究高等數學專家之所應討論，而絕不裨益於實用者。至於高中，則功課尤重。在某省某中學，以課程特重之故，高三一班之學生十八人，經校醫檢查身體，發現患肺結核者十四人。學生精神不繼，竟至注射賜保命藥液以求補益。而飲濃咖啡提神，則尤為今日中學中數見不鮮之是矣。重以人學考試之困難，而無常識之父兄，但求子弟之上進，不復顧及其身心之健全。如學生在校成績不佳，或不能升學，輒苛責之，以致前年竟有某教授之子，以未能考入高中而自殺之慘劇。辦教育而至於此極，寧非賊夫人之子乎？及入大學，苟非學校內容腐敗，便是課程繁重。在二三著名大學，其法定課程即在高材生尚須極力用功，方能及格。是使學生身心無片刻之閒暇，從無自由涉獵之時間，即指定參考書，亦從不能讀畢，所得之知識，大半生吞活剝，不能心領神會。以此欲求達教育之目的，其不類於緣木求魚者幾希！至於因苦學而損及健康，文憑到手，而肺結核已成痼疾，則尤無論矣。

今日教育之大癥結，首在過於重視算學。國人今日之迷信算學，與昔日迷信文學相等。算學固為治多種科學之必要工具，然非一切科學，皆需要高深算學也。且人之稟賦不同，有性近於算學者，有極不近算學者，亦猶性近文學或藝術者，有性極不近者。苟各能充分發展其所長，咸不失為有用之才，甚且能成為傑出之領袖人物。吾人不能強人人為算學家或物理學家，亦猶不能強人人為文學家、哲學家或藝術家，今惟偏重算學，寧不謬哉？在美國中學校所有學

生僅需修習小代數與平面幾何即足，大代數、立體幾何、三角、解析幾何，概為大學修習之課程。在吾國高中數學程度，過於提高，耗費多數學生腦力，實屬不智之尤者。蓋不但學文法藝術科者，不須高深算學，即學自然科學者，除少數科目，如天文、物理及理論化學（化學如分析及有機工業化學等，尚每每不須高深算學）外，多不必利用高深算學（甚至普通習工程者亦然），苟能減低算學之程度，則學生之困苦減少多矣。

說者每謂，算學可以訓練人之智力，實則任何學術，苟教學得宜，皆能訓練智力，何必斥之於算學之一途哉。

吾國中學過於注重算學之結果，遂至重要工具，如國文、外國語之程度，乃甚低淺。此二種工具之重要，遠在算學之上。國文程度過低，不但對中國之舊文化，不能接受，即對於他日所得以深造之一般學術思想，亦不能以條暢精密之文字，發揚而光大之。而涉世之後，亦每苦於工具之不敷應用。近年學生國文程度之江河日下，實堪慨歎。同時學校中所教之國文課程，其程度遠在歐美各國中學，所授其本國文學之下。於是異口同聲，認中國文學為艱深，實則教授得宜，中國文學決不至較英德法文學為艱深，而絕不須降低教授國文之標準也。至於外國語在今日吾國學術尚未獨立之時，其重要自不待言。而以在中學修習不足之故，至研究高深學術參考外國書籍時，每不能瞭解透徹，因而所得之知識，亦遂模糊影響矣。在今日本國文未通，第一外國語不甚瞭解之情況之下，各大學又有注重第二外國語之趨向，將益見其貪多嚼不爛也。

捨算學外，高中其他課程，亦嫌太多。在理論上似乎多習科目，可以增廣學生知識之範圍，俾達到圓滿教育之真諦。然殊不知學生之精力有限，不能兼騖。與其貪多，毋寧養成學生愛知識之欲望，與自由研究之精神，則在學校中雖不能各門功課偏加修習，而在他日服務社會之時，尚可於暇時博覽群籍，以增益其學問也。否則苦而生厭，既出學校則除專門書籍外，概不披閱，其結果將適得其反矣。

高中課程之繁重，尤有害於女生。蓋女子在高中之年齡，正值青春時期，生理受極大變動，精神每每異常，尤不耐用腦力，在此時期，以身心愉悅為健康之要素。以今日高中與大學課程之繁重，

對於女生身心之健康，實有莫大之損害。且女子之天才，與算學最不相近。在今日高級中學中，算學程度之過高，實為女子教育之一大障礙。礙是宜特為規定女子高級中學之課程，使之與男生所習者，有其必要之差異，會考之標準亦然。同時多辦二三女子大學，以供女子高等教育之用，即在男女同校之大學中，亦必須規定女生名額，而女生入學考試之標準，以及入校後所選擇之課程，皆宜就女生之需要與其性質所宜，定出顯著之差異，庶幾不至因不適宜之教育，而損及女生之健康，而於無形中遺害國家社會焉。

抑尤有進者，今日學校以課程繁重之故，每至學生以課程不能及格而留級，然從無人思及准許學生自動延長就學期間以減輕其精神負擔者，寧非異事？今日教育之病，首在初級教育不得其法，年限過於延長，課程過於凌亂。今已有人研究，可將初小四年之課程，以二年半修畢，而並不加重學生精神之負擔，則小學六年之課程，以四年修畢，殆非難事。如是，則高中與大學修業之年限，不妨使學生有延長之可能。苟能允許學生自由選擇，以四年修畢高中，五年修畢大學之功課，則學生之精神負擔，必可減輕，而成績自可優越，同時，亦不至損及其健康也。

夷考今旦中國高中之制度，略似日本之高等學校與德法之高中，其程度在美國中學之上。然美國大學之成績，並不以其中學課程之低，而視德法有遜色。中國高中制度，雖似德法，而教法則遠遜其完善，教師之學術，亦不逮遠甚。至於大學制度又抄襲美國，而無德法自由研究之風，可謂矛盾之甚者。實則美國學制最適於中國之國情，大學既取法美國，而無德法之自由與放任，則高中之程度，自不妨降低也。

除課程過於繁重外，今日中國教育之弊，尤在學校之不注意學生之健康。在中學，除學生睡眠不足與過分疲勞外，學校當局對學生之膳食問題，鮮有注意者。至於辦大學者，則尤群趨簡易方便之途，對於學生之膳食，學校概不過問。故今日學校之膳食，每每費錢較交繳膳費為多，而所得之營養反劣。辦學校者之不顧及學生之福利，此其一端也。至於學生之心理健康，學校當局殆無人過問。在高中與大學時代影響於青年最大之性慾衛生問題，今日辦教育者，

絕對不敢提及，青年犧牲於此者，殆不可勝計。而在美國大學，則多有心理指導員，以曾研究心理學而有經驗之醫生充之，彼以極誠懇之態度，解答學生心理上之困難，故青年身心與學業，所受裨益極大。雖在中國，今日尚少此項適當之人才，以供各高中與大學之需要，然教育當局不可不亟於積極造就此項人才也。

至於學生之未能獲得適當之德育，則今日之教育家實不能不負相當之責任。自大學以至於小學，其為校長與教師者，往往不知以人格感化學生之重要。在昔每以父師並稱，今日則常以市道辦學。教師不但不能以身作則，且從不以學生之休戚關心。結果，不但不能養成學生健全之人格，且適足以使之流於自私自利之途。救濟之方，全在擇師，蓋操行不足為人師表，雖有積學，亦不能領導青年也。至於如何擇師，則難有具體之方案，是在政府當局求所以獎勵之方，實施之道，未可託之空言矣。

以上所陳，殆為今日教育制度之癥結，苟不急起更張，則教育不啻國民自殺之途徑。今日教育制度之須有徹底之改革，已為一般為父母者所同感。甚望教育當局，不河漢斯言，亟求所以拯救此數萬千有希望之青年之道焉。〔註786〕

5月，《促進工業建設之三要素》文章在《海王》（第9卷第20期，第327~328頁）發表。摘錄如下：

自九一八事變以來，國人恫於國難之日深，非積極從事於國民經濟建設，不足以圖存。故五年中朝野上下皆同心協力以赴之，其成績之昭著，為吾國有史以來所未見。如幣制之改革，農業經濟之設施，農業技術之改進，公路鐵路之興築，皆彰彰在人耳目，主其事者咸可以自豪矣。然工業建設則除永利化學公司創辦之硫酸錏廠最為規模宏大外，其餘大工業如國家興辦之鋼鐵廠機器廠，廣東省辦之糖廠硫酸廠，官商合辦之溫溪造紙廠等，或尚未竣工，或管理尚未盡善，以視公路鐵路建築之成績，頗有望塵不及之感。而最為基本之水力發電廠，尚未有設立之計劃，礦業亦無振興之象。以視

〔註786〕 胡啟鵬輯釋《胡先驌墨蹟選》（初稿），2022年2月，第325~336頁。《胡先驌全集》（初稿）第十五卷人文科學文章，第244~247頁。

蘇俄茹苦含辛在第一次五年計劃中所發展重工業之成績，瞠乎其後矣！在吾國政治狀況之下，經濟統制固遠不如在蘇俄之易，然工業建設有三要素，在今日之中國均感不足，用特標舉出之。朝野上下，欲圖促進吾國之大工業，必謀有以改進之，方能求其所欲也。

一、必須培植有經驗之工程人才也。工業貴乎實際之經驗，盡憑在學校所得之書本教育不足也。常憶有清末年修築鐵路，咸賴外籍之工程師，詹天佑修成京張鐵路，舉國歎為得未曾有。然三十年來習鐵路工程者逐漸在國有各鐵路上獲得極多之經驗，一旦政府積極修造鐵路，彼多數有經驗之工程師咸優為之。今則如粵漢路與杭江大橋之艱巨工作，皆不必假手外人，職是故也。至於各種工廠，則三十年來國家與私人皆少建立，故甚難養成有經驗之工程師。雖至今日各方面皆有建立大工廠之計劃，而頗缺乏有經驗之工程人才為之主持，故每每不易成功也。永利化學工業公司同人以二十餘年之辛苦經營，始得有充分之經驗，故經營一千數百萬金之硫酸錏廠，頗見裕如者，職是故也。蘇俄在第一次五年計劃中，其各大工廠之重要工程師皆以德美人任之，而且嘗感技工之不足用。蓋工業端賴經驗，不可驟致，準諸中外，莫不皆然。故以後國家與社會，宜就現存之公私大工廠中積極培養工程領袖人才，而一切重要工廠必須聘極有經驗之工程師以主持之，否則必難成功，而經濟上且將受莫大之損失矣。

二、社會必須盡力供給資本也。吾國政制尚未脫資本主義範疇，而國家之財力復有限，則求吾國工業之發達必須社會供給資本。昔日以吾國工業不發達，同時復以經驗缺乏，管理不良之故，大企業十九失敗，致社會對於工業不敢投資。剩餘資本或倚賴外國銀行低利存放，或集中於交易所與購買地皮等投機事業，致使事業與資本不能相應，此最可慨之事也！然年來世界各國皆為不景氣所籠罩，各國幣制亦時有極大之改革，國外投資危機甚大，在國內投機事業亦漸成弩末。而一方面國人經營工業之能力日有進步，宜乎資本咸趨於工業生產之途徑矣。而事實上資本家有此遠見者尚少，募集大量資本，尚感困難，此由於資產階級尚狃於舊習，未能與現狀有真確之認識也。實則數年來國內工業大有進步，苟為有工業經驗之人

所主持之企業，投資必甚安全，自利利他，兼為國家工業建設盡其綿薄，實最佳之事也。抑尤有進者，興辦工業者固需資本為之助，而資本家亦必利賴工業家方能達到其投資獲利之目的，故為相互之需求，而非片面之協助。故資方不可以為能供給資本而有德色，而對工業家不可有過分之要求與留難。苟得其人，則應視為合力經營之事業而通力合作，如是工業之發達，不難風起雲湧矣。

三、政府應盡力輔助也。在東西各國當其欲謀工業之發達也，對於私人之企業，政府必盡力輔助之，對於幼稚之工業，政府每與以大量之輔助金，使之能與他國發達已久之工業競爭。而吾國昔日政府每每視國內幼稚之工業同越人之肥瘠，而不肖之官吏且每視之為利藪以求染指焉。今日當局之人尚不免視政府之協助同於私人之市恩，而下級官吏但知注重公文程序之吹求，每每為無謂之留難。殊不知促進工業既為今日之國策，則政府之求能協助工業者，自當盡情體貼，無微不至，斯能達到工業振興之目的。斷不可稍存短視之念，而徒增工業家無謂之困難也。

此三要素實為吾國工業成功與失敗之樞機。政府當局與社會領袖今日正勵精圖治，群策群力以謀國家社會之工業化，則對於此三要素之如何獲得，必不吝三思以求其實現，斯乃吾所馨香禱祝者矣。〔註787〕

5月，秦仁昌撰《廬山造林計劃書》。

添設漢陽峰造林苗圃及整理蓮花洞至小天池大路兩旁天生雜木林計劃書。

漢陽峰及仰天坪一帶之造林工作，照今年三月向省府呈准之擴大廬山造林計劃，原屬於第二期（自民國三十一年起）實施。茲遵委座面諭，著令提早進行，並蒙補助國幣一萬元，以便即日著手規劃苗圃，培養苗木，使該地段之造林工作於第一期（自民國二十六年至三十年）完成等，因理當遵辦。

查漢陽峰附近之仰天坪計地七十餘畝，地勢平坦，土質深厚，原為官荒。去年春經李一平鳩工開墾種洋芋，倘由廬山林場酌給開墾費收回，育成大批苗木，以供漢陽峰及其附近荒山造林之用，最

〔註787〕《胡先驌全集》（初稿）第十五卷人文科學文章，第253～254頁。

為相宜。且其地原有同善社房屋一所,大可容二、三百人,將來實施造林時,所有工人可借用此屋,以為食宿之所。如此可以節省甚多之臨時用費,誠一舉兩得也。按漢陽峰昔年松林(此松名油松,又稱黑松或廬山松),茂密蒼鬱,為廬山各地冠。徒以當時地方政府閟知保護,遂使百年茂林,一旦化為童山。今後造林所用樹種,仍以油松為主,非特可以恢復舊觀。且此樹生長既速,抵抗風雪蟲害之力復強,其材質之佳勝,於山下之馬尾松多矣。但避風之山谷道旁,除油松外,尚可用實樹、扁柏及金錢松造林。此三種樹種,目下廬山林場有大宗苗木,可供利用。故自本年秋季起,即可著手陸續造林,惟大規模之油松造林,須遲至民國二十九年春實現(按油松苗木須滿三年生者方可造林,前此廬山林場忽於培養此項苗木,現無大量苗木可供利用)。再查漢陽峰一帶之甚多地段,原有天生雜木內,有不少由萌芽而出之櫟、枹等之喬木樹種,混生其間,倘加以整理撫育,妥為保護,數年之後,即可蔚然成林,此類地段則無須人工造林之必要矣。

自蓮花洞至小天池大路兩旁,多為雜木叢生之山坡,內有可成材之楠木兩種,枹、櫟、栲三種佳木十數種,生長甚速,倘一方面加以整理撫育,一方面嚴密保護,不許濫伐,則不數年可以蔚然成蔭,為廬山增色不少矣。〔註788〕

6 月 24 日,龔自知致胡先驌信函。龔廳長認為,本來雲南的教育不發達,科學水平更低,應該抓住這千載難逢的機會,既提高了雲南的植物科研水平,也能充分利用植物資源為本省經濟建設服務。呈雲南省主席龍雲,得到首肯,同意胡先驌的提議,盼望來滇,確定合作方式,及辦公地址,機構早日成立。

步曾先生道席:

久欽碩望,未遂摳衣,引領之標,仰慕無已。

承出國期促,不獲蒞滇講學,此間同人,聞訊殊為悵惘,甚盼先生歐遊歸途,就便入滇一遊,藉慰渴慕,無任祈禱。

〔註788〕胡宗剛著《秦仁昌曾兼廬山林場主任》,公眾號註冊名稱「近世植物學史」,2021 年 5 月 18 日。

　　貴所歷年在滇採集工作對於學術上貢獻甚大，殊深佩仰。惟維護照料有未周，遠承聲謝，彌覺汗顏。至蒙商詢在滇合作設立農業植物研究所一層，於原則上極所贊同，茲謹擬具鄙見數點奉商。

　　一、完全由貴所主持辦理，敝省每年可認補助常年經費國幣五千元。

　　二、所址須設於昆明。

　　三、由省政府撥給近郊土地百畝以外，由貴所負責辦理植物園。

　　以上幾點，不審尊意如何？佇待惠賜航示，以便進一步商洽，換文定案。

　　耑復，敬候

道綏

龔自知　拜復

六月廿四〔註789〕

6月，中國科學社各地社友會社員通訊錄，記載北平社友會社員信息。

江珪保	映澄	數學	北平大學女子文理學院（電話）東局398
			（仲社員）西四小院胡同一號（電話）西局796
汪元起	彥沈	數學	（化學）北平中法大學
			馬大人胡同十六號
施仁培	孔成	數學	東四四條一號顧宅轉
孫榮	華亭	天文	北京大學理學院
			崇文門內東城根抽屜胡同一號
張貽惠	紹涵	數學	北平大學工學院（電話）西局1012
			西太平街六號（電話）2244
馮祖荀	漢叔	數學	北京大學理學院數學系
			新開路二十一號（電話）東局1510
楊武之		數學	清華大學
			該校西院十一號
熊慶來*	迪生	數學	清華大學（電話）西局2756
			該校西院三十一號（電話）分機153

〔註789〕《胡先驌全集》（初稿）第十七卷下中文書信卷，第411頁。

趙進義　希三　數學　北平師範大學
　　　　　　　　　　西城宗帽四條後身柳樹井甲十號
任之恭　　　　物理　清華大學
李書華　潤章　物理　北平研究院
吳有訓　正之　物理　清華大學
　　　　　　　　　　東城八面槽椿樹胡同二十三號
吳大猷　　　　物理　北京大學物理系
楊蓋卿　念忱　物理　華安人壽保險公司（燈市口）
葉企孫*　　　物理　清華大學物理學院
謝玉銘　子瑜　物理　燕京大學物理系（電話）該校分機 50 號
　　　　　　　　　　該校燕東園四十二號（電話）分機 113
薩本棟　　　　物理　清華大學
饒毓泰　樹人　物理　北京大學工學院
嚴濟慈　慕光　物理　北平研究院物理研究所（電話）東局 35501
　　　　　　　　　　安內永康胡同三號（電話）東局 228
吳憲　　陶民　化學　北平協和醫學院
　　　　　　　　　　芳嘉園一號（電話）東局 3125
韋爾巽　　　　化學　燕京大學理學院
高崇熙　仲明　化學　清華大學
孫洪芬*　　　化學　中華教育文化基金董事會（電話）南局 1845
　　　　　　　　　　南長街老爺廟鐵香爐一號（電話）南局 2522
張準　　子高　化學　清華大學
張銓　　克剛　化學　燕京大學
黃子卿　碧帆　化學　清華大學
曾昭掄*　叔偉　化學　北京大學化學系
　　　　　　　　　　後門內二眼井橫柵欄二號（電話）東局 3012
程延慶　伯商　化學　北京大學女子文理學院
楊光弼*　夢賚　化學　北平研究院化學研究所（電話）東局 3550
　　　　　　　　　　東堂子胡同十六號（電話）東局 2599
劉拓　　泛池　化學（工　北平師範大學理學院（電話）南局 840
　　　　　　　業農業）西安門內勤良巷乙三號（電話）西局 1956

劉雲浦　　　　化學　　北京大學理學院

東單西觀音寺甲八十三號

蔡鎦生　　　　理論化學　燕京大學化學系

該校南園五十六號

薩本鐵　必得　化學　　清華大學

竇維康　　　　營養化學　燕京大學（電話）31～101

魏樹榮　嶽東　化學　　後門定府大街後大新開路 2 號

程孫之淑　　　營養　　宣內絨線胡同八十三號程宅

王蘭生　　　　地理　　（哲學）河北省立北平高級中學

王鍾麒　益厓　地理　　北平師範大學地理系

宣內東鐵匠胡同十六號

洪紱　　思齊　地理　　清華大學

李憲之　　　　氣象　　清華大學

袁復禮　希淵　地質　　清華大學

孫雲鑄　鉊先　地質　　北京大學地質系

章鴻釗　演存　地質　　地質調查所

馮景蘭　淮西　地質　　清華大學地學系

葛利普　　　　古生物及地層　〔質〕北京大學地質系（特社員）

西斜街豆芽胡同○○五號（電話）西局 1761

楊鍾健　克強　古生物　地質調查所（兵馬司九號）

　　　　　　　及地質　西四石老娘胡同十五號（電話）西局 2322

謝家榮*　季驊　地質　　北京大學地質系（電話）2737

豐盛胡同甲二十二號（電話）西局 966

仲崇信　　　　生物　　北平師範大學生物系

朱紀勳　玉律　神經解剖　北平協和醫學院

李良慶　靜庵　植物　　靜生生物調查所（電話）西局 2859

府右街石板房二條二號

李繼侗　　　　植物　　清華大學

沈嘉瑞　　　　動物　　北京大學理學院生物系（電話）東局 270

東城史家胡同二十一號

吳韞珍　　　　生物　　清華大學

金紹基　叔初　動物　東四嘎嘎胡同十一號
周宗璜*　仲呂　菌學　（園藝）靜生生物調查所（電話）西局 1215
俞德濬　季川　植物　靜生生物調查所（電話）西局 1215
　　　　　　　　　西安門酒醋局六號
胡先驌*　步曾　植物　靜生生物調查所
　　　　　　　　　西安門內酒醋局四棵槐四號
胡經甫　　　昆蟲　燕京大學生物系
　　　　　　　　　該校燕東三十一號（電話）分機 105
徐蔭祺　　　動物　燕京大學生物系
陳楨　席山　動物　清華大學
張春霖　震東　魚類　靜生生物調查所
張景鉞　峴儕　植物　北京大學生物系（電話）東局 270
　　　　　　　　　東四報房胡同五十七號（電話）東局 1016
彭光欽　　　動物　清華大學（電話）西局 2757
喻兆琦　　　動物　靜生生物調查所
經利彬　　　生物　北平研究院生物部
趙以炳　　　生理　清華大學生物系
劉崇樂　覺民　昆蟲　北平師範大學
　　　　　　　　　西觀音寺三十三號施宅轉
王長平　鴻猷　心理　西直門後桃園二十五號
包志立　　　心理教育　北平大學女子學院
　　　　　　　　　東城大取燈胡同一號
孫國華　小孟　心理　（動物）清華大學心理學系
高文源　味根　心理　北平輔仁大學
　　　　　　　　　東城大取燈胡同一號
陸志韋　　　心理　燕京大學
葉麟　石蓀　心理　清華大學心理學系
趙畸　太侔　心理　宣外棉花上四條十五號
劉廷芳　　　心理　燕京大學
蔡樂生　　　心理　北平師範大學教育學院
　　　　　　　　　前內小中府十四號

臧玉淦　　　心理　清華大學心理學系

樊際昌　逸羽　心理　北京大學
　　　　　　　　　地安門外帽兒胡同七號（電話）東局 2316

林可勝　　　生理　北平協和醫學院

胡正群　　　醫　　北平協和醫學院

胡傳揆*　子方　醫　北平協和醫學院（電話）協和 222
　　　　　　　　　東四椿樹胡同三十六號（電話）東局 4755

楊俊階　少軒　細菌　中央防疫處北平製造所（電話）南局 1410
　　　　　　　　　石駙馬大街甲七十八號（電話）西局 1555

趙燏黃　藥農　藥化　北平研究院生理學研究所（電話）西局 613
　　　　　　　　　西城航空署街七號（電話）西局 358

謝少文*　　　醫　　北平協和醫學院（電話）該院分機 217
　　　　　　　　　帥府園六號（電話）東局 4520

關頌韜*　亦弨　外科　北平協和醫學院
　　　　　　　　　東城西石槽七號（電話）東局 4578

龐斌　敦敏　醫　　南長街北口路東

李汝祺　又新　畜牧　（傳種）燕京大學

金邦正*　仲藩　森林　西城辟才胡同十六號

陳燕山　　　棉業　河北省棉產改進會（前趙家樓二號）
　　　　　　　　　（電話）東局 3362

劉運籌　伯量　農業經濟北京大學農學院（電話）西局 2200
　　　　　　　　　西單大沙果胡同乙二十號（電話）西局 444

戴芳蘭　觀亭　農　　清華大學

尤乙照　芸閣　土木　平綏鐵路管理局
　　　　　　　　　西城南太常寺街七號

胡光燾　寄群　土木　西城北溝沿四十一號

張澤熙　豫生　土木　清華大學土木工程系
　　　　　　　　　太僕寺街七十三號尤府轉

楊毅　莘臣　土木　平綏鐵路局機務處
　　　　　　　　　東皇城根南口二十三號

蔡方蔭　孟劬　土木　清華大學土木系

該校西院二十八號

劉肇安　濟九　建築　華北工程學校及教會建築事務所
　　　　　（農村小工業）（電話）1979 鼓樓西大學五十號
余謙六　騫陸　機工　北溝沿大覺胡同新四號
林伯遵　　　　機工　中華教育文化基金董事會
　　　　　　　　　南溝沿巳十二號
施肇祥　丙之　機工　西觀音寺三十三號
劉仙洲*　　　機工　清華大學（電話）西局 2757
王鴻卓　　　　電工　北平電燈廠
朱物華　　　　電工　北京大學物理系（電話）東局 3572
　　　　　　　　　沙灘三十號
金鼎新　大釗　電工　王府井大街大甜水井二號
袁至純　致深　電工　西直門內火藥局二號劉宅轉
梅貽琦　　　　電工　清華大學（電話）西局 2756—分機 1 號
　　　　　　　　　該校甲所（電話）分機 101
顧毓琇　一樵　電工　清華大學
金岳霖　　　　法政　清華大學
徐淑希　　　　社會　燕京大學
陳總　　岱孫　經濟　清華大學
陶履恭　孟和　經濟　北新橋小三條十五號
鄒德高　明初　國際經濟　北平大學養學院（電話）西局 2200
袁同禮　守和　圖書館　國立北平圖書館（電話）西局 2369
　　　　　　　　　目錄學東四四條五十八號（電話）東局 412
許壽裳　季茀　教育　北平大學女子學院（齊化門內北小街）
陳絢　　宜珍　教育　東四北馬大人胡同三十四號路南
楊蔭慶　子余　教育　北平師範大學（電話）南局 840
　　　　　　　　　前門內小四眼井十號（電話）南局 2700
蔡夢麟　孟鄰　教育　北京大學（電話）東局 674
　　　　　　　　　西四前毛家灣五號
沈仲章　　　語言(哲)西北科學考察團理事會（沙灘二十一號）
胡適*　　適之　文史　北京大學及中華教育文化基金董事會（電話）

東局 1533 南局 1854

又米糧庫四號（電話）東局 2511

陳衡哲＊　　　歷史　　西城察院胡同二十九號

傅斯年　孟真　歷史　　北平研究院歷史研究所〔註790〕

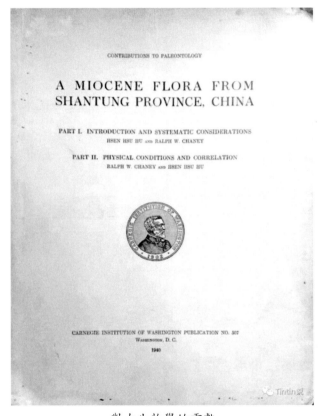

對古生物學的貢獻

來自中國山東省的一種中新世植物區系

第一章、介紹和系統的考慮，胡先驌和拉爾夫‧錢耐

第二章、物理條件和相關性，拉爾夫‧錢耐和胡先驌

華盛頓卡內基研究所 1902

（徽章）

華盛頓卡內基研究所出版號 S07

華盛頓特區

1940

〔註790〕林麗成、章立言、張劍編注《中國科學社檔案資料整理與研究——發展歷程史料》，上海科學技術出版社 2015 年版，第 409～415 頁。

6月，共同研究古植物化石。美國加州大學伯克萊（Berkeley）分校的古植物學家 R. W.錢耐教授應邀訪華，胡先驌陪同錢耐（Chaney 1890～1971 1947年當選為美國科學院院士），到山東臨朐進行野外採集和地質學考察，發現山旺中新世具有豐富的植物化石，枝葉、果實、花保存完好，共同研究我國山東山旺新生代第三紀中新世古植物化石時，證明距今 1200 萬年前山東的植物同現代長江流域的植物有相似性。〔註 791〕

【箋注】

山旺位於山東省臨朐縣山旺村，離縣城 20 公里左右。所謂「萬卷書」，指的是山旺地區的矽藻土層。它是由矽藻的遺體和黏土膠結而成，內含大量能夠呈現豐富地學信息的古生物化石和各種地質遺跡。它質地細膩，顏色灰白，黑白相間，層薄如紙，稍作風化即可層層翹起，宛若張張翻開的書頁，所以被形象地稱為「萬卷書」。蘊藏著豐富的科學價值，具有重要的地學價值、美學價值、旅遊價值和人文歷史價值。

7月2日，俞德濬致胡先驌信函。

俞德濬一行入滇西北麗江，始分組往各自目的地，較近者且已開始採集。此時俞德濬又致函所長胡先驌，報告進展情形。該函又被《華北日報》獲得，7月2日予以刊載如下：生與劉、倪兩君一行三人，於四月二十五日自麗江出發北上，行八日抵永寧土司地。在永略事工作，再行四日抵木里。木里境內各山均高萬尺以上，居民稀少，散居沿河低谷，復以歷史喇嘛教主統治，禁止樵林狩獵，高山林木，大半保持原始狀態，森林組合約與在川西所見者近似，而種類尤為複雜。早春期間，杜鵑櫻草盛開，實一理想之採集地點，先後已得標本八百餘號。楊發浩自麗江北上中甸，因其地海拔尤高，花期尚早，近已赴維西七宗臘普較低之上江工作。李春茂赴阿墩子，途中需十數日程，想到達後，亦可不誤早春花期，如時間許可，且將西去菖蒲桶工作。預計本年每組可採標本三千餘號，總數在萬號以上。種子每組採一千號，全年約可得三千之數，惟每號量數多少不一，俟歸後整理，將同種合併。自木里西至康省之貢嘎嶺，三山並立，山頂積雪，北觀高山植物，想更豐美。生近正與木里大喇嘛

〔註 791〕劉鳳臣、杜聖賢、韓代成主編《地學萬卷書——山旺化石》，山東科學技術出版社，2016 年 6 月版，第 3 頁。

接洽，請其派員引護，深入其地工作。因自清末以還，歷為番匪盤
踞，商旅絕跡，久為禁地矣。如貢嘎嶺之行可以實現，生即自稻成
鄉城轉中甸，秋深西去河墩，始作歸計。〔註792〕

7月7日，**盧溝橋事變之後，靜生生物調查所借助美國在華勢力，得以安
然無恙。日本人邀請參加東亞文化協會，遭到拒絕。**

> 七七事變起，京津淪陷，我仍留在北京，因為靜生生物調查所
> 是美庚款所辦，日本人在未與美國決裂以前，還不敢干涉。那時日
> 本人設立東亞文化協會，我的老朋友東京帝國大學的理學院院長中
> 井猛之進由東京寫信邀我加入此會，我回信斷然拒絕了。他到北京
> 來與我會談，我更坦然地表明了我的態度。於是日本人便認為我是抗
> 日分子，常常對王克敏說：像燕京大學、靜生生物調查所之類抗日分
> 子為甚麼不封閉？有一次南滿鐵會社寫信來，要買靜生生物調查所的
> 辦公大廈，我急了，便找司徒雷登，去請美國大使館出來干涉，還請
> 傅涇波介紹見了王克敏，請他幫忙，使得靜生所終算無事。〔註793〕

7月，Chronicle of the Biological Sciencein China（中國生物科學史）刊於
Tien-hsia Monthly（1937年第48頁）。

7月，Sinomerrillia, A New Genus of Celastraceae（衛矛科──新屬梅樂藤）
Bull. Fan. Mem. Inst. Biol.《靜生生物調查所彙報》（第8卷第1期，第47～50
頁）。

7月，Notulae Systcmaticac ad Floram Sinensem VIII（中國植物分類小誌
八，即中國植物區系長編）刊於 Bull. Fan Mem. Inst. Biol.《靜生生物調查所彙
報》（第8卷第1期，第31～46頁）。

8月24日，中日雙方在上海羅店開展攻防，十八路軍英勇戰鬥，殲滅日
軍，國人稱讚。

> 我自來即有狹隘的愛國主義，對於日本帝國主義尤為痛恨。九
> 一八事變後，我便認識了中日的衝突不能幸免。十八路軍在上海抗

〔註792〕胡宗剛著《俞德濬赴雲南採集之新史料》，公眾號註冊名稱「近世植物學史」，
2022年07月03日。
〔註793〕胡先驌著《對於我的舊思想的檢討》，1952年8月13日。《胡先驌全集》（初
稿）第十五卷人文科學文章，第629～640頁。

戰，我是十分興奮的，而且使我有了抗戰必勝的信心。〔註794〕

【箋注】

18軍隸屬第15集團軍，羅卓英任軍長，轄黃維第11師，霍揆彰第14師，李樹森第67師，夏楚中第98師。

童致棱原編、周建人改編、胡先驌校訂《植物學》

8月26日，胡先驌致劉咸信函。

　　重熙仁弟惠鑒：

　　　　久疏音訊，至以為念。滬戰勃發，不受驚否？平市居後方，殊為安謐，敝所亦安。秉師如在滬，請轉告勿忘。佩秋處如能通訊，亦請告知。驌暫無他適之意，擬閉戶著書以度過此事變也。現移居北平西城報子街十七號。宗清亦安好，想已得其書矣。

　　　　此頌

　　近祉

　　　　　　　　　　　　　　　　　　　　　　　　驌　啟

　　　　　　　　　　　　　　〔廿六年八月〕廿六日〔註795〕

〔註794〕胡先驌著《對於我的舊思想的檢討》，1952年8月13日。《胡先驌全集》（初稿）第十五卷人文科學文章，第629～640頁。

〔註795〕周桂發、楊家潤、張劍編注中國科學社檔案資料整理與研究《書信選編》，上海科學技術出版社2015年10月版，第120頁。

8月，嚴楚江致教育部信函。

　　嚴楚江來昆明，任雲大植物系主任。教育部擬將雲大植物系併入西南聯大，為嚴楚江阻止，從嚴楚江所呈之理由，可知植物學系最初之情形。「前閱聯大轉來教育部訓令，知令將雲大植物系歸併聯大。竊以為教部之此種辦法，在理想方面自甚妥善。良以同在一地之各大學，其院系應免重複之敝，而尤可將設備簡略之院系經歸併之後變成完善者。惟雲大自植物系設立以來，經省方特別撥款充實，目下設備方面已有顯微鏡六十餘架、切片機二架、標本一千二百五十四種，切片一萬一千○七十六張，足供全係四年各種課程之用，而書籍方面亦在陸續添置之中。如一旦與聯大合併，則云大之設備不必撥歸醫學院應用，是則當聯大設備尚未運到之時，豈非反使雲大植物系學生由有設備之院系歸入無設備之院系？又云大現有醫學院，將來並擬添設農學院，則植物系尤非設不可。蓋雲大之植物系與他校之生物系性質相同，動物學課亦附設其中，其所以名為植物繫者，良以本省兼備寒、溫、熱三帶之氣候，植物豐富，故特示重視。爾日若歸併實行，則醫學院與農學院之學生即無選讀動植物學之可能，寧非缺憾？依據上述情形，應請諸先生於籌備改組之際，斟酌審議。」

　　有嚴楚江據理力爭，經熊慶來向教育部呈請，植物學系被保留下來。雲南大學生物系後在國內動植物學界地位顯耀，若此時歸併於西南聯大，當抗戰之後，西南聯大解散，在各自大學復員，可以想像雲南大學生物系必是另一番情形。〔註796〕

9月1日，秦仁昌安排廬山森林植物園工作。

　　廬山森林植物園召開第七次園務會議，秦仁昌在會上對植物園工作做了如下安排：「際此國難數重，在非常時期內，各機關經費均處困難。本園當然未能側身於外，茲後各項消費，亟應簡省，以免陷入窘境，並將暫可緩辦者，停止購備，設備費亦不得超過每月預算。至於職員薪水，自三十元以上者，暫支半數，本人之辦公費五

〔註796〕轉引自：熊慶來建議教育部保留雲大植物學系，劉興育主編：《雲南大學史料叢書·教學卷》，雲南大學出版社，2010年，第53頁。胡宗剛著《雲南植物研究史略》，上海交通大學出版社2018年7月版，第119～120頁。

十元，亦暫不提支，均自九月份起實行。其餘半數，俟時局稍平，於經費無虞缺乏時發給。所雇工人，自本月起，亦應裁減，可留工作得力者，以資節省，而免縻費。」〔註797〕

9月17日，林伯遵致劉咸信函。

重熙仁兄先生惠鑒：

滬戰已逾匝月，激烈空前。尊處地近西區，不識曾否波及，至為惦念。頃奉九月一日致洪芬先生一函，囑索蔦利普教授近照，現已代為辦妥，共得大小各一，特為附奉，即祈詧收擇用為幸。洪芬先生月初來滬，想已得晤。步曾先生尚在此間，待時局稍靖，即行出國也。餘不一一。

敬頌

研祺

弟 伯遵 拜啟

〔廿六年〕九月一七日

農山先生處祈代候。〔註798〕

10月，《中國之植物富源》文章在《圖書展望》（第2卷第9〜10合期，第43〜45頁）發表。摘錄如下：

中國幅員廣大，氣候兼寒溫熱三帶，植物種類之多，甲於溫帶。其中有經濟價值者，亦較其他國家為多。在穀菽類中，稻在廣東尚有野生者，果品如桃、李、梨、柑、橘、枇杷、柿等皆為中國原產；纖維植物如苧麻與葛亦中國原產；工藝植物如油桐、漆樹，嗜好植物如茶，皆他國所無，而吾國特有之種類也。至於藥品，如麻黃、當歸，近年已為舉世公認之要藥。諸如此類，不勝條舉。除已知及已利用之種類外，若加以研究，尚能發現無數富有經濟價值之植物，可以裕國計而利民生。英、美、德、俄諸國莫不注意經濟植物之研究，如英荷之種茶，爪哇之種橡皮與金雞納樹，皆能創立極重要之

〔註797〕盧山森林植物園園務會議記錄》，中國第二歷史檔案館，609（17）。胡宗剛著《雲南植物研究史略》，上海交通大學出版社2018年7月版，第144頁。
〔註798〕周桂發、楊家潤、張劍編注中國科學社檔案資料整理與研究《書信選編》，上海科學技術出版社2015年10月版，第191頁。

經濟事業；俄美兩邦今年進步尤速。而我國朝野，則尚不知注意於此。利棄於地，殊可歎也！茲略舉中國各種之植物富源，藉以聳社會之觀聽。如能因此進而將中國之經濟植物為大規模有系統之研究，則有禆於國家民族之復興者，當非淺鮮矣。

一、穀菽類。吾國幅員廣闊，氣候差異極大，在邊遠之區，耐旱耐寒之穀類當非少數。各地對於菌病有特殊抵抗力之品種，亦應廣為搜集栽培試驗，庶能儘量利用佳良之品種。俄人以 Agropyron 與小麥雜交成為多年生小麥，此類試驗若能以科學方法舉行，當可發現意外之收穫。至於豆菽類亦有新品種發現之可能。大豆為吾國特產，而俄人竟設立一大豆研究所，發明品種千餘，吾人對之，寧不愧死！又如雲南之木豆，既可榨油、亦可作腐，如能充分研究之，必可造成種種之可塑物，其利用之可能性，未可限量。他種豆類可以供食用者，若細為搜研，當不少也。

二、果品類。中國各省皆有多數特種之果品，惜以交通不便，未能充分試驗繁殖；若廣為搜求，傳佈於各省，再加以雜交使之繼續發生新品種，則中國果業前途未可限量。還有多數之野生果品如懸鉤子屬、蒿屬、獼猴桃屬、莽吉柿屬，皆有改良與栽培之價值；而今日皆利棄於地，殊為可惜也。堅果中如珍珠栗（Castaneahenryi），即為最佳之品種，現在只有杭州市場上可以購得；椇實與山核桃亦然，此皆可在他省廣為栽培者。又如葫蘆科之油渣果（Hodgsonia macrocarpa），其仁碩大而味甘，此物不但未見著錄，而在滇南中國境內尚為第一次發現。又如楮櫟錐栗之類，中國極多，若細為研究，必可發現有多種可供堅果之用也。

三、根菜澱粉物類。中國有塊根球根之植物，種類甚夥。如土瓜之根，清脆可食，而各處栽培甚少。又如中國產薯蕷種類甚多，除已經栽培之山藥外，他種未必不可食。又有多種天南星科及他科植物可產澱粉，是在搜求試驗而已。

四、纖維類。中國素富於纖維類農產品。棉、大麻、苘麻、亞麻等為各國共同栽培無論矣；苧麻則為中國特產；而蕁麻科植物，中國原產之種類尚多，其中當不乏可以出產纖維之種類。又如美洲之龍舌蘭，中國亦產之，其纖維亦可供紡織之用。棕櫚科植物除習

見之棕櫚外，他種亦產纖維也。至於製蔗糖剩餘之蔗渣，為製人造絲之原料，尤宜利用之也。

五、製紙原料。今日之製紙，以木材為重要原料。據美國之調查，其百分之九十五之紙料，皆取資於木材云。製紙木材經研究結果認為優良者，則有冷杉、鐵杉、雲杉、樺木、松、白楊諸種。此項木材，在我國儲藏量頗富。如川、鄂、晉、甘之冷杉，鄂、川之鐵杉，四川西部之雲杉，冀、蘇、鄂、川諸省之白楊，華北之樺木，而松遍產各省，為數尤夥，他如製皮紙之楮樹，為我國之特產。今日即將創辦之溫溪造紙廠，以處屬真杉為原料；廣東省營造紙廠，則以北江松杉為原料。東北森林冠於全國，而所產之雲杉、魚鱗松等尤合於造紙之用，惜為日人所侵佔，誠為我國製紙工業上之一重要打擊。人智無竭，近年之製紙原料迭有發現，如江南造紙廠之利用蘆葦，他如華北之高粱稈，麥稈，華南之甘蔗渣，皆為製紙之原料。而竹類製紙尤宜，經專家研究結果，認為絕對可代替木漿，而比其經濟，且成長極速，而種植地域尤廣，實為我國製紙工業上之一重要資源。顧紙為傳佈文化之利器，近年我國紙之進口約近四千萬元，為杜漏卮，並樹植我國文化之獨立，對於製紙原料之改良與培載，實為當前之一要舉也。

六、油漆類植物。中國素以產油類植物著稱，大豆油、桐油與蘇子油，號稱中國三大油。而自軍需工業發達以來，桐油之用尤急。近年自植物油代汽油發明後，則植物油之需要日有增加之勢。現在中國產之植物油，除桐油、豆油外，尚有茶油、菜籽油栽培甚廣，然此外國產油類植物尚夥，如雲南之油蘆子（Jatropha indicus），在燥熱沙地皆能種植，種子肥大多油。其他大戟科植物產油者亦必甚多，他科植物亦多有產油者，是在調查試驗而已。至於漆樹為中國之特產，則盡人皆知也。又如烏桕樹之種子產皮油與木油，向日皆用作製蠟燭之用，今則皮油可製為可可之代用品，斯又油類之別開生面者也。

七、橡皮植物。橡皮樹在中國海南與雲南南部可以種植，然在中國多種植物中若加以搜求橡皮之代用品，當不難覓得。橡皮為今日工業與國防之要素，此項富源不可不積極籌拓之也。

八、藥用植物。中國利用植物性藥品較任何民族為甚，而良藥之品種亦極多。近年國內各地研究所對於國藥之研究，甚為積極，惟植物品種之鑒定與栽培方面，尚少積極之研究。此外同科屬而未經利用之藥用植物當尤不在少數，是宜由植物學家、藥物學家與化學家通力合作，以盡其用者也。

九、殺蟲植物。中國產有毒植物甚多，有多種皆可供殺蟲劑製造之用。巴豆已成為殺蟲聖品，此外如在外國已經利用之 Derris，中國亦有數種。而民間所流傳之殺蟲植物曾經試驗而著奇效者，往往出人意外，勤研求之，其用不能更溥也。

十、木材。中國喬木數逾二千，視北美洲約三倍之，其中佳良之軟木與硬木材，不一而足，是在充分調查而研究之，庶得盡其用也。我國年來經濟建設頗著成績，對於木材為用尤大。即以枕木一項而論，已屬可觀，兼以建築等用途，為數尤多。去歲四川峨邊森林之發現，頗有助於四川鐵路網之完成與經濟建設。在雲南南部柚木（Tectona grandis）亦可栽培，查柚木一物，質堅而用大，為我當局所宜極力提倡栽培者。

十一、其他工藝植物。他類植物可供各種工藝用者甚多，如樟樹之產樟腦，椰子殼、核桃殼之製活動炭素，蒟蒻粉之製橡皮代用品，省藤之製藤器，各種松、杉、櫧、櫟之樹皮與橡碗之子製鞣質，蜜源植物之利於養蜂，皆是也。

十二、園藝植物。中國園藝植物之富甲於世界，如杜鵑、報春、百合、綠絨蒿、龍膽各屬，皆以中國為大本營，而中國園庭中尚少栽培之者。西人每謂以中國人工之賤，花木種類之多，若長江流域作大規模之花卉與蔬菜種育，可以壟斷世界之種苗事業。方今中國公路與市政日趨發達，需要行道樹亦日多，正好利用吾國斯項富源，以增加都市與鄉村之美也。

曩讀《野菜博錄》《救荒本草》，嘗佩先民勤求植物利用之偉大精神。今朝野上下方積極提倡國民經濟建設，則對於吾國天賦無盡藏之植物富源，焉可不積極研究而利用之歟？〔註799〕

〔註799〕《胡先驌全集》（初稿）第十四卷科學主題文章，第200～202頁。

11 月 18 日，要求將北平圖書館相關書籍、雜誌 zhuanjiao 本所。

胡先驌向時任中基會幹事長孫洪芬重提舊請，孫洪芬為此亦向圖書館館長袁同禮轉達是意。其函云：「胡步曾兄託轉告館存調查所書報，可否補辦移贈所中手續？查此事承曾商過多次，未經決定。在現狀之下，步曾頗慮平館如不幸發生變動，則彼所用之書報有被提走之可能，於是研究工作非斷不可。此事擬請重予考慮。又下年度關於生物科學之書報，如何借與調查所應用，是否於續訂時即寄與該所，統請核決。」〔註 800〕

11 月 25 日，胡先驌致陸文郁信函。

　　辛農先生惠鑒：

　　　　十一月廿二日手書拜悉，《植物名匯》初稿第九冊均已收到不誤。河北省植物標本定名後，當陸續寄奉也。

　　　　專此敬頌

　　大安

　　　　　　　　　　　　　　　　　　　　先驌 拜

　　　　　　　　　　　　廿五日（1937 年 11 月）〔註 801〕

是年，胡先驌致中華教育文化基金董事會信函。

　　敬啟者：

　　　　靜生所每年經費增人未能與事業相應，故每逢有特殊事項發生，經常費下輒有無法支撥之困難。敝所技師壽振黃君研究河北鳥類多年，最近其巨著《河北鳥類誌》已脫稿，即待付印，全書約計一千頁，插圖甚多。預計印刷紙張，製圖版各費照最低估計，需費四千元。敝所經常費印刷項下實無法支撥。此書本為中國動物誌中之一部，用敢援引貴會以前指撥專款印行尼登教授《中國蜻蜓誌》舊例，請另撥四千元印行此書，以符貴會宏獎學術之意。

　　　　此致

〔註 800〕 孫洪芬致袁同禮，1937.11.18，《北京圖書館史料彙編》，北京：書目出版社，1992 年，第 461 頁。胡宗剛著《靜生生物調查所史稿》，山東教育出版社，2005 年 10 月版，第 61〜62 頁。

〔註 801〕 胡宗剛撰《胡先驌先生年譜長編》，江西教育出版社，2008 年 2 月版，第 263〜264 頁。

中基會

胡先驌

（1937 年）〔註802〕

是年，胡先驌向蔣中正所提關於《改革中國教育方案》的建議，手稿現藏
臺灣國史館。摘錄如下：

一、宗旨

（一）國民有無費享受大中小一切教育之權利。故一切學校皆
不得收學費。

（二）教育完全須從學生之利益著眼。故凡一切足以阻礙學生
就學升學之制度，須儘量改革之，不得但顧及教育行政之便利。

（三）教育務必注重學生身體與心理之健康，不得但求知識之
獲得。

（四）教育需求致用。故自民眾教育至大學教育，皆須盡力求
其能，增加學生生產之能力與改善，充實其日常生活。

（五）女子所需要的教育與男子不同，須樹立適合全國女子需
要之教育系統。

二、辦法

（一）民眾學校除授以普通公民所需之知識外，宜同時注重農
業工業知識之輸入，與其技術之養成。尤其注重工業知識之普及。
庶幾逐漸使工業得以農村化，故宜儘量使在民眾學校之學生能習得
至少一種工業技能。至於如何能使工業技術農業化，須由教育部與
實業部縝密研究，實施之方案。工業技術教育宜以有經驗之工匠充
之，不可僅具教育之形式，必求學生完全能熟練其所學之技術。技
術學成之後，宜由合作社貸以資本，使之製造種工業品，同時由合
作社為之運銷發售。

（二）小學教育務須顧及兒童之健康與理解能力，功課不可過
重。務須使學生享受活潑愉快之學校生活。

（三）自初級中學以上學校須分為兩大系統。一為求知的，自
初中而高中而大學，以求知為主，實用為附。此系統制之學校自初

中起皆須重視外國文，以求深造。一為實用的，此類學校，無論為中級職業學校（等於高中）或高級農工商學院（等於大學），皆需注重農公商科實用知識之獲得，與技能之養成。此系統之學校不習外國語，完全用本國文字課本修習。

（四）宜指定國內各大學之有心理繫者，特開職業指導與心理衛生兩課程。所有國內各中小學訓育主任，概須指派來校修習此種課程。課程修畢及格者授予證書。以後，非有此項證書者，不得充各學校訓育主任，各省教育廳亦須指派督學學習此種課程。以供督察各級學校此項行政之效率之用。師範學校固宜極端注重此項課程，即其他大學學生預備從事於教育者亦須修習此項課程，得有證書方能充教員之職。各大學心理系宜多培養應用心理學人才。政府且須多派優秀青年學者赴歐美各國學習應用心理學。

（五）學校考績除課程外，尚需特別注重學生身心之健康與德性之養成，不得以會考之成績為惟一之標準。

（六）各級學校學生，如對於某門學科（如數學之類）絕對不能修習，而其他各科成績甚優者，宜利用其所長，准其依次升學，直至大學畢業。不得以其一二門學科之所短，使之不能充分發展其天才，求得高深之學問，尤以數學之研究最費精力。若習文法藝術與一部分之科學之學生，對於數學確實不能修習者，應准以他種課程代之。

（七）現在之高級中學與大學課程均極繁重，多數學生若必在現在所規定之年限內修畢，每至損及其健康，即或不然，亦足以使之無暇涉獵其他學問，至不能身心愉快，以獲得自由教育。故須准許其自由延長修學年限，高中課程得以四年修畢，大學課程得以五年或六年修畢。尤以學生健康欠佳或資質較差者，必須強迫使之延長修學年限，庶幾學生身心之健康與學校課程之標準兼能顧及。

（八）大規模添設各級職業學校及農工商學院，使學生多得求職業教育之機會，以免各大中學不能容納，每年畢業過剩之初高中畢業生。即現有之大學亦宜增收學生，並多收旁聽生及自由選課生（此項學生不得學位）。

（九）儘量增加大學畢業生從事高深研究之機會。

（十）各級學校課程宜儘量以學術原理歸納於日常生活之中，庶幾理論與實用兼能顧及。故中小學各種課本至少必須由各省分編。各省教育廳咸須組織各種教科書與參考書編纂委員會以從事此種工作。所編纂之教科書宜儘量容納鄉土教材，俾切實用。此類教科書得由教育部或國立編譯館審核修正之。以後各書局不得自由編纂中小學教科書，但各省編纂之教科書得由各書局廉價發行。

（十一）現在中國專門學者供不應求，仍宜大量派遣修養有素、成績優異之學生出國留學。以前各省原有之留學學額仍宜恢復，並擴充之，惟考試宜歸教育部或考試院辦理。

（十二）各公私學術研究機關之經費宜大加擴充，以期積極鼓勵國內科學之研究，樹立科學立國之基礎。

（十三）女子以賢母良妻為其人生之主要目的。故其所受之教育應與男子不同。故女子小中大學之課程皆須特為編制，尤以女子在青春期身心有重大之變遷，故課程不宜繁重，務必使其生活活潑愉快。中小學校以男女分校為原則。至於大學教育，每一大學內皆宜設一女子學院，由有高等教育之女子主持之。男女學生雖可同班受課，但女生修習之課程宜較男生為輕。同時家政看護育兒諸學科，凡女生皆必修習之。尤宜養成女生之正確人生觀，使知女子所受之教育必須與男子所受者不同。不宜使女子遷就男子。而此種教育之分化實為顧及女子之需要並非輕視女子之能力。〔註803〕

是年，胡先驌向蔣中正所提關於《消費研究與倡導節約》的建議，手稿現藏臺灣國史館。摘錄如下：

社會經濟機構之組成，含有三大要素：資本、勞工與消費是也。今日之研究經濟者，多注意於勞資問題，而忽視消費問題，多重視勞資兩階級之利害，而忽視消費階級之利害。實則 國經濟制度之不健全，此乃其一主要原因焉。

在資本主義之下，生產之主要目的在為資本家牟利，而不在為消費者求福利。故不問物品之良窳，但憑廣告推銷之力，以譬惑群

〔註803〕 胡啟鵬輯釋《胡先驌墨蹟選》（初稿），2022年2月，第298～304頁。《胡先驌全集》（初稿）第十五卷人文科學文章，第248～250頁。

眾。優良之產品，苟廣告推銷不得其法，則雖美而弗彰。反之，偽
藥劣貨，以縻巨金於廣告，竟可不脛而走。在消費者自身固屬損失，
就國民經濟全體而言，亦為浪費。現政府為挽救國民經濟之危機，
乃有國民經濟建設運動委員會之設立。其職責之一為倡導節約，推
行國貨。則消費研究之重要，可不言而喻矣。

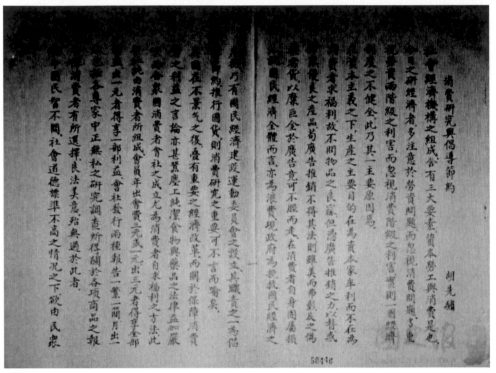

1937 年胡先驌著《消費研究與倡導節約》手稿，現藏臺灣國史館

美國在不景氣之後，疊有重要之經濟改革。而關於保障消費者
之利益之言論亦甚囂塵上。純潔食物與藥品之法律益加嚴峻，而合
眾國消費者會社之成立，尤為消費者自求福利之方法。此會社純由
消費者所組成，會員年出會費三元或一元。出三元者得享全部利益，
出一元者得享一部利益。會社發行兩種報告，一繁一簡，月出一冊，
包括各專家中正無私之研究調查所得，關於各項商品之報告，俾消
費者有所選擇良法，美意殆無過與此者。

在中國民智不開，社會道德標準不高之情況之下，欲由民眾組
織此種團體，而不致發生流弊，或非易事。然苟由國民經濟建設委
員會或實業部設立一消費調查局，以幹員及若干專家主持其事，則

殊不難辦到。此外，尚可得各省市縣政府及商會農工業機關與各專家之協助。調查研究之結果，可發刊於一月刊中，以為消費運銷及生產者之指導。吾國亦曾屢開物品展覽會及鐵道展覽會矣。糜款甚巨，而收效甚寡者，蓋所徵物品未必齊備，再則所陳列之物品雖甚佳美，而推銷未廣，展覽會後每每無從購買，且無公正之品，評為之指導也。若有定期刊物為之介紹，則一登龍門聲價十倍。凡被介紹者皆貨真價實之物品，而冒濫偽劣之品，不得藉廣告以欺世。邊遠區之產品，亦可因此介紹使消費者可以按地址而函購，其刺激生產之效用，寧其視縷哉。

在此刊物中，且可由專家著論。以指陳所應改造之方，與夫社會上某項貨物之缺乏。對於不可少之外貨，亦可由專家指陳優劣，以為消費者之南針。尤以藥品一端，不但能挽救大量無謂之漏卮，且能有裨於民族之健康。吾國處積弱之勢，對於外人不能為積極之干涉，故純潔食物與藥品之法律不能施行。但消極之干涉，則此消費月刊優為之。蓋無論何種物品，消費研究局認為不合格者，盡可不為之介紹。故如各種偽藥，不能以其配合成分詳告，衛生署而得其許可者，此月刊可不為之介紹。雖出廣告費，亦不得為之刊登廣告，則其技窮矣。他種劣貨亦如是。則有時國民雖不得不購外貨，亦不至受經濟之損失矣。

再則此月刊可刊登國外商務員與國際貿易局以及其他人士，關於國外貿易之文字與報告。俾國內企業家得悉各國之商情，與各國市場上關於各項商品之需要，此種文字與報告，大可刺激生產，俾得推銷於國外也。

此種運動在初發動之期或難收卓效，然苟政府辦理得法則，此刊物將風靡於全國，而廣告之收入，甚至抵補經常費，而有餘則可以其餘資擴充其技術事業。且不難合併商品檢驗局與國際貿易局等機關，而成為一規模宏大之消費與商業調查機關，而大有裨於國計民生矣。私人團體之有組織能力與相當資本者，若不存牟利之心，而欲為社會服務，苟慘淡經營之，或亦可造成一與美國相類似之社團也。〔註804〕

〔註804〕胡啟鵬輯釋《胡先驌墨蹟選》（初稿），2022 年 2 月，第 333～336 頁。《胡先驌全集》（初稿）第十五卷人文科學文章，第 251～252 頁。

是年，共同合作在雲南採集植物種球。

　　靜生生物調查所與英國皇家園藝學會合作，採集雲南植物之種球。由英國皇家園藝學會出資 400 英鎊，以做採集費用；靜生所特派俞德濬、劉瑛，於是年初春離平赴滇，擔任茲事。《靜生生物調查所第九次年報》有如下記載：俞、劉兩君，二月到昆明後，即率領本所在滇原有採集員工倪琨、楊發浩、李春茂等十餘人，前往雲南西北部高山區域，作長期之採集，繼更西進，四月抵麗江，為採集便利計，至此，全隊分為三小組，散至永寧、木里、康邊之木里土司、中甸、西康之定鄉及稻城與德欽、瀾滄江東岸之白馬山及其西岸之四莽大雪山等處，作精細之採集。共計一年來所採得各種植物標本，達一萬餘號，植物種子二千七百餘號，更有菌藻球根等標本，三百餘號，現已運到昆明，最近即將分寄國內外。此次採集之異常成功，可使下年度合作有繼續之可能。〔註805〕

是年，派北平靜生生物調查所採集員俞德濬在雲南省各地區採集標本。

　　一九三七年俞德濬在雲南永寧，木里、中甸、定鄉、德欽等處採集標本。〔註806〕

是年，俞德濬赴雲南植物採集成績顯著。

　　《靜生生物調查所第九次年報》對俞德濬調查團第一年採集之成績，有如下記載：「俞、劉兩君，二月到昆明後，即率領本所在滇原有採集員工倪琨、楊發浩、李春茂等十餘人，前往雲南西北部高山區域，作長期之採集，繼更西進，四月抵麗江，為採集便利計，至此，全隊分為三小組，散至永寧、木里、康邊之木里土司、中甸、西康之定鄉及稻城與德欽、瀾滄江東岸之白馬山及其西岸之四莽大雪山等處，作精細之採集。共計一年來所採得各種植物標本，達一萬餘號，植物種子二千七百餘號，更有菌藻球根等標本，三百餘號，現已運到昆明，最近即將分寄國內外。此次採集之異常成功，可使

〔註805〕《靜生生物調查所第九次年報》。胡宗剛著《靜生生物調查所史稿》，山東教育出版社，2005 年 10 月版，第 75～76 頁。
〔註806〕胡先驌著《植物分類學簡編》，高等教育出版社 1955 年 3 月版，第 5 頁。

下年度合作有繼續之可能。」〔註807〕

是年，雲南大學、靜生生物調查所聯名致管理中英庚款委員會信函。

　　雲南大學與靜生生物調查所還聯名致函管理中英庚款委員會，請求對設立農林植物研究所予以資助，此函節云：「貴會提倡邊疆教育，並有國內國外講座之設置，擬請在雲南大學設國內國外講座各一人，除授課外，且擔任農林植物研究所內研究植物。國內講座擬聘河南大學植物學教授嚴楚江博士，國外講座則正與美國紐約州公園管理局主任郭亞策博士（Dr. Leon Croizat）作非正式之接洽，如蒙貴會核准，即可正式商聘，則他日滇疆農林事業之發達皆出貴會之賜也。」〔註808〕

是年，捷克斯洛伐克邀請中國派學者參加第四屆國際科學史大會。

　　1937 年第四屆科學史大會在捷克斯洛伐克首都布拉格舉行，會議組織者大會主席，通過中國駐捷克大使館邀請中國派學者參加，隨即大使向外交部呈函，報告會議情況，並提出派員參會建議。其呈函云：

為呈報事：

　　頃據第四次科學史大會會長函稱，該大會將於本年九月廿二日至廿七日在捷京舉行，參加者有英、美、德、法、意、俄、奧、荷、比、西、葡、埃、匈、波蘭、羅馬尼亞、南斯拉夫、瑞士等國各大學教授及學者，其提出論文者亦已有一百三十人，甚望有貴國學者參加。附上大會通告一件，敬希查收轉送等語。查該國際大會，現由捷京大學各教授擔任籌備，事關國際學術會議，吾國各大學教授署假內亦多來歐旅行，應否擬請鈞部諮教育部酌派在歐旅行之大學教授一二人就近來捷出席，理合檢同大會通告一件呈報，伏乞鑒核示遵。

〔註807〕　胡宗剛著《雲南植物研究史略》，上海交通大學出版社 2018 年 7 月版，第 70 頁。

〔註808〕　雲南大學、靜生生物調查所致函管理中英庚款委員會，1937 年，雲南省檔案館藏雲南大學檔案。胡宗剛著《雲南植物研究史略》，上海交通大學出版社 2018 年 7 月版，第 118～119 頁。

　　　謹呈
　　部長、次長、次長

　　　　　　　　　　　　　　　特命全權公使　梁龍〔註809〕

民國二十七年戊寅（1938）　四十五歲

1月，對山東新生化石研究。

　　　　植物部胡先驌君，繼續去年所研究之山東新生化石，此項化石，查悉共有七十餘屬，一百餘種，並發現其中有一屬，為東亞所無者，在科學上極有價值，已將研究結果編成專著。暑假期中，美國加州大學古生物系教授謝時氏來所，曾與胡君合作，整理此項巨大之著述，現已告竣，預備出版。〔註810〕

1月，靜生生物調查所第九次年報，委員會委員長：孫洪芬；書記：翁文灝（楊鍾健代）；會計：湯鐵樵；委員：任鴻雋、周詒春、江庸、王家駒、范銳、胡先驌（當然）。

1月，靜生生物調查所、江西省農業院廬山森林植物園第四次年報。（1937年1月至12月）委員會委員長：龔學遂；副委員長：金紹基；會計：董時進；委員：胡先驌、范銳、程時煃；主任：秦仁昌；園藝技師：陳封懷；技術員兼會計：雷震、助理員：馮國楣、劉雨時；事務助理：姚鏞；練習生：楊鍾毅、熊明、李過正。

　　春，胡先驌派蔡希陶到雲南，籌辦雲南農林植物研究所。〔註811〕

4月1日，胡先驌致陳立夫信函。

　　　　立夫先生侍席：前夕得奉音塵，至為快慰。惟驌此來本擬在渝小駐約二星期即赴昆明，除晉謁委座，面陳數項機密政情外，兼與臺從商洽建立西康農林植物研究所事。今為期已近一星期，尚未知接談之期，不無悵盼之意。誠知臺從經緯萬端，不易抽暇，然終冀能預定確期，藉慰懇望。不識在一周內能定期商談，藉以決定康所

〔註809〕胡宗剛著《1937年第四屆國際科學史大會邀請中國派員參加》，公眾號註冊名稱「近世植物學史」，2022年04月11日。
〔註810〕靜生生物調查所第九次年報，1938年1月。
〔註811〕中國科學院昆明植物研究所簡史編纂委員會《中國科學院昆明植物研究所簡史（1938～2008）》，2008年10月版，第1頁。

之一切否？委座方面尤盼能代為陳情，賜予接見，十五分鐘即能盡述一切也。匆匆草擬康所計劃書及概算書，先呈鈞覽。尚希明教。

　　專此，即頌政安

　　　　　　　　　　　　　　　胡先驌 拜啟 四月一日〔註 812〕

　　4月6日，雲南省主席龍雲同意將黑龍潭龍泉公園房屋借給雲南農林植物研究所辦公。

　　　　4月6日，雲南省主席龍雲簽署雲南省政府指令（密二教總字第九五七號令），指令教育廳、昆明市政府把黑龍潭龍泉公園全部房屋借給雲南農林植物研究所作為暫時的所址。密二教總字第九五七號令原文如下：「二十七年四月六日呈一件為請飭由市政府借用龍泉公園全部以作雲南農林植物研究所所址，祁核示遵由。呈悉，查此案當於二十七年五月六日提驗本府第五四七號會議議決。所稱有關室礙令市政府議擬呈覆再奪。等語記錄在案，□□令市政府仰印知照」。〔註 813〕

　　4月19日，蔡希陶給雲南省教育廳公函，確定雲南農林植物研究所地址等諸事。

　　敬啟者：

　　　　滇省以地理與氣候之複雜，所產植物種類稱富饒，久為各國植物學家所重視。敝所自民國二十一年開始派員組織雲南生物調查團前來貴省調查生物採集標本，迄今已達七載。本年仍在繼續進行，以求詳盡研究結果，發現新奇品種及能供吾人利用之植物為數極顆（著者注：夥）。因感為求以後研究及實驗上之近便，實有貴省設立一專門機關研究雲南植物之需要。客歲經敝所長胡先驌與貴廳長及雲南大學校長數度甬商，遂有由三機關合力設辦雲南農林植物研究所併附設植物園之議。希陶奉敝所命令前來昆明勘查適當的所址，進行籌備事宜，前日晉謁貴廳長，業蒙撥借昆華民眾教育館尊經閣為籌備處，並指示前往昆明近郊各處勘查適當地點，以為所址及園

〔註 812〕胡宗剛著《胡先驌未成之事業——西康農林植物研究所》，公眾號註冊名稱「近世植物學史」，2022 年 05 月 30 日。
〔註 813〕中國科學院昆明植物研究所簡史編纂委員會《中國科學院昆明植物研究所簡史（1938～2008）》，2008 年 10 月版，第 27 頁。

址。經連日考察結果，以北郊黑龍潭龍泉公園為最適宜，水源四季不絕，且交通便利，風景幽美，倘能借作雲南農林植物研究所所址及植物園園址，一方面於各種植物之栽培試驗，至感便利，一方面於山水庭園之點綴布置可臻完美，藉以促進一般人民之造林及園藝興趣，而漸趨於國民經濟建設之途。亦所以相應貴省當局歷年苦心建設之宗旨。用特函懇貴廳長轉呈省府准借公園及園前公產水田作為所址及附設園址，以便科學之研究，而利林業事業之發展。決定選擇黑龍潭為所址。〔註814〕

4月19日，昆明市擬委任蔡希陶為龍泉公園經理。

　　4月19日，雲南省教育廳呈報雲南省政府「查北平靜生生物調查所擬在本省設立雲南農林植物研究所併附設植物園一案前准胡所長先驌函商，即經由職廳函復表示贊同。並經擬定所址須設於昆明，及補助經費數目，暨撥給近郊土地附設植物園各辦法，呈本鈞府核准，茲准胡所長指派蔡研究員希陶來滇籌備，並請借用龍泉公園及園前公產水田作為所址及植物園園址等由廳長經即悉心籌備，竊以植物研究及園藝栽培。如設於公園之內即可增加公園觀賞之價值，復能吸引遊人之興趣，擬請飭由昆明市政府借用龍泉公園全部以作雲南農林植物研究所所址，及附設植物園園址。借用期限定為三年，此項借用辦法對於市政府管有之主權及遊人遊覽方面，均無妨礙，惟為求公園管理及植物研究雙方兼顧進行便利計，擬請一併由市府加委該蔡希陶為龍泉公園經理以專責成。所有議擬借用龍泉公園以作農林植物研究所所址及加委蔡希陶為該園經理各情，是否有當，理合備溫呈請鈞府衡核，施行示尊」。〔註815〕

4月27日，龔自知致龍雲信函。

　　龔自知對蔡希陶勘查黑龍潭作為雲南農林植物研究所址，甚加贊同，復向雲南省主席龍雲呈言：「竊以植物研究及園藝栽培，如設

〔註814〕中國科學院昆明植物研究所簡史編纂委員會《中國科學院昆明植物研究所簡史（1938～2008）》，2008年10月版，第27～28頁。

〔註815〕中國科學院昆明植物研究所簡史編纂委員會《中國科學院昆明植物研究所簡史（1938～2008）》，2008年10月版，第28頁。

於公園之內，既可增加公園觀賞之價值，復能吸引遊人之興趣。擬
請飭由昆明市政府借用龍泉公園全部，以作為雲南農林植物研究所
所址，及附設植物園園址，借用期限定為三年。此項借用辦法，對
於市府管有之主權，即遊人遊覽方面，均無妨礙，惟為求公園管理
及植物研究雙方量顧進行便利計，擬請一併飭由市府加委該蔡希陶
為龍泉公園經理，以專責成。」〔註816〕

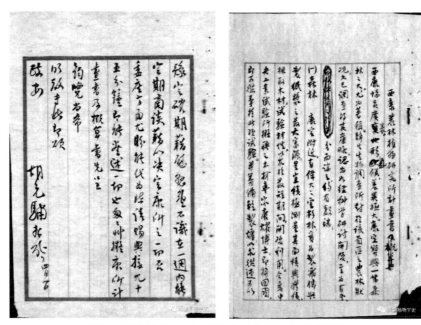

《西康農林植物研究所計劃書》（胡宗剛提供）

4月，胡先驌作《西康農林植物研究所計劃書》。

　　胡先驌提交之《西康農林植物研究所計劃書》及預算等，此摘
錄《計劃書》如下：西康幅員廣袤，地形氣候，差異極大。康定寶
興一帶，森林之大，尤為著稱。靜生生物調查所對於該省區之農林
狀況，久已調查，得其崖略。認為若經科學研討開發，至為有望。
分為論之，約有數端：一、森林。康定附近，有偉大之雲杉林，實
為製飛機與製紙漿之最大富源。是宜積極測量其面積與體積，採取
木材，試驗材性，以求於最短期間，開發利用。今夏中央工業試驗

〔註816〕　龔自知致龍雲函，1938年4月27日，雲南省檔案館藏教育廳檔案，1106-003-0837。胡宗剛著《雲南植物研究史略》，上海交通大學出版社2018年7月版，第83頁。

所擬聘之木材專家唐燿博士，即將回國，即可從事於此項試驗。並籌備乾製爐，以求從速可以製材應用。康定雖無河流可以通筏，對於造紙或尚一時不能利用該項森林，但為利用可以製造飛機之木材，則運費尚非重要。至於雅州附近之森林，則可利用大渡河通筏，造紙漿之良好富源。二、茶業。雅州為產茶之區，其銷路為拉薩，每年產額頗巨。惟品質粗劣，若不改良，有為印茶排斥罄盡之危險。吾國種植茶樹，素不知施肥及種植豆科植物以增加土壤中氮肥之法。關於此項研究，英荷兩國，久告成功，仿而行之，至易收效。欲增加產額至一倍以上，有易於反掌者。製造方法，亦大有改良之可能。三、桐油業。建昌道一帶，氣候炎熱。熱帶果品，皆可種植。苟加以實際調查，必可發現可以大規模種植油桐之區域。此項富源，若加開闢，必能增加西康財富不少。四、棉花。建昌道一帶，金沙江兩岸，氣候炎熱。在適宜狀況之下，必可植棉。是宜就棉之土壤與氣候之需要加以科學之調查，而擬具作業之計劃。五、馬鈴薯與大麥。在康定及其迤西迤北之高寒區域，農產品如馬鈴薯與大麥可以種植，馬鈴薯尤為適宜。馬鈴薯可製酒精，以補充燃料，實為今日抗戰之急務，亦為拓殖康藏高寒區域之前提。大麥除供民食外，亦可製酒精。以上所舉，實為西康亟待開發之農林事業。若經詳細調查，必更能陸續發現他種可以開發之事業。農林植物研究所之職責，雖不在農林業之實施，然以其研究之所得，實可決定農林業實施之方案，與供給技術上之諮詢，而在某種範圍內，亦未嘗不可分其力量，以實際經營某種事業也。

胡先驌所列，除森林開發，即是農作物栽培，沒有植物學研究內容；但在年度經常費預算中，有植物標本採集研究費 6 千元，想必是其將此項內容暫時隱蔽，為獲得通過也。胡先驌開具經費預算，包括開辦費 4.5 萬元，經常費 3.8 萬元兩大類。經常費中職員薪津 1.7 萬元，設所長一人，月薪 320 元，技師 2 人，月各 280 元，研究員（中級職稱）3 人，月各 120 元，由此可知其預設西康所之規模。所長人選，胡先驌以決定請時在四川農業改進所之周宗璜擔任。〔註817〕

〔註817〕胡宗剛著《胡先驌未成之事業——西康農林植物研究所》，公眾號註冊名稱「近世植物學史」，2022 年 05 月 30 日。

5月1日,蔡希陶致龔自知信函。

　　5月1日,雲南農林植物研究所籌備人蔡希陶致信雲南省教育廳廳長龔自知:「敬啟者:本所定於五月一日借昆華民眾教育館尊經閣開始工作,啟用鈐記。一俟布置就緒,再行定期開幕。除分函外,相應函達。即希查照」。〔註818〕

5月17日,蔡希陶致龔自知信函。

　　蔡希陶即與市長瞿舉商定借用龍泉公園辦法,得到滿意之結果,其致函龔自知,報告此事結果。「昨日晤見瞿市長,一切皆已圓滿解決。龍泉公園借用辦法,完全照貴廳所擬辦法辦理,水田一層,亦蒙允全部交敝所應用。惟原有道僮口糧,則由敝所負擔。瞿市長除歡迎敝所負責兼管黑龍潭外,並表示以後凡所有太華、圓通、翠湖諸公園,只要人力財力夠分配,亦擬全託敝所,以增風景。市政於此項事業,原有經費每年國幣數千元,囑希陶盡此數範圍內籌劃云。希陶當時表示,市政如有委託,敝所無不盡力,全市公園之整頓,請期以黑龍潭弄好之後。」〔註819〕

　　5月初,北平靜生所聯合英國皇家園藝學會、美國哈佛大學阿諾德森林植物園在中國雲南進行植物標本採集,分得部分植物標本。皇家園藝學會出資400英鎊,阿諾德森林植物園出資600美金,作為採集費用,而靜生所方面,派俞德濬、劉瑛、李孟崗、王啟無等職員,率工人多名,組成大隊,常駐雲南、作大規模採集。由昆明到大理後,即分南北兩組,北組由俞德濬率同楊發浩、李春茂、蔡希岳等前往雲南西北部的麗江、維西、越碧羅雪山至怒江、俅江、茨中、高黎貢山、打拉及藏邊等處;南組由劉瑛率2人,前往滇西南的順寧、鎮康、緬寧、景東等處之山嶽地域,及緬甸交界處,專事亞熱帶林木標本的搜集。年底結束。所得動植物標本10000餘號,達十餘萬件,發現多稀異品種,不僅在科學上有貢獻,對經濟上亦極有價值。

〔註818〕中國科學院昆明植物研究所簡史編纂委員會《中國科學院昆明植物研究所簡史(1938~2008)》,2008年10月版,第1頁。
〔註819〕蔡希陶致龔自知函,1938年5月17日,雲南省檔案館藏教育廳檔案,1106-003-0837。胡宗剛著《雲南植物研究史略》,上海交通大學出版社2018年7月版,第84頁。

6月16日，朱家驊致廬山森林植物園信函。

　　管理中英庚款董事會董事長朱家驊來函稱:「自去秋戰事發生以來，本會對於補助建築之費，均暫行停撥，屆時能否照撥，亦仍須視時局情形如何，再行酌定。」該項工程後期5000元，終未匯來。但是，蓋起一半之建築，不能任之，今不知秦仁昌從何處籌集到經費，力爭在1938年完工。〔註820〕

6月11日，龔自知請示辦理籌建農林植物所案事。

　　6月11日，雲南省教育廳秘書三科徐繼祖專文提呈龔自知廳長請示辦理籌建農林植物所案事，龔廳長批示:「原案係靜生來信一件，原案在雲大熊校長處，事經敝廳長轉原案面呈主席蒙准照辦即函復」。〔註821〕

6月11日，雲南省擬撥用龍泉公園作雲南農林植物研究所所址。

　　6月11日，雲南省教育廳秘書三科徐繼祖提呈的「准省府秘書處派員查詢靜生生物調查所撥用龍泉公園作農林植物研究所所址經廳呈轉核准原案由」一文寫道:「查此案敘稿時，曾轉鈞批，應加敘『此係呈轉核准之定案』等因，隨即查覽原案，未獲，惟以呈轉核准原案，在前，或係秘書室經辦，或係鈞長在省府所提，既轉，明示照示速辦，發，故未待原案查出即行辦發，現准派員查詢理合簽呈請祁指示。以憑答覆」。〔註822〕

6月14日，雲南省核准撥用龍泉公園作雲南農林植物研究所所址。

　　6月14日，雲南省教育廳向雲南省政府秘書處呈報專文:「函復查詢靜生生物調查所撥用龍泉公園做農林植物研究所所址經呈核准經過」一文，報告成立雲南農林植物研究所的緣起，龔自知廳長

〔註820〕朱家驊致廬山森林植物園，1938年6月16日。中國第二歷史檔案館，609（24）胡宗剛著《廬山植物園最初三十年》，上海交通大學出版社，2009年7月版。第71頁。
〔註821〕中國科學院昆明植物研究所簡史編纂委員會《中國科學院昆明植物研究所簡史（1938～2008）》，2008年10月版，第1頁。
〔註822〕中國科學院昆明植物研究所簡史編纂委員會《中國科學院昆明植物研究所簡史（1938～2008）》，2008年10月版，第28頁。

簽發的「敬復所傾注」稱:「貴處派員查詢北平靜生生物調查所撥用
龍泉公園作雲南農林植物研究所所址,經廳呈轉核注原案等由敝廳,
查原案在雲大熊校長處(係靜生來信一件),事經敝廳長持原案面呈
主席蒙准照辦,諮詢前由,相應覆函」。〔註823〕

6月21日,雲南省發文同意設立雲南農林植物研究所,暫借龍泉公園作
為所址,及昆明市委蔡希陶為龍泉公園經理。

　　6月21日,雲南省政府訓令秘二教總1019號令教育廳「案據
昆明市政府呈稱,案據鈞府密二教總字第957號訓令開案,據教育
廳呈稱案准北平靜生生物調查所函請設立雲南植物研究所請暫借龍
泉公園作為所址,並請由市府加委該所研究員蔡希陶為龍泉公園經
理一案」。「該園經理一職擬即照命令所指示由本府加委蔡希陶兼任
龍泉公園經理受本府之指導監督,負責辦理公園經理職權內應行辦
理之一切事項」。〔註824〕

6月28日,胡先驌、蔡希陶致龔自知信函。

　　6月28日,農林植物所所長胡先驌、籌備人蔡希陶致函雲南省
教育廳廳長龔自知:「頃准昆明市政府函略開,貴廳擬撥借龍泉公園
一案,經據情呈報省政府核示現已照准,請即口到府會商定約交收
一切事宜為荷!等由准此。當於日昨派員前去會商。遵照省政府批
准八項原則,草定合同並定於七月一日會同市政府社會科前往龍泉
公園移交接收,以便工作」。報告農林植物所商洽黑龍潭龍泉公園並
議在公園內辦公等事宜。雲南省教育廳根據省政府第五四七次會議
議決,自1938年4月起,已按月發給農林植物所經常費國幣350
元。〔註825〕

6月,Notulae Systematicae ad Floram Sinensem IX(中國植物分類小誌九,

〔註823〕 中國科學院昆明植物研究所簡史編纂委員會《中國科學院昆明植物研究所簡
　　　　 史(1938~2008)》,2008年10月版,第28頁。
〔註824〕 中國科學院昆明植物研究所簡史編纂委員會《中國科學院昆明植物研究所簡
　　　　 史(1938~2008)》,2008年10月版,第28頁。
〔註825〕 中國科學院昆明植物研究所簡史編纂委員會《中國科學院昆明植物研究所簡
　　　　 史(1938~2008)》,2008年10月版,第28頁。

即中國植物區系長編）刊於 Bull. Fan Mem. Inst. Biol.《靜生生物調查所彙報》（第 8 卷第 3 期，第 129～156 頁）。

7月1日，昆明市政府市長翟堃和雲南農林植物研究所所長胡先驌在昆明簽署「昆明市政府與雲南農林植物研究所為撥借龍泉公園訂立合同」，合同共13 條款，辦公場所就此解決。摘錄如下：

（一）昆明市政府所屬龍泉公園，現經將房屋全部撥借雲南農林植物研究所應用。

（二）該園主權仍為昆明市政府所有，雲南農林植物研究所借用該園以後，對於該園與昆明市政府之聯繫，仍照常維持。

（三）該園借用後，仍需照常開放任人遊覽，其管理方面，由該園經理照市政府所頒公園管理規則辦理。布置方面，由雲南農林植物研究所將計劃商得市政府同意辦理之。

（四）該園經理一職由雲南農林植物研究所所長推薦該所職員一人由昆明市政府加委之，以便園務管理，惟該經理仍由昆明市政府之指導與監督，負責辦理公園經理職權內所應行辦理之一切事務，並享有公園經理一切權利。

（五）該園前水田，暫定撥借十畝供雲南農林植物研究所種植試驗之用，其每年應有之租米，由雲南農林植物研究所按照舊例繳納於昆明市政府。惟該傾水田須待今年秋收以後再行撥借，將來如需增撥，再由雙方商同辦理。

（六）所有該園未借用之各村畝田租米，仍照案由該經催收。除留一部分為該園道眾口糧外，余均照案解繳昆明市政府。

（七）道眾仍應留園居住，照昆明市政府舊案管理待遇。

（八）該園房屋器具、匾聯碑文、山場林木等，均由雲南農林植物研究所負責保管，不得任意修改移動，砍伐損傷，如有更動，由雲南農林植物研究所函知昆明市政府，得同意後，再行著手。

（九）該園房舍，由雲南農林植物研究所出資修理之，遇必要時，昆明市政府酌予補助。

（十）該園房屋田地借用期限，暫定為三年，期滿時如不續借，一併交還昆明市政府，在借用期間雲南農林植物研究所在該園種植之植物，所建造之建築，期滿時雲南農林植物研究所無條件移交昆

明市政府首關，雲南農林植物研究研究所如需繼續借用該園時，需
商得昆明市政府之同意。

（十一）本合同經昆明市政府呈准雲南省政府備案。

（十二）本合同標本繕寫三份，呈雲南省政府備案，其餘二份
由昆明市政府與雲南農林植物研究所各執一份為憑。

（十三）本合同經雙方主事人簽字後與中華民國二十七年七月
一日起發生效力。〔註826〕

雲南植物研究所訓「原本山川、極命草木」

7月1日，雲南農林植物研究所正式成立。

7月1日，雲南省政府下發 1234 號訓令，言「自民國二十七年七月一日
起，以三年為限，借龍泉公園與植物研究所，訂立借用合同，並任蔡希陶為龍
泉公園經理。」〔註827〕至此，農林植物所得告正式成立。

7月24日，胡先驌、俞德濬專程來昆明，正式簽訂「雲南省教育廳與北
平靜生生物調查所簽訂合辦雲南農林植物研究所合同」，從此，農林植物研究
所正式成立。時間為三年，下設分類組和植物園組（植保場），設立植物標本
室。胡先驌命意龔自知撰寫「原本山川・極命草木」，為所訓，刻在辦公樓的
奠基石上。胡先驌兼任所長（1938～1940），副所長由雲南省方面選派，分別
是雲南大學系主任嚴楚江（1938～1940），汪發纘（1938～1940），由汪發纘主
持所務工作，所內管理基本採用靜生所的管理辦法，實行所長（副所長）負責
制。所內財務、科研計劃由主管所長負責和管理，未設職能部門，只設工作崗
位，科研按任務不同分組管理。研究主要包括森林樹種、經濟植物、藥用植物
的調查採集、煙草的引種栽培試驗、雲南松地理種源的生態習性觀察和重要喬

〔註826〕 中國科學院昆明植物研究所簡史編纂委員會《中國科學院昆明植物研究所簡
史（1938～2008）》，2008 年 10 月版，第 28～29 頁。
〔註827〕 雲南省政府訓令，1234 號，雲南省檔案館藏教育廳檔案，12（4）。胡宗剛著
《雲南植物研究史略》，上海交通大學出版社 2018 年 7 月版，第 86～87 頁。

灌木植物的繁殖試驗等多項研究。

雲南農林植物研究所在黑龍潭龍泉公園掛牌成立（辦公樓及員工住房）

雲南農林植物研究所在黑龍潭龍泉公園掛牌成立（辦公樓）

7月31日，秦仁昌致吳校長信函。

　　　秦仁昌致函吳校長。「陳夫婦以及其他植物園的成員今天都已經安全到達。他們從廬山到長沙的途中經歷了非常危險及艱苦的旅程。陳先生在德安丟失了他的部分行李，主要是些衣服。長沙仍然是安寧的，儘管許多居民為避免遭到轟炸，還是在 21 號或 23 號轉移到鄉下了。我正設法到鄉下去和我的家人見面，希望在那裏和他們呆一個星期，然後回長沙，開始計劃我們八月底去雲南昆明的行程。我們計劃在那裏開設另外一個植物園，在雲南西北的高山地區收集種子、球根，在昆明附近先為種植，希望在戰爭結束之後，帶著這些回到廬山植物園。」〔註828〕

──────────

〔註828〕胡宗剛著《廬山植物園最初三十年》，上海交通大學出版社，2009 年 7 月版。第 73～74 頁。

8月1日，唐燿赴美留學處理生活瑣事。

　　唐燿自美赴歐之前後致中基會幹事長孫洪芬函，言及當時狀況，節錄如次：「靜生胡師允自 7 月份津貼月薪八十元，按月由尊處逕送一節，前已蒙尊函允諾，想已囑會中會計處照辦矣。生在耶校各事大致已摒擋就緒，三年來所購索之書籍、刊物大約五大箱，除一小部分帶往歐陸外，余均暫存耶校。船期已定八月廿日，由 Sar Hamponfion 登岸，即先赴屋斯福森林研究所。」〔註829〕

8月3日，秦仁昌致吳校長信函。

　　秦仁昌致廬山美國學校吳校長（節錄）。談談植物園的事情，我們已經得到您的許多支持。在您沒有被迫離開牯嶺之前，請求您擔負植物園管理工作，在這種環境下設法拯救它，使房子不被損壞。植物園現有六名看管人，都非常忠心，他們保證盡力保護植物園的所有財產。他們每人都已得到八月以後三個月工資，平均每月共 90 元，同時得到 6 擔大米，可供他們半年的生活。他們中的兩個負責人的名字是 Wang Ta-chin（黃大全）和 Yi Chi-wen（葉其文）。隨著時間的流逝，您能不時地向他們瞭解植物園的情況，當您有空的時候，寫些信告訴我。為了能讓他們堅守自己的工作，您能從十一月起，從我離開牯嶺前放在您處款項中，支付每人（6 個人）每月 10 塊。這六人的主要任務是照看好房屋，防止各種植物被損壞，為幼苗生長的苗圃除草。如果這六個人不能完成所有的工作，還有兩個或四個植物園原來的職員可能會回來加入他們的行列，他們每個人也會得到每月 10 元以及平分的大米。我已經收到中華教育文化基金董事會的通知，允許植物園同仁們去雲南，在雲南昆明建立一個高山植物園，那裏有足夠大的面積，可以種植我們收集到的植物。當我們能夠回到牯嶺的時候，我們會帶回所有在雲南種植的植物。正如您所見，儘管戰爭在爆發，我們的工作仍然在進行。〔註830〕

〔註829〕唐燿致孫洪芬，1938.08.01，南京：中國第二歷史檔案館，484（856）。胡宗剛著《靜生生物調查所史稿》，山東教育出版社，2005 年 10 月版，第 164 頁。

〔註830〕胡宗剛編《廬山植物園八十春秋紀念集》，上海交通大學出版社，2014 年 8 月版。第 088～089 頁。

8月，《衛矛科——新屬，梅樂藤》文章在《科學》雜誌（第22卷第7～8合期，第379頁）發表。摘錄如下：

> 本屬學名為 Sinomerrillia，用以紀念哈佛大學七植物學機關之總主任梅樂（E. D. Merrill）博士者也。博士於華南植物貢獻至巨，中國植物之研究，氏實占極先進之地位。
>
> 衛矛科植物吾國產者不逾十屬。本屬為纏繞藤本，葉互生，花成總狀花序，花柄附著於一永存而變為碩大之苞片上，是其外觀上最大之特點。萼片五片，花瓣五片基部連合，五枚小蕊即插生其中，子房二室至三室，胚珠每室二粒著生於基部。果為球形之蒴果，大部分皆為萼片所包蔽，苞片大而葉狀。〔註831〕

9月16日，胡先驌致陶孟和信函。

> 孟和吾兄惠鑒：
>
> 　　闊別逾年，敬維公私多吉為頌，為念。葉公超君北來，藉悉臺從已回陽朔，貴所事業進行想能如舊，至念。夏間此間曾一度大規模檢查，全市風聲鶴唳。前貴所存在敝所之刊物稿件，尤以剪報材料不無犯彼忌諱之處。弟為敝所安全計，已悉數裝箱寄存德華銀行，計存至年底之存儲費及汽車費搬運費等件，共五百九十五元七角三分，此款尚希設法匯寄。（有收條等，容後補寄）再年關轉瞬即至，以後對此項刊物及材料如何辦理，尚乞明示。在必要時，剪報及其他材料是否可以焚棄？最好能辦一交涉，將此項刊物等寄存協和醫校，將不至有失，亦不需費用也。專此佇候回示，（信請慎密措辭，並由基金會香港辦事處轉為要）並頌
>
> 秋安
>
> 弟　先驌　拜啟
> 九月十六日（1938）〔註832〕

【箋注】

陶孟和（1887～1960），名履恭，字孟和，祖籍浙江紹興。社會學家。1910年，

〔註831〕張大為、胡德熙、胡德焜合編《胡先驌文存》（下卷），中正大學校友會出版發行，1996年5月，第296頁。
〔註832〕程道德主編《二十世紀北京大學著名學者手跡》，北京圖書館出版社2003年5月版，第10頁。

赴英國倫敦大學政治經濟學院攻讀社會學和政治學，1913 年陶孟和取得經濟學博士，旋即歸國，執教於北京大學。1934 年北平社會調查所與成立於 1928 年的中央研究院社會科學研究所合併，合併後的機構仍用社會科學研究所之名，陶任所長。1940 年 10 月，社會科學研究所與中研院的其他幾個研究所以及同濟大學陸續從昆明遷至四川宜賓的李莊鎮，繼續從事社會調查事業。1945 年，社會科學研究所更名為社會研究所。1948 年，被評選為第一屆中央研究院院士。1949 年，陶孟和領導下的中研院社會科學研究所留在南京，後社會科學研究所併入中國科學院並於 1952 年遷往北京，1953 年，社會科學研究所更名為經濟研究所。1949 年起擔任中國科學院副院長。是中國科學院圖書館的創始人。

9 月，專家們共同赴雲南採集植物標本。

  9 月，靜生生物所所屬的廬山植物園遷昆明，秦仁昌、馮國楣等抵昆，後於年底轉遷麗江。俞德濬率隊前往德欽、麗江、中甸以及西康等地採集標本；廣州國立中山大學部分內遷澄江。陳煥鏞從廣州到香港轉雲南，組隊到華寧、昆明、屏邊大圍山等地採集植物標本。〔註 833〕

秋，秦仁昌作《籌設西康省農林植物研究所芻議》。

  未久西康正式建省，秦仁昌認為其前主張，對開發西康資源開發有所幫助，即將其文再作修改，冠以《籌設西康省農林植物研究所芻議》之名，在當年 10 月出版之《西南邊疆》（總第七期）雜誌上刊出。秦仁昌在文前小序云：「二十七年秋，西康奉令改組為行省，作者受某方之委託，草擬斯篇，以為今後康省農林事業之張本；茲聞川康建設期成會在國府參政會領導之下，正式成立，益見中央對西康建設事業之積極，聞之欣然。援本天下興亡，匹夫有責之義，略貢芻議，以供今後從事於西康農林建設諸君之參考。」所言「某方之委託」，當指胡先驌也。……茲將秦仁昌建言芻議節錄如下：康省農林之事業基礎，素稱淺薄，農林建設之行政方針，亦未經確定，今欲開發其農林或與農林有之事業，期於最近將來，卓有成效，則非先籌設一研究機關，專負農林植物之調查及試驗之責，確立其今

〔註 833〕 中國科學院昆明植物研究所簡史編纂委員會《中國科學院昆明植物研究所簡史（1938～2008）》，2008 年 10 月版，第 2 頁。

後農林生產之各種方案，以為政府實地開發及推廣之南針不為功，此西康省農林植物研究所之籌設之所以不容或緩也。且就康省之氣候地勢交通及民情而言，則研究所似宜設於雅安城之近郊，最為利便。至研究所之重要事業，就作者所知，急應舉辦者，有下列七端：一、利用其廣大天然雲杉（spruce）及杉樹森林製造木漿也；二、開採其東南部之闊葉森林，推廣木材利用及蒸取各種化學產物，以節漏也；三、推廣雅州茶之栽培，並改良其製法，增加對康藏磚茶之貿易也；四、開發建昌道屬之亞熱帶及溫暖帶地區之農業，以增加稻麥棉及雜糧之生產也；五、開墾其西部及西北部之廣大高原，推廣燕麥大麥及油麥之種植與畜牧生產事業也；六、推廣藥用植物之栽培，並改良其製法，以補西藥之不足也；七、各種農林業之調查研究試驗，以為實地推廣及利用之準則也。

秦仁昌所列諸項，比胡先驌前所寫《西康農林植物研究所計劃書》更全面細緻，也許其身在麗江，對西康情況更加瞭解。〔註834〕

10月9日（農曆八月十六），幼子胡德焜在北平四棵槐新居出生。

10月19日，胡先驌致劉咸信函。

重熙仁弟惠鑒：

久未奉書為念。社所暫不他遷，自是穩妥辦法，聞之甚慰。宗清與仲呂誤會已暫消除，渠亦漸能專心研究，可以告慰。惟仲呂一時不能北來，彼終覺焦慮耳。聞段撫群先生在重慶病重，已囑其少君飛渝省視，不知近況如何？宋公威先生（仍在中央銀行）及段夫人均在滬，乞為我一拜問示知為禱。

專此即頌

儷祉

先驌 拜啟

〔廿七年〕十月十九日〔註835〕

〔註834〕胡宗剛著《秦仁昌作〈籌設西康省農林植物研究所芻議〉》，公眾號註冊名稱「近世植物學史」，2022年09月20日。

〔註835〕周桂發、楊家潤、張劍編注中國科學社檔案資料整理與研究《書信選編》，上海科學技術出版社2015年10月版，第121頁。

10 月 27 日，蔡希陶兼任龍泉公園經理。

　　10 月 27 日，省主席龍雲簽署雲南省政府訓令密二教總自 1234
號，令教育廳「當經遵照擬具借用辦法八項呈請鑒核，並奉核准照
辦在案，茲經根據前呈辦法，與植物研究所訂立借用合同自民國二
十七年七月一日起，以三年為限，並委該所職員蔡希陶兼任龍泉公
園經理，負責辦理公園事務各在案，同時並准該所將商定合同繕具
三份請予蓋印呈轉……」。昆明市政府委任蔡希陶兼任龍泉公園經
理。〔註 836〕

　　11 月 1 日，與王啟無、夏緯琨合作《中國西南部植物之新分布（二）》文章
在《靜生生物調查所彙報》雜誌（第 8 卷第 5 期，第 335～359 頁）發表。1939
年，轉載於《科學》雜誌（第 23 卷第 11 期，第 721～724 頁）。摘錄如下：
　　作者於鑒定王啟無君於民國 25 年在雲南南部所採標本時，發現
此區植物與南亞植物如印度、馬來、緬甸、暹羅、越南及廣東、海
南島產者有密切之關係。後列 32 科植物中有 44 種及 2 變種為雲南
植物之新記錄；就中賽豆蔻屬（Knema），崖摩樹屬（Amoora）及菩
柔樹屬（Presartema）3 屬及下開 12 種又 1 變種為前此中國記錄所
未有，經此次新發現於雲南者：印度哥納香（Goniothalamus
griffithii），交趾擬豆蔻（Knema pierrei），印度感應草（Biophytum
sessile），拓氏胡桐（Calophyllum thorelii），暹羅梭羅樹（Reevesia
siamensis），被毛蘋婆（Sterculia pexa），大葉木槿（Hibiscus
macrophyllus），無毛克地樹（Kydia glabrescens），菩柔樹（Prosartema
stellaris），湄公石絡檀（Scleropyrum wallichianum Arn. var.
mekongensis），爪哇苦樹（Picrasma javanica），崖摩樹（Amoora
canarana）及假人參（Panax pseudoginseng）。
　　……
　　（此文係胡先驌與王啟無、夏緯琨合作，英文原著見《靜生植
物彙報》1938 年 8 卷 5 期。）〔註837〕

〔註836〕中國科學院昆明植物研究所簡史編纂委員會《中國科學院昆明植物研究所簡
　　　　史（1938～2008）》，2008 年 10 月版，第 29 頁。
〔註837〕張大為、胡德熙、胡德焜合編《胡先驌文存》（下卷），中正大學校友會出版
　　　　發行，1996 年 5 月，第 297～303 頁。

11月7日，汪發纘、蔡希陶致龔自知信函。

　　11月7日，副所長汪發纘到達昆明。雲南農林植物研究所副所長汪發纘、蔡希陶致函教育廳長龔自知「案查本所過去對於貴廳領款及往來公文均屬籌備人蔡希陶負責，茲本所副所長汪發纘業經抵滇，自本年十一月份起，遇有領款及往來一切公文，均更用本所副所長汪發纘之名義通行，以專責成，用特證明，相應函至」。〔註838〕

11月11日，胡先驌致劉咸信函。

重熙仁弟惠鑒：

　　得十一月五日手書，備悉一是。拙作蔣菊川（英）前來函云，欲令其學生譯成漢文，可去函要求彼以該稿同時寄《科學》發表。彼之通信地址為香港九龍碼頭圍道三百十四號，請直接與之通信可也。國際科學聯盟評議會之中國通訊員，敝所李良慶博士 Dr. L. C. Li 願擔任此職。社所內遷，消息尤為隔絕，自以暫保原狀為是。惟滬上生活品貴，私人受累不淺耳。

　　專此，即頌

撰祺

先驌 拜啟

〔廿七年〕十一月十一日〔註839〕

　　11月，Hu, H. H, Chaney, R. W "A Miocene Flora fron Shantung Province, Chian, Part I"《山旺植物化石》(第1～82頁)由 Carnegie Institution of Washington Pubication 出版。

　　11月，雲南大學致教育部信函。

　　雲南大學向教育部填報實際問題研究報告，有嚴楚江、汪發纘等研究項目：雲南藥用植物、雲南蔬菜果木、雲南經濟植物；云自採集及調查著手，以一二年為限。是年下半年雲大所作《行政計劃》，其中生物系計劃如下：

〔註838〕中國科學院昆明植物研究所簡史編纂委員會《中國科學院昆明植物研究所簡史（1938～2008)》，2008 年 10 月版，第 29 頁。
〔註839〕周桂發、楊家潤、張劍編注中國科學社檔案資料整理與研究《書信選編》，上海科學技術出版社 2015 年 10 月版，第 122 頁。

　　調查工作。1. 昆明市及四郊動植物標本，隨時進行；2. 赴河口採集植物標本，春假中進行；3. 交換植物標本，與北平靜生生物調查所及中山大學進行交換，因交通不便，此項工作未能實現。

　　研究工作。1. 昆明淡水動物之初步觀察：先調查昆明之淡水原生動物，作一報告。陳贈閡先生。2. 繼續研究黑斑蛙鼻腔之發達：崔之蘭先生。3. 繼續研究楊梅花果之發達：嚴楚江先生。4. 研究白皮松與雲南松幼苗之比較解剖：陳梅生先生。〔註840〕

12 月 6 日，翁文灝致顧毓琇信函。

　　前承見示胡先驌君來函，以籌設西康農林植物研究所，擬派黃野蘿君擔任森林及農業土壤研究，地質調查所如有材料須其試驗，黃君在西康所中，亦當代為研究。並煩臺端徵詢同意各節。此事於西康農林之前途進展關係至巨，自應力贊其成，已向地質調查所接洽一切，當如胡君意旨辦理。〔註841〕

12 月 13 日，顧毓琇覆函胡先驌信函。

　　中國植物種類最豐富區域，一是雲南、一是四川，胡先驌領導中國植物學事業開始之時，即以此兩區域為重要採集區域。然而，即便長期致力於一個區域採集，也難盡研究之旨趣；只有在其地建立研究所，才能屜學術之志向。……雲南農林植物所甫立，胡先驌又在謀劃創辦西康農林植物調查所。西康入民國後為川邊特別區，1935 年 7 月準備建省，在雅安成立西康建省委員會，轄康定地區 20 個縣以及原西藏之 13 個縣，1939 年正式設置西康省。中華人民共和國成立後，該省建制撤銷，又各屬四川和西藏。在 1938 年之前，由胡先驌派遣方文培、鄭萬鈞、汪發纘、俞德濬、蔡希陶等先後曾在此採集，設立研究所於該地早已在謀劃之中。今所見胡先驌關於設置西康植物所最早記錄是 1938 年 12 月 13 日顧毓琇覆函胡先驌，其云：前接手書，以籌設西康農林植物研究所，擬派黃野蘿君擔任

〔註840〕胡宗剛著《雲南植物研究史略》，上海交通大學出版社 2018 年 7 月版，第 120～121 頁。

〔註841〕胡宗剛著《胡先驌未成之事業——西康農林植物研究所》，公眾號註冊名稱「近世植物學史」，2022 年 05 月 30 日。

森林及農業土壤研究事宜，地質調查所如有材料須其試驗，黃君在西康所中，亦當代為研究等由。遵將尊意轉示詠霓先生，徵求意見，業荷贊同一切，當以吾兄意旨辦理。〔註842〕

12月，一年來遷雲南麗江工作情況。

《廬山森林植物園年報》記載初來麗江情形甚詳，錄之如次：「本園於去年十二月中旬遷抵雲南極西北隅之麗江，承地方長官及士紳等之熱心協助，得借用麗江縣建設局空餘房屋一部，稍事修葺，作辦公及園丁夫役食宿之所，並租賃辦公室附近民田四畝為臨時苗圃。租用私人住宅一部，為職員宿舍。嗣又承建設局讓用該局東側圍牆內園地一塊，為盆栽植物與蒔播稀珍植物種子之所。為時未久，一切工作得照常推進，實初不及料者。遷麗江以後，其唯一困難厥為勞工問題，因此地男性勞工固不缺乏，然皆怠惰成性，動作笨慢，其工作效率之低劣，視國內其他各地之勞工實有天壤之別。幸承靜生生物調查所云南生物調查團俞季川君之介紹，得雇用雪嵩村農民趙致光一名。該民前隨已故蘇格蘭愛丁堡植物園採集家福萊斯脫氏（G. Forrest）工作多年，老練可靠。復由彼介紹其同村工人，曾隨赴氏採集或隨美國採集家陸約瑟（J. F. Rock）服務有年者八九人。此輩工人均曾經一番訓練，對野外及室內諸項工作均甚熟練，故頗稱職。本園現有勞工概係此輩麗江土著者也。本年麗江及其鄰縣春秋兩熟均遭歉收，而以麗江為尤甚。六月以後，糧食來源漸稀，價格日漲。迨十二月中，米價每升（約重十磅），漲至國幣四元五角，視去年同月每升加四角者，幾增十一倍矣。其他物價亦靡不漲至五六倍以上，一般平民生計固感空前之困難，即本園工作之進行，亦頗受影響。姚麗江為滇省西北重鎮，康燕咽喉，環山帶江，為近數十年來中外字者研究湊西北植物之中樞。本國遷此於工作之推進，自有莫大之利便遭逢前述之種種困難，而一切工作仍能順利推進，不可謂非幸也。」〔註843〕

〔註842〕胡宗剛著《胡先驌未成之事業——西康農林植物研究所》，公眾號註冊名稱「近世植物學史」，2022年05月30日。

〔註843〕廬山森林植物園年報，自二十八年一月一日起至同年十二月底止，中國第二歷史檔案館藏靜生生物調查所檔案，全宗號609，案卷號19。胡宗剛著《廬山植物園最初三十年》，上海交通大學出版社，2009年7月版。第79～80頁。

12月，秦仁昌回憶廬山森林植物園南遷情形。

　　廬山植物園選擇前往麗江，誠可見主其事者所具非常之毅力。
1958年秦仁昌為交代歷史問題所寫之《自傳》有這樣記述其率隊前
往麗江之經過：「我等匆匆撤離廬山，輾轉到了昆明，加入蔡希陶同
志等籌設的靜生生物調查所昆明分所，所址設在離昆明十餘里的黑
龍潭一個破廟內，不久唐進和汪發纘兩同志從英國歸來，因而所址
狹小，而且人浮於事，大家計議將廬山植物園的人員分到雲南西北
部的麗江縣設立工作站，開展康藏高原植物的調查。原擬由陳封懷
同志率領前去，我仍留昆明工作，不料他在動身前--口忽然病倒，
不能前去，臨時改由我率領啟程。我們在一九三九年一月底到達了
麗江之後，遇到了第一個困難問題是租不到房子。麗江是個少數民
族地區——麼些民族，他們過去從來沒有出租房子的風俗習慣。我們
那時實在是進退兩難，經過了幾天的奔走，託人設法，在我們同行
的旅伴中，有一麗江人，他極力幫忙，最後在一個破落戶家中分租
了幾間房子，才算安定下來了。後來向麗江建設局商借了三間房子
作辦公室，開始進行工作。」〔註844〕

12月，廬山森林植物園在雲南麗江工作。

　　《廬山森林植物園年報》記載初來麗江情形甚詳，錄之如次：
本園於去年十二月中旬遷抵雲南極西北隅之麗江，承地方長官及士
紳等之熱心協助，得借用麗江縣建設局空餘房屋。一部稍事修葺，
作辦公及園丁夫役食宿之所，並租賃辦公室附近民田四畝為臨時苗
圃，租用私人住宅一部，為職員宿舍，嗣又承建設局讓用該局東側
圍牆內園地一塊，為盆栽植物與蒔播稀珍植物種子之所，為時未久，
一切工作得照常推進，實初不及料者。

　　遷麗江以後，其唯一困難厥為勞工問題，因此地男性勞工固不缺
乏，然皆急惰成性，動作笨慢，其工作效率之低劣，視國內其他各地
之勞工實有天壤之別。幸承靜生生物調查所云南生物調查團俞季川君
之介紹，得雇用雪嵩村農民趙致光一名。該民前隨已故蘇格蘭愛丁堡

〔註844〕秦仁昌：自傳，中國科學院植物研究所檔案。胡宗剛著《雲南植物研究史略》，
　　　　　上海交通大學出版社2018年7月版，第147頁。

植物園採集家福萊斯脫氏（G. Forrcst）工作多年，老練可靠。復由彼介紹其同村工人，曾隨趙氏採集或隨美國採集家陸約瑟（J. F. Rock）服務有年者八九人。此輩工人均曾經一番訓練，對野外及室內諸項工作均甚熟練，故頗稱職。本園現有勞工概係此輩麗江土著者也。

本年麗江及其鄰縣春秋兩熟均遭歉收，而以麗江為尤甚。六月以後，糧食來源漸稀，價格日漲。迨十二月中，米價每升（約重十磅），漲至國幣四元五角，視去年同月每升加四角者，幾增十一倍矣。其他物價亦靡不漲至五六倍以上，一般平民生計固感空前之困難，即本園工作之進行，亦頗受影響。

然麗江為滇省西北重鎮，康藏咽喉，環山帶江，為近數十年來中外學者研究滇西北植物之中樞。本園邇此於工作之推進，自有莫大之利便，雖遭逢前述之種種困難，而一切工作仍能順利推進，不可謂非幸也。〔註845〕

是年，三家合辦雲南農林植物研究所及對人員安排。

在籌劃創辦雲南農林植物研究所時，胡先驌也得雲南大學校長熊慶來贊許，以此所由靜生所、教育廳和雲南大學三家合辦，並對該所人員作好安排，前所錄胡先驌致龔自知函中言「主持其事者亦有適當之人選」，係指擬由雲南大學嚴楚江執其事。蔡希陶剛到昆明籌辦時，曾向當地記者有所吐露，一家報紙曾有這樣的報導：「北平靜生生物調查所，前組織雲南生物調查團，來滇調查，迄今歷時七年，該所近復與本省教育廳及雲南大學，共同籌組農林植物研究所，並派蔡希陶君來滇籌備。蔡君昨（三日）已乘聯運車由長沙抵省，據談：農林植物研究所所長，係由靜生生物調查所所長胡先驌兼任，嚴楚江為副所長（嚴君現任雲大植物學系主任），在胡所長未到昆明以前，由副所長代行職務，所址即設於昆明，將來工作擬先由調查及試驗著手，期於發展農林事業上有所貢獻。研究所下，擬附設一植物園，以便試種各種農林植物云云。」〔註846〕

〔註845〕廬山森林植物園年報，自二十八年一月一日起至同年十二月底止，中國第二歷史檔案館藏靜生生物調查所檔案，全宗號609，案卷號19。胡宗剛著《雲南植物研究史略》，上海交通大學出版社2018年7月版，第147～148頁。
〔註846〕轉引自周俊：《原本山川極命草木──中國科學院昆明植物研究所六十週年

是年，Recent Progressin Botanical Explorationin China（中國植物學研究的最近進展）刊於 Journ. Royal Hort. Soc. Vol.《英國皇家植物園園報》（第 63 卷，第 381～389 頁）。

創辦雲南農林植物研究所便是我預料到中日必定要作戰，才及早營謀的一個退步。〔註847〕

靜生生物調查所又曾與雲南省政府合作在昆明黑龍潭創辦雲南農林植物研究所，亦辦有大規模的植物園，今改為中國科學院植物研究所昆明工作站。〔註848〕

是年，美國加州大學古生物學家錢耐，共同研究了山東山旺新世古生物。

是年，廬山森林植物園內遷雲南麗江後，派馮國楣在雲南各地採集植物標本 7625 號。

是年，派北平靜生生物調查所採集員劉瑛到雲南的風慶、鎮康、耿馬、昌寧採集。

是年，派北平靜生生物調查所採集員俞德濬到麗江、維西、茨中、蒲桶、怒江採集標本。在四川、西康（今分屬四川和西藏）採集植物標本 7085 號，在雲南西北部和西南部採集植物標本 11952 號，每號多在 10 份以上，總共採集標本達 20000 餘份。〔註849〕

是年，《年譜》載：張英伯經胡先驌教授招聘到北平靜生生物調查所工作，至 1940 年北平靜生生物調查所助理研究員。〔註850〕

紀念文集》，中國科學院昆明植物研究所，1998 年，第 16 頁。胡宗剛著《雲南植物研究史略》，上海交通大學出版社 2018 年 7 月版，第 86～87 頁。

〔註847〕胡先驌著《對於我的舊思想的再檢討》，1952 年 8 月 18 日。《胡先驌全集》（初稿）第十五卷人文科學文章，第 641～646 頁。

〔註848〕胡先驌著《植物分類學簡編》，高等教育出版社 1955 年 3 月版，第 5 頁。

〔註849〕胡先驌著《植物分類學簡編》，高等教育出版社 1955 年 3 月版，第 5 頁。

〔註850〕王希群、郭保香編著《中國林業事業的先驅和開拓者——汪振儒、范濟洲、汪菊淵、陳俊愉、孫筱祥、殷良弼、李相符年譜》，中國林業出版社 2022 年 3 月版，第 015 頁。

是年，1938年～1939年，雲南農林植物研究所鄧祥坤在雲南昆明附近採集植物標本840號。

是年，1938年及之後期間，雲南農林植物研究所梁國賢在雲南昆明附近採集植物標本293號。

是年，三方協議共同在雲南採集植物標本。

英國皇家園藝學會又出資400英鎊，與靜生所繼續合作，美國哈佛大學阿諾德樹木園也以600美金加入此項工作。故俞德濬仍在雲南率隊採集，只是規模更大。「五月初，俞德濬君，率領隊員，由昆明往大理後，即分為南北兩組：南組，由劉瑛率工役二人，前往滇省西南部之順寧、鎮康、緬寧、景東等處之山嶽地域，及雲南與緬甸之交界處，專事亞熱帶林木標本之蒐集；北組，即由俞德濬君率同楊發浩、李春茂、蔡希岳暨工人等，前往雲南西北隅之麗江、維西，且越碧羅雪山而至怒江、俅江、茨中、高黎貢山、打拉及藏邊等處。繼復分為二小組：李蔡兩君為一組，在怒江西岸之碧羅雪山及高黎貢山之南部採集；俞楊兩君，則在高黎貢山北部、俅江谷地、察瓦龍及滇緬邊地等處採集。十二月初，各隊始由維西，經麗江及大理，而返昆明。一年來，其各隊工作進行俱利，其成績較之去年尤佳。總計本年各隊所採之各種植物標本，近一萬號；各種種子，達千餘號，尚有球根、剪枝、苗木等甚多，均運回昆明試種，其標本多為珍異之品，對於科學上及經濟上均極有研究價值，尤以高山產之杜鵑種類極多，珍異罕見。其種子亦多為高山植物之富有園藝價值者。」此《年報》所言球根、苗木「運回昆明試種」即試種於黑龍潭內剛成立之雲南農林植物研究所。關於該所將在下章述之。俞德濬所獲種子、標本部分寄往國外，加強了與英美等國植物學界的聯繫，並維持了長期合作關係。〔註851〕

民國二十八年己卯（1939） 四十六歲

1月5日，胡先驌致陶孟和信函。

〔註851〕《靜生生物調查所第十次年報》，1939年1月。胡宗剛著《雲南植物研究史略》，上海交通大學出版社2018年7月版，第71頁。

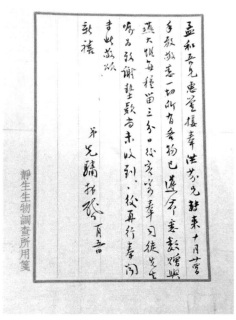

胡先驌致陶孟和信函

孟和有兄惠鑒：

　　接奉洪芬兄轉來十月廿四日手教，敬悉一切。所有各物已遵命
悉數贈與燕大，惟每種留三分，日後容寄。奉司徒先生囑為致謝。
墊款尚未收到，後再行奉聞。

　　專此敬頌

新禧

　　　　　　　　　　　　　　　　　　　弟　先驌　拜啟

　　　　　　　　　　　　　　　　　一月五日（1939）〔註852〕

1月27日，劉慎諤致郝景盛信函。

　　景盛老弟臺鑒：

　　中日戰事發生以來，事不稱心，久未修書，至深歉仄，盼以諒
我。前欲致書，又聞老弟將由德動身，今見奕亭兄，知弟已抵香港，
至慰。

〔註852〕胡啟鵬輯釋《胡先驌墨蹟選》（初稿），2022 年 2 月，第 72 頁。《胡先驌全
　　　　集》（初稿）第十七卷下中文書信卷，第 416 頁。

武功農院教書事，前本無問題，今因事過久長，又加學校改組（現稱國立西北農學院），不易有成。日前曾託閻玫玉君在川大進行，據云亦因改組（換校長），伏假前無插足之可能。兄意弟可在廣西大學及雲南大學順便試探一下，萬一皆不成功，即趕速前來所內工作。此間每月省出百餘元，尚能勉強做到，如此吾弟之生活費用當能勉強維持。來所名義可用研究員名義，來所路費如有困難，請電告數目，兄當由私人名義照數匯出。所中諸事粗安，如能來此，再面談。閻玫玉君現在川大病理系任教授，北平研究院現設昆明。

先此告聞，並頌

旅安

愚兄 劉慎諤 敬上一月廿七日〔註853〕

1月，靜生生物調查所第十次年報，委員會委員長：任鴻雋；書記：翁文灝；會計：湯鐵樵；委員：孫洪芬、周詒春、江庸、王家駒、范銳、胡先驌（當然）。

2月14日，汪發纘致龔自知信函。

2月14日，雲南農林植物研究所副所長汪發纘向雲南省教育廳廳長龔自知呈報「雲南農林植物研究所申請撥款建辦公室、標本室的報告」，全文如下：

敬啟者：抗戰以來，雲南地位日趨重要，各種蘊藏富源亟待開發，本所成立之始，即以研究試植雲南之有用植物為職責，前蒙貴廳轉呈雲南省政府撥借市屬龍泉公園為本所暫時所址，已於去年遷入工作。惟本所借用龍泉公園廟社辦公，原係臨時性質，一切因陋就簡，而種各種植物，則須有固定之場所，方策永久。同時室內研究亦須有完善建築始得進行。自特函請貴廳准予補助本所臨時費用國幣壹萬元，供在黑龍潭附近選購苗圃園地基建築標本室、研究室之用。現春令將屆，一切園圃工作皆待急速準備，擬請提前先行發給國幣伍千元購地，餘款俟貴廳公文手續完畢後在發免誤節令，事關樹立本所永久基礎，尚希慨允賜復為幸。

〔註853〕劉慎諤致郝景盛函，1939年1月27日，案卷號434。胡宗剛著《雲南植物研究史略》，上海交通大學出版社2018年7月版，第159~160頁。

此致

雲南省教育廳長龔

雲南農林植物研究所副所長 汪發纘

中華民國二十八年二月十四日〔註854〕

2月27日，雲南省教育廳覆函雲南農林植物研究所副所長汪發纘。

2月27日，雲南省教育廳覆函雲南農林植物研究所副所長汪發
纘，「件准雲南農林植物研究所函請撥款購置苗圃園地之用，函復查
照，轉呈簽核由」，同意撥款購地，但房屋產權為雲南省教育公產。
全文如下：

敬復者：查來函所請購地建屋撥款各節均可如請照辦，惟款項
應作為正式領發之款，不應作為補助費，又云所購置地及地上附有
之建築物概應確定性質為雲南省教育公產，產業權由省教育經費管
理局行使，解呈請省政府簽核外，□□應函復即希查照是荷。
此致

雲南農林植物研究所副所長 汪發纘〔註855〕

2月27日，龔自知簽發滇緊急支令。

2月27日，雲南省教育廳長龔自知簽發「滇緊急支令，發款並
速擬轉呈手續」。全文如下：

農林植物研究所在黑龍潭購地建屋業經另案函請，本廳發款新
幣共貳萬元，以憑進行在案，茲以購地需要款，應准先行墊發，新
幣伍千元交該所出具正式收據為憑。

朱科長 照

龔自知二月二十七日〔註856〕

3月1日，《時代思潮》（半月刊）創刊於重慶，由研究部編輯，（由葉青

〔註854〕中國科學院昆明植物研究所簡史編纂委員會《中國科學院昆明植物研究所簡
史（1938～2008）》，2008年10月版，第29頁。
〔註855〕中國科學院昆明植物研究所簡史編纂委員會《中國科學院昆明植物研究所簡
史（1938～2008）》，2008年10月版，第29頁。
〔註856〕中國科學院昆明植物研究所簡史編纂委員會《中國科學院昆明植物研究所簡
史（1938～2008）》，2008年10月版，第29頁。

主編，1940年遷入中正大學（與國立中正大學通用）後，由吳曼君主編），刊載哲學社會科學文章。

3月15日，熊式輝赴重慶出席會議期間，以面謁蔣介石的機會，呈請由省興辦一所「中正大學」請撥建校專款和再撥一百萬元建校基金。熊式輝在當天日記中記載：「1939年3月15日，承總裁交100萬元手令與余，實深感愧。凡余所建議，多蒙採納，如創辦航空測量，群情反對。建築浙贛鐵路，無人不議其必不能成，今建議先創辦中正大學之一行政學院，孔祥熙輩俱不以為然者，皆總裁獨予允許。此100萬元象徵作用之微數，而為余精神上鼓勵，則不啻千百萬倍於是。」〔註857〕但當時的教育部長陳立夫認為大學如冠以「中正」之名，理應由教育部主辦，校名要定為「國立中正大學」，這樣教育部可以增撥100萬元作為開辦費，並且每年可提供行政經費。

3月13日，召開中央研究院第一屆評議會第四次會議。

> 本次評議會主要是洽商第2屆評議員選舉之方法。因第1屆評議員係由各大學校長所選出，第2屆則必須依法由各大學教授投票選舉，而當選之人又不限於大學教授，凡專門研究機關中學術工作成績昭著者皆在其內。14日，會議議決推舉籌備委員以為準備。〔註858〕

3月13日～14日，因國內抗戰，會議地址改在雲南昆明，參加在雲南大學舉行的中央研究院評議會第一屆第四會議，由於蔡元培在香港，身體生病，不能前往，臨時由王世杰主持。收到提案10件，同時推舉朱家驊、王世杰、傅斯年、陶孟和、葉企孫、任鴻雋、翁文灝等7人組織第二屆評議會選舉籌備委員會。

3月14日，雲南農林植物研究所的標本室、研究室興建，並題所訓。

> 汪發纘向教育廳請示補助該所臨時費1萬元國幣，用於在黑龍潭附近購置苗圃及庭園用地，建築標本室、研究室。4月19日，雲南省主席龍雲批准了教育廳的轉請。農林所當即於小龍窩處購林地一塊，約計9畝，並請大昌公司代為設計繪圖、施工。此項工程建築預算後來突破致2.2萬元，9月25日龍雲仍照准予以補齊，終於

〔註857〕熊式輝著《海桑集——熊式輝回憶錄》，星克爾出版（香港）有限公司，2009年8月版，第195頁。
〔註858〕李學通著《翁文灝年譜》，山東教育出版社，2005年10月版，第183頁。

11 月底竣工。汪發纘是這樣描寫新的所址:「自是黑龍潭外,溪流一碧,短垣半規,芊草綠褥,翠柏翁欝,廣廈翼然其間,景物幽然,雲南農林植物所所址。」〔註859〕此幢建築在奠基時,嘗立奠基石,上刻有「原本山川,極命草木」的題詞。〔註860〕

3 月 20 日,林伯遵致劉咸信函。

重熙吾兄惠鑒:

　　三月十七日來示附步曾先生一片,敬悉一是。王宗清女士薪水由會代交尊處收轉一事,經轉致敝會會計主任王啟常先生,同意照辦。三月份之三百元即可送奉。《情報》十五本奉還。洪芬先生歸後如擬借閱,當再專人走所也。

　　專此,敬頌

臺祺

弟 伯遵拜 啟

廿八年三月廿日〔註861〕

　　3 月,Tienmuia, A New Genus of Orobanchaceae Of Southeastern China（天目草,中國東南部列當科一新屬）刊於 Bull. Fan Mem, Inst. Biol. Bot.《靜生生物調查所彙報》（第 8 卷第 9 期,第 5〜9 頁）。

　　春,參加中央研究院在重慶開評議會。

　　春,江西省主席熊式輝正在重慶,特邀請在川江西籍的學者專家,妥慎研討,聆聽各名流講話,大家強烈要求由江西省自己興辦一所綜合大學,以滿足江西省和鄰近幾省學生就近入學的需要。此時抗戰已進入相持階段,贛西南基

〔註859〕 汪發纘,《本所之回顧與前瞻》,《雲南農林植物研究所叢刊》,1941.1（1）。
〔註860〕 1998 年在紀念中國科學院昆明植物研究所成立 60 週年時,吳征鎰院士嘗撰《撫今追昔話春秋》一文,言及此奠基石刻云:「經胡（步曾）先生命意,並由龔（仲鈞）廳長為建所題寫了『原本山川、極命草木』的奠基石,此題八字意為以大自然基礎歸結到充分合理利用植物,是『其中有深意』的古訓。『文革』期間的損毀,加之近期擴建植物園,拆了當年磚牆瓦頂的幾十平方米的雲南農林植物研究所的原建築,奠基石不知遺落何處,甚為可惜。」（《中科院昆明植物所建所六十週年紀念文集》）。胡宗剛著《靜生生物調查所史稿》,山東教育出版社,2005 年 10 月版,第 131 頁。
〔註861〕 周桂發、楊家潤、張劍編注中國科學社檔案資料整理與研究《書信選編》,上海科學技術出版社 2015 年 10 月版,第 191 頁。

本上無戰事，客觀上造就了一個辦學的好環境。東南數省相繼淪陷後，大批不甘心做亡國奴的青年學生，從各省淪陷區湧入贛西南。1939 年前後，日寇對國民黨戰場發動大規模進攻，武漢、南昌、福州市等城市相繼失陷，江西省政府遷往贛西南的泰和縣，使這個縣城成為東南數省的重鎮，江西原有的工專、獸專、醫專等幾所學校相繼搬遷，加上江西籍名流積極推動，這樣為在江西創辦大學準備了條件。

春，到重慶，會見陳立夫、孔祥熙等國民黨高官，報告日軍佔領北方的情況。

> 我由天津坐船到香港，再坐飛機到重慶，我第一次見到陳立夫，也見到孔祥熙與張群，在香港見過宋子文，向他們報告了北方的情形。〔註862〕對這段歷史，自傳再次交代：抗日戰爭發生後，平津被日軍佔領。1939 年國立中央研究院評議會在重慶舉行，我曾往重慶，第一次晤見陳立夫與張群，隨即回北京。在此以前，日本組織東亞文化協會，舊友日本東京帝國大學理學院長中井猛之進邀我加入，嚴拒之，日人遂認我為抗日派。1939 年又赴重慶，日人益疑我，我估計不能再留在北京。〔註863〕

春，視察雲南農林植物研究所，再到北平。

> 後來由重慶飛到昆明，視察雲南農林植物研究所，再由海防回到香港，而北歸。日本人對我此次旅行很懷疑，曾質問過王克敏。王克敏說我去重慶是接洽經費的。〔註864〕

春，從北平赴雲南工作。

> 中央研究院在重慶召開評議會，胡先驌自北平與會。會後，又自重慶飛到昆明，為視察農林所工作，旋又返平。此次旅行，引起日人更大懷疑，雖說往重慶是接洽靜生所經費事宜，但仍感到在北

〔註862〕胡先驌著《對於我的舊思想的檢討》，1952 年 8 月 13 日。《胡先驌全集》（初稿）第十五卷人文科學文章，第 629～640 頁。
〔註863〕胡先驌著《自傳》，1958 年。《胡先驌全集》（初稿）第十五卷人文科學文章，第 656～659 頁。
〔註864〕胡先驌著《對於我的舊思想的檢討》，1952 年 8 月 13 日。《胡先驌全集》（初稿）第十五卷人文科學文章，第 629～640 頁。

平不能久留。〔註865〕

春，請陳立夫幫忙介紹黃野蘿工作。

　　胡先驌向國民政府教育部提出創建西康農林植物研究所議案，得部長陳立夫首肯。胡先驌計劃以時在四川農業改進所之周宗璜為所長，及即將回國之黃野蘿為技師。但該議案未能得到國民政府行政院贊同，遂為擱置。黃野蘿回國在即，胡先驌又於7月5日致函陳立夫，請為紹介教職。

　　陳立夫接胡先驌函後，囑高等教育司於7月28日向四川大學和中央大學分別去函，推薦黃野蘿，引前胡先驌推薦之語後云：「貴校農學院規模宏大，或有需要是項人才之處，用特專函介紹，如何之處，請查照見復，以便轉知為盼。」陳立夫亦回覆胡先驌云：「黃野蘿博士回國後之工作問題，已由部分函中央、四川兩大學介紹，俟有覆函，再行函達。」其後，黃野蘿並沒有立即回國，也就沒有往四川執教；而是由德赴美，繼續訪學。待其於1940年11月回國時，胡先驌已任中正大學首任校長，新校用人緊急，即將其安置在農學院，任森林兼土壤學副教授。

　　黃野蘿為胡先驌所鍾愛的學生之一，1924年入東南大學生物系學習，1925年胡先驌自美國留學歸來，任教於該系，得胡先驌教導。此前，黃野蘿就讀於江西省第二中學，曾參與中國共產黨領導的革命運動，1930年赴日本學習森林。不知何時與胡先驌再有直接聯繫，胡先驌囑其翻譯英人哈欽松所著《雙子葉植物分類學》，其在日本時翻譯完竣。胡先驌為之校訂，並作序云：「哈氏系統在國內已有人主張，有用以著書者，且中國尚無重要分類學之譯本，故與黃君商酌迻譯而親為校改以問世。此書分類表解精審，說明明晰而簡略，而圖畫尤為精美，余知刊布之後，其嘉惠學子刺激心思者將無涯涘焉。」該書於1932年7月，得中基會贊助予以出版。此後，黃野蘿專心學術。

　　自日本回國後，黃野蘿被胡先驌吸納入靜生所。或者胡先驌認為黃野蘿為可造之材，但還需訓練。半年之後，果有機會，派送出

〔註865〕胡宗剛著《靜生生物調查所史稿》，山東教育出版社，2005年10月版，第138頁。

國，赴德攻讀土壤學博士學位。1936年8月，黃野蘿在德國明興大學已獲得博士學位，胡先驌在北平接受《世界日報》記者採訪，向記者介紹諸位弟子門生，如是言說黃野蘿：「中國現在研究造林有成績的，要算是黃野蘿君。黃君為貴溪人，在德國明興大學研究造林，曾得研究補助金二年，為中國人獲得該項補助金的第一人，他現已得博士學位，實在是造林的人才，不可以忽視的。」1937年黃野蘿準備回國，胡先驌擬安排其赴廬山工作。5月22日胡先驌致劉咸函云：「草擬設立廬山森林試驗場之計劃，已蒙委座同意，或不久即可成立，將聘黃野蘿主持之。」該項計劃後沒有單獨成立專門機構，而由廬山林場承擔，林場上級機關江西省農業院任命秦仁昌兼任林場主任；而黃野蘿也未回國，其後赴美訪學，也是胡先驌為其申請到中基會之資助。直到1940年冬，才回國任教於中正大學。

胡先驌開創中國植物學研究事業，創辦諸多研究機構，首先是其能與政府要員周旋，獲得支持，能將諸計劃中的研究所開辦起來；還在於各研究機構，有得力之人主持，能將預定之研究計劃予以落實，且獲得聲譽。而此得力之人，多為胡先驌所栽培，不僅善於辦事，還具學術專長，後皆為各領域之專家。從胡先驌對黃野蘿培養經過，可見其苦心孤詣，一以貫之，顯現出人格力量。受此類培養者，有廬山森林植物園之秦仁昌、陳封懷；雲南農林植物所之鄭萬鈞、俞德濬、蔡希陶；中央工業試驗所木材試驗館之唐燿；以及未曾實現之西康農林植物所之周宗璜、黃野蘿；還有靜生所唐進、汪發纘等，如此眾多，不得不敬佩胡先驌魅力之大；且其時國家還是處於戰爭狀態，社會動盪、經費拮据，外在環境惡劣。

胡先驌與黃野蘿最後交往在1957年春，其時黃野蘿任江西農學院副院長，特邀胡先驌來南昌講學。1957年春是引蛇出洞之大鳴大放時刻，有人認為：以胡先驌率真直言之性格，當會大鳴大放一番，有幸離開北京，錯過機會。其後，大鳴大放者，多被打為右派，胡先驌避過一劫。其實，中國科學院對如胡先驌這樣老科學家予以保護，多未被打。但是，黃野蘿卻被打，江西農學院曾整理胡先驌在江西言行如下：

本年六月十八日胡應江西農學院副院長黃野蘿（右派分子）之

邀，來到了蓮塘。黃陪胡前往參觀江西生物製品廠，黃對胡說：「這個廠所以有今天，是王汕川（前歐專校長）一手造成的。」黃又說：「王汕川夫婦在三反中弔死了，死得冤枉。」胡說：「王汕川死得真是不明不白，在這次（指整風運動）要把這個問題搞清楚。」黃又說：「我們現在正要搞清肅反問題，然後再搞人命案（這正道出了農學院右派集團向黨進攻的組織綱領和策劃）。」胡又說：「要給王立碑紀念，在碑上要把王弔死的前後經過寫出來，以示平反。」是日下午黃家設宴招待胡，臨就席前，胡與黃、鄧宗覺（師範學院生物系主任，右派分了）、張明善（江西農學院教授，歷史反革命）等議論儲安平的「黨天下」受到批判，說到「整風為什麼轉了風？」、「為什麼不是言者無罪了呢？」等問題。是日晚，由黃倡議邀集胡在偽中正大學做校長任內的畢業生在農學院及農科所工作的一些先生為胡召開一茶話會，用黃的話是「尊師重道」。茶話會上，胡大肆吹噓摩爾根學派，極力詆毀米丘林學派。胡說：「李森科不學無術，當日丹諾夫在世就知道李森科不行，他之所以出頭，是斯大林一手提拔的。」「生物科學給李森科等搞糟了，在中學開達爾文主義一課，講什麼種內無鬥爭，使中學生都懷疑生物學是否還是一門真正科學。

　　黃野蘿被打，雖另有原因，但其邀請接待胡先驌至少加深其罪責。〔註866〕

4月19日，雲南省政府同意雲南農林植物研究所購地辦公場所。

　　4月19日，雲南省政府指令密教字第三號令教育廳，同意雲南農林植物研究所購地建房，全文如下：

　　三月二十三日呈一件，為準農林植物研究所函請補助臨時費國幣壹萬元，供在黑龍潭附近購置苗圃及建築標本研究室等一案情形，轉請核示由。呈悉。一併如呈照准，除令審計處外，仰即知照。

主席　龍雲
民國二十八年四月十九日〔註867〕

〔註866〕 胡宗剛著《胡先驌請陳立夫為其門生黃野蘿紹介教職》，公眾號註冊名稱「近世植物學史」，2022年06月01日。

〔註867〕 中國科學院昆明植物研究所簡史編纂委員會《中國科學院昆明植物研究所簡史（1938～2008）》，2008年10月版，第30頁。

5月15日，秦仁昌致胡先驌信函。

步曾先生道鑒：

頃奉昆明來書，敬悉一切。康所能望成立，並以仲呂主其事，實愜鄙意，因為在此工作，視廬山無二致也。封懷可長期留昆明，協助滇所工作，無來此之必要，並曾請渠訓練一二學生，便將來繼任有人矣。

頃接洪芬、叔永兩先生來函，欣悉本所（包括本園）下年度經費基金會通過九萬元，則是下年經費已不成問題矣，本園一萬元當亦無問題。茲奉上事變後本園臨時預算一份，合計全年國幣一萬一千一百元，而採集（此係本園今日主要工作）費，每月僅二百元，似嫌太少。廬山本園每月一百元亦係最低之數，因代管人 Mr. Herbert 係私交關係，並不取薪。美國學校房租每月三十元，係供本園儲藏標本書籍等物之用，該校當局負相當保管責任，實不為多。故預算內可以節減者，僅昌之津貼月五十元，封懷及雷俠人薪水或可酌減，但無論如何緊縮，每年至少須一萬元，應如何支配，請改添後示知遵循。值此非常時期，本所及本園之事業仍應盡力維持，薪金不妨酌減或停聘預定職員。再封懷及昌之薪水自本年一月起迄今五月，未得一分，值此時期，匯轉殊感不靈，擬請轉知基金會，以後按期徑寄昆明上海銀行代收，至一、二、三月之薪水究寄何處？如何補救，亦請設法為感。

至廬山本月情形，接代管人 Herbert 上月來信，一切均稱滿意，西國友人對本園事業不辭艱難，令人欽佩不已。江西農院補助費由去年七月起已奉令停發，候大局平定，方能續撥也。昌等在此而採得各種苗木如杜鵑、櫻草等，均已栽培成活，將以一部分贈滇所布置，園庭即燦爛可觀矣。慕韓兄中風，聞之惻然。對捐助事十分贊同。

專此奉復，敬頌

祇安

晚 秦仁昌 拜上

五月十五日（1939 年）〔註868〕

〔註868〕胡宗剛編《廬山植物園八十春秋紀念集》，上海交通大學出版社，2014 年 8 月版，第 89～90 頁。

5月15日，行政院討論胡先驌作《西康農林植物研究所計劃書》，結果被否決。

　　當教育部將胡先驌《計劃書》提請行政院，行政院即召集有關部門予以審查討論。討論會於1939年5月15日在行政院舉行，出席有財政部但偉、經濟部錢天鶴、教育部吳俊升，及行政院秘書長張平群，其他均為各部相關司之司長。討論結果卻是否決胡先驌之提案。事後，教育部高教司長吳俊升寫給部長陳立夫書面報告，記述會議討論經過。其云：昨日奉派出席行政院召集關於設置西康農林植物研究所一案之審查會。因行政院秘書及政務兩處簽注意見，不主設立該所；同時財政部代表表示增加預算與抗戰無直接關係，甚為困難；而經濟部代表亦表示該部在西康原設有農業改進所，可擔任農林植物研究工作。故該案審議結果，認為此項研究工作應由中央農業實驗所補助西康省農業改進所辦理，暫勿另設研究所；但究竟應如何辦理，仍請院會決定云云。俊升在審查時，雖曾報告此案之來源，以及胡先驌先生與孔院長接洽之經過，並說明植物研究與農業改進之性質並不相同，但終以行政院及財政兩部代表均不主設立研究所，故未通過。四家開會，幾乎有三家否定，5月19日行政院院長孔祥熙主持院務會議，作出「不必特設機關」之決定。此後陳立夫還從中調和，仍不能改變行政院所作之決定。〔註869〕

6月，On the Genus Gleadoviain China（中國的蔗寄生屬）刊於 Sunyatsenm《中山大學學報》（第4卷第1、2期，第1～9頁）。

7月5日，胡先驌致陳立夫信函。

　　前接周君宗璜來函，知康所成立尚多窒礙，最近不知有何進展，是否暫時尚無成立之希望，至以為念。如不能成立，則有一極有成績之學者，尚希能為之安插。黃野蘿博士，本驌在東大時之門下士，在日本學習森林有年，九一八事變以後，以江西省官費赴德明興大學留學，在該校土壤學院得有博士學位，其論文對於土壤學有劃時代之貢獻。黃君後又在匈牙利國 Sopron 大學植物學院研究一年，又

〔註869〕胡宗剛著《胡先驌未成之事業──西康農林植物研究所》，公眾號註冊名稱「近世植物學史」，2022年05月30日。

有特殊之貢獻。去歲得中華教育文化基金會之補助，在英國
Rothamrteel 農業試驗場繼續作土壤學研究，今夏應當回國。黃君為
驌最有成就之門人，其土壤學之造詣堪稱國內第一。故驌擬介紹至
康所任職，敢信其於中國農業必能有重大之貢獻也。如康所成立無
望，尚乞代為介紹至中央大學或四川大學農學院任教席，則有造於
國家者必甚大。無任企盼之至。〔註870〕

7月，Constituents of the Flora of Yunnan（雲南植物區系的組成）刊於 Proc. 6th Pacific Sci, Congr.《第六次太平洋學術會議論文集》（第4卷，第641～653頁）。

8月2日，汪發纘致教育廳公函。

　　8月2日，雲南省教育廳秘書二科收到雲南農林植物研究所副
所長汪發纘致教育廳的公函，反映建房工程進展和物價上漲預算超
支的問題，「……本所前以缺乏固定所址及園地，蒙貴廳慨予補助國
幣壹萬元共購地及建築之用，本所當即在小龍窩地方購進林地一塊
約計九畝，並委託大昌建築公司設計繪圖，以便勞工修造，現今建
築材料方經收買及半，而物價工價均皆陡漲，原領壹萬元除付地價
及圍牆土築百餘丈工價外所餘亦僅六千餘元，尚不敷購買木料磚瓦
五金之用。茲特檢同建築藍圖及工料估價單各一份函送，擬請求」。

雲南農林植物研究所建築新廈工料估價草單

一	地價	1332
二	圍牆（土築約百餘丈）	1000
三	標準磚七萬（600元／萬）	4200
四	瓦四萬（400元／萬）	1600
五	石灰八萬斤（300元／萬斤）	2400
六	沙四百立方公尺（4元／方）	1600
七	五金玻璃	1000
八	木料	2000
九	油漆	500

〔註870〕胡宗剛著《胡先驌請陳立夫為其門生黃野蘿紹介教職》，公眾號註冊名稱「近世植物學史」，2022年06月01日。

十　木工　　　　　　　　　　　　　　3000

十一　泥工　　　　　　　　　　　　　3000

以上工料、地價合計 21632 元〔註871〕

8 月 8 日，中正大學籌備工作開始。

熊式輝邀集一批省內外專家學者，在江西遂川共同商討大學籌辦事宜，出席者包括邱椿、許德珩、羅隆基、王造時、蕭純錦、雷潔瓊、程時煃、李德釗、楊亮功等。與會專家一致認為，僅開辦政治學院難以滿足江西高等教育的需求，不若徑直創辦一所完全的大學。熊式輝隨即將此意呈報蔣介石，得到批准，遂將校名定為中正大學，並組織籌備委員會，大學的籌備工作正式展開。〔註872〕

8 月 21 日，胡先驌致劉咸信函。

重熙仁弟惠鑒：

前聞仲呂夫婦定於上月底北歸，究竟已動身否？目下國際政局急變，若有耽延，或生障礙。如彼尚未起程，不妨電促之，並達鄙意為荷。

專此，即頌

近祉

驌拜　啟

〔廿八年〕八月廿一日〔註873〕

8 月 30 日，汪發纘致雲南教育廳信函。

汪發纘其本人未曾組織大規模採集活動，而是提請教育廳設立教育公有林，以此奠定雲南省農林教育及農林學術研究之基礎。其呈函云：「查雲南幅員廣袤，林木豐富，舉世豔稱，尤以迤西之天然林面積廣闊，蘊量豐富，向以交通不便，運輸困難，貨棄山野，未

〔註871〕 中國科學院昆明植物研究所簡史編纂委員會《中國科學院昆明植物研究所簡史（1938～2008）》，2008 年 10 月版，第 30 頁。

〔註872〕 朱鮮峰著《中國近代高等教育史上的「學衡派」——以其人文教育思想和實踐為研究中心》，2016 年 10 月浙江大學博士學位論文，第 160 頁。

〔註873〕 周桂發、楊家潤、張劍編注中國科學社檔案資料整理與研究《書信選編》，上海科學技術出版社 2015 年 10 月版，第 123 頁。

加管理開發，今者滇緬公路已通，鐵路亦開始鋪設，滇緬沿線蘊藏林木，正可經營利用，各省向有教育公有林之辦理，滇省極可仿傚，此後雲南地位更形重要，建國建省，農林人才必感需要。而農林人才之養成，胥賴農村教育及農林學術研究之發達與推廣，故教育公有林之劃設，實貴廳為發展農林教育之研究而籌備之一種基地也。北平靜生生物調查所以往七年之調查工作，多賴貴廳補助，此次甚願代為擔任此項勘測工作，以答感情。貴廳能派遣得力地形測量員一人，輔助進行，其一切用費，該所併願負擔半數，余半數由貴廳負擔。為此函請貴廳迅速及建議貴省政府准允劃定教育共有林區，先行通過備案，一俟勘測完畢，劃定地區再行呈報詳細管理經營方案，以利進行。」〔註874〕

8月31日，胡先驌致劉咸信函。

重熙仁弟惠鑒：

八月廿一日手書備悉。晨間得仲呂函，始悉尚未起身。已促彼即北上，大約得此函後當可起程也。浙大刊物可覓便人帶入內地再寄，此間亦不能寄也。奕武薪金已寄發，勿念。往雲大任理學院長，驌極贊成，認為不可錯過之良機，熊校長短於辦事材，然人極誠篤，實君子人也。苟有耐性而應付有方，亦無困難。驌意足下必能與之水乳，以驌所知或較他校易於施為，亦未可知。惟昆明用費甚昂，不宜攜眷，若籌得劃款辦法，而薪金又復優厚，可以子身前往。蓋一人所費則有限矣。歐局新發展波及東亞，三山方面已受莫大之波動，前途極可樂觀，事變終了之後再作移家之計可也。社中接替或亦非甚難，曹梁廈先生能出任〔？〕此否？如足下決定前往，當共同思一替人也。

專此，即頌

秋祉

驌拜　啟

〔廿八年〕八月卅一日

〔註874〕胡宗剛著《雲南植物研究史略》，上海交通大學出版社2018年7月版，第89頁。

仲呂即可暫時繼任足下之事也，不知以為何如。〔註875〕

8月，譯、哈第著《世界植物地理》，王雲五主編《萬有文庫》第一集一千種，商務印書館印行。

9月15日，胡先驌致劉咸信函。

> 重熙仁弟惠鑒：
>
> 　　前復一書，亮已誊覽。近閱《科學畫報》廣告，有茅於越譯述《科學的故事》，乞為代購一本寄來，並請代訂嚴希純譯《簡單的科學》一部，所費容後奉寄。
>
> 　　專此，即頌
>
> 近祉
>
> 驌 啟
>
> 〔廿八年〕九月十五日〔註876〕

9月20日，討論中央研究院評議會第二屆評議員選舉。

> 　　翁文灝出席並主持中研院評議員選舉籌委會會議（因不足法定人數改為談話會），與傅斯年、任鴻雋商議選舉評議員標準及候選人、候補人推舉辦法。議定：1. 注意條例第三條資格，使當選者有相當科學資格，同時有領導能力；2. 注意國內各研究機關合格人員；3. 各所長為當然人選，不必選舉；4. 目前已有的學科，人選應有代表全國學術之水平；5. 前任評議員仍可為本屆候選人。同時還推定各組候選人參考名單擬定人，其中翁文灝負責地質組。24日，函告朱家驊、陶孟和、王世杰及葉企孫談話會情況。王世杰27日覆函，表示選舉規劃周祥，並對候選人提名事提出一些建議。陶孟和30日覆函，對談話會各點「均表贊同」。朱家驊10月16日覆函，對議定各點均表贊同。〔註877〕

〔註875〕周桂發、楊家潤、張劍編注中國科學社檔案資料整理與研究《書信選編》，上海科學技術出版社2015年10月版，第124頁。

〔註876〕周桂發、楊家潤、張劍編注中國科學社檔案資料整理與研究《書信選編》，上海科學技術出版社2015年10月版，第125頁。

〔註877〕中國第二歷史檔案館第28全宗第18811卷。李學通著《翁文灝年譜》，山東教育出版社，2005年10月版，第192～193頁。

9月，著《植物學小史》，王雲五主編《萬有文庫》，第一二集簡編五百種，商務印書館簡編印行。

9月，與顧毓琭共同成立木材試驗室。

　　　胡先驌同顧毓琭決定，北平靜生生物調查所與經濟部中央工業試驗驗所共同合作，在重慶北碚創辦木材試驗室，全稱為經濟部中央工業試驗所木材試驗室，英文名為 Forest Product Laboratory。並出版學術刊物《特刊》《專報》。該室是國內第一家木材試驗室，唐燿任主任。該室的經費沒有納入靜生所的預算，但唐燿的薪金有靜生所支付，研究經費主要來自經濟部。先後在該室工作過的科研人員有唐燿、何天相、喻誠鴻、王愷、柯病凡、屠鴻運、何定華、成俊卿等。〔註878〕

10月31日，熊式輝向蔣中正報告中正大學籌備概要。

　　　赴總裁公館午膳，當將本省一切黨政近情及中正大學籌備概要報告，復承詢大局前途，余對以戰爭之事，自屬震撼危虞，但有形之力易見，無形之勢難知，敵力強於我，而勢易窮；我力拙於敵，而勢無盡，只須耐受煎熬，終當獲得勝利。〔註879〕

10月，Notesona New Grex of the Section Osproleon of the Genus Orobanchein China（列當屬 Osproleon 組之一新群）刊於 Bull. Fan Mem, Inst. Biol. Bot《靜生生物調查所彙報》（第9卷第4期，第201～266頁）。

11月26日，召開中央研究院評議會第二屆評議員選舉籌委會會議。

　　　翁文灝出席並主持中央研究院評議員選舉籌委會會議，出席者有任鴻雋、朱家驊和王世杰。會議議決：1. 候選人參考名單請各所長分科推舉，經院長核定後散發；2. 國立大學及學院教授名單原定限於1939年上學期，請各校將12月1日以前新聘正副教授名單補開，於12月20日前寄籌委會；3. 化學工程學教授歸化學科；4. 社會科學教授名單中加列社會學教授（該科原為三個名額，舊例係政

〔註878〕熊式輝著《海桑集——熊式輝回憶錄》，星克爾出版（香港）有限公司，2009年8月版，第202頁。
〔註879〕《中國林業科學研究院院史》編委會編《中國林業科學研究院院史（1958～2008）》，中國林業出版社，2010年9月版，第7頁。

治、經濟、法學各一名）；5. 初選於 1940 年 3 月以前完成；6. 印發選舉須知。〔註880〕

12 月，譯、哈第著《世界植物地理》，王雲五主編《萬有文庫》第一二集簡編五百種，商務印書館簡編印行。

冬日，盧弼為《懺庵詩稿》作序。

> 侯官嚴幾道兼通中西學，所譯赫胥黎《天演論》，伯兄木齋囑余校刊行世，幾道自校本猶存余行篋中。幾道亦間為詩，顧不多作，而吐屬不群。余比年獲交胡君步曾，崇精生物學，海內外推巨擘，而尤工於詩，第為顓長所掩而世人莫知，君亦自矜尚，不屑附時流俗好，操筆染翰，百鍊千錘；鳳鳴高岡，絕殊凡響，雲璈雅奏，飄飄欲仙。生平知友匯融新舊者，幾道與君並傳不朽矣。余嘗與君論臨川，東坡之詩多含禪理，遣詞造句，時露超逸。君周覽名區，造詣深邃，又復苞孕，近世之學海思潮，蘊蓄者閎，吸納者富，往往擅臨川，東坡之勝，而又兼有昌黎之蒼莽，摩詰之雋永，山谷之奇突，合眾長於一爐而冶之，宜乎其睥睨一時也。夫三百篇之作，原以厚人倫、美教化、移風俗，詩教與政治息息相關。季札觀樂，備識興亡；鐘儀十音，不忘故國。覘風者於以識民俗之良窳，刑政之得失。主文譎諫，本忠厚之旨，寄無邪之詩，非僅掇拾綺語，流靡自妍，弄吟風月，鋪陳景物而已。賢者識大，襟懷各殊，君夙抱經綸天下之志，乃不得一抒其偉略而寓情於詩歌，亦足以覘世變矣。幾道往時喜與桐城吳摯甫先生為文字之商榷。一日余與君同謁君鄉先生陳散原老人於城西精舍，譚藝極樂，不覺移晷。君與幾道皆治新學之人，乃樂與耆宿周旋，臭味相投，酸鹹同好，難為不知者道。抑江西多詩人，散原、山谷後先輝映，君殆欲鼎足其間，而余之私願則不欲君之終為詩人。儤序君詩，一吐胸臆，君亦當相視莫逆而笑也。
>
> 己卯冬日愚弟沔陽盧弼序〔註881〕

〔註880〕中國第二歷史檔案館第 28 全宗第 18811。李學通著《翁文灝年譜》，山東教育出版社，2005 年 10 月版，第 198～199 頁。

〔註881〕胡先驌著、錢鍾書選編《懺庵詩稿》，張效彬題簽書名，黃曾樾為扉頁題簽，第 3～4 頁。熊盛元、胡啟鵬編校《胡先驌詩文集》（上下冊），黃山書社，2013 年 8 月版，第 4～5 頁。

12月25日，郝景盛等十六人反對德人來華進行植物標本採集信函。

謹呈者：

　　盛等聞德國柏林植物博物院研究員施利梅（Slermer）及奧之維也納植物博物院院長韓馬迪（H. Handel-Mazzetti）之言，謂將於明春隨德國科學考察團來中國考察，其目的地在川滇及西康等省。聽聞之餘，不甚驚駭。韓氏在一九一四年至一九一八年曾在中國西南各省作過五年之植物採集，其零碎報告，散見於德奧植物雜誌，去年總報告出完，書名 *Symbolae Sinicae*，計七部。施氏乃一後起之學植物者，且係國社黨員，其他人員不知其確實來歷，但均有政治背景。盛等留德有年，深知德人性情，伊等欲借科學考察之名，實則為日本人作耳目，調查吾國內地各處之新興工業建設，予日人以可靠之材料，而作轟炸目標。德國科學考察團組織如何？盛等不得盡知，然根據以往中國與外國所組織之考察團，如中瑞科學考察團、中法科學考察團等，對中國皆無好處，洋鬼子對我五千年文明古國，恆視為未開化之野蠻民族，其所得材料，皆存放於各國之研究機關或博物院，遇有新奇，則在其雜誌上發表。……

　　吾國人現在雖欲研究中國之一草一木，亦非用數年之力，遍閱各國之大圖書館及大標本室，不能得其正確之科學名稱。如劉大悲先生之於樟科，裴鑒先生之於馬鞭草科，以及其他人之工作，皆用數年之功，遊遍各國，閱盡外人由中國採去之標本而寫成者。設或政府當年不允許外人來中國考察，我政府即省下一筆鉅款，因國內植物學者能在國內解決中國植物，無須跨海萬里也。故我政府，對外國來中國之考察團，為我國學術前途想，為抗戰勝利想，皆宜毅然決然拒絕之。

　　盛等不知現在對德國來中國之科學考察團是否已經發出護照？如已發出，在抗戰期間，日人亂炸後方之時，外人在中國旅行，我國不能擔負保安全責任，應請持此理由，追迴護照，如尚未發護照，即以前詞為理由，拒絕簽發。近幾年中國學術突飛猛進，已為世人所共認，再有十年，洋鬼子或亦有求教於吾人之一日。若目前不能致力於學術獨立一途，則五百年後，猶跟洋鬼子跑，似非吾人對祖

國學術前途所應持之態度也。日本素持閉關主義，其研究結果，如何為一事，而洋鬼子對日本無從問津，亦是對洋鬼子之唯一辦法。是以盛等望我外交部對此事特別注意之，並請示復。

　　專此，謹上

外交部部長鈞鑒

雲南建設廳技正　郝景盛

西南聯合大學教授　張景鉞

中山大學教授　于志忱

西南聯合大學教授　湯佩松

西南聯合大學教授　李繼侗

西南聯合大學教授　吳韞珍

中央大學教授　梁希

中央大學教授　李順卿

雲南農林植物研究所副所長　汪發纘

廬山森林植物園技師　陳封懷

經濟部農林司司長　錢天鶴

四川大學教授　方文培

四川大學教授　程復新

四川大學教授　閻玫玉

留德學生　吳印禪

留德學生　陳邦傑

民國二十八年十二月二十五日〔註882〕

　　12 月，鄭萬鈞從法國博士畢業回國，任農林植物所副所長（至 1944 年 7月），主持研究所工作。〔註883〕

　　是年，以靜生生物調查所所長身份與雲南省教育廳代表簽訂合辦雲南農林植物研究所契約。

〔註882〕胡宗剛著《郝景盛呈函阻止德人來華考察植物》，公眾號註冊名稱「近世植物學史」，2021 年 10 月 09 日。

〔註883〕中國科學院昆明植物研究所簡史編纂委員會《中國科學院昆明植物研究所簡史（1938～2008）》，2008 年 10 月版，第 2 頁。

雲南省教育廳、靜生生物調查所合辦雲南農林植物研究所契約

一、為調查研究雲南省所產與農林有關之經濟植物，以期開發本省農林富源起見，雲南省教育廳與靜生生物調查所合辦雲南農林植物研究所。

二、雲南省教育廳擔任所址及撥開辦費與一部分常年經費。

三、靜生生物調查所擔任學術與技術上研究指導之責。

四、所中之技術人員，由靜生生物調查所在所中職員調充或選任，其薪俸大部分由靜生生物調查所擔任之。

五、雲南農林植物研究所所長即由靜生生物調查所所長兼任。

六、靜生生物調查所在必要之狀況下須以書籍、儀器、標本借與雲南農林植物研究所應用。

七、此項契約在必要時得於雙方同意情況下修訂之。

訂約人：雲南省教育廳長　龔自知

靜生生物調查所所長　胡先驌

附注：本契約共繕寫五份呈教育部備案，其餘四份由雲南省政府、雲南教育廳、靜生生物調查所、雲南農林植物研究所各保存一份。

中華民國二十八年

（胡宗剛先生提供）

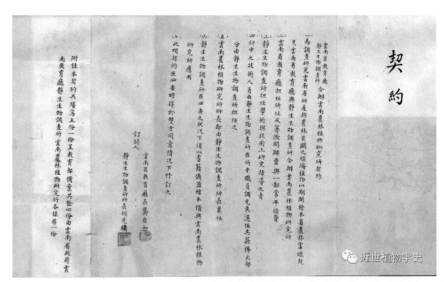

雲南省教育廳、靜生生物調查所合辦雲南農林植物研究所契約（胡宗剛提供）

是年，由於發生第二次世界大戰爭，第六次太平洋學術會議未能參加，寄去論文《雲南植物區系的組成》（Constituents of the Flora of Yunnan）。論文收錄在《第六次太平洋科學會議論文集》（Proc. 6th Pacific Sci. Congr. 4：641～653）。

是年，俞德濬、李鳴崗等赴雲南各地進行植物標本採集。

俞德濬率隊到貢山、獨龍江流域至中緬邊境採集，開國人進獨龍江採集先河；李鳴崗率隊到楚雄景東採集；劉瑛以俞德濬名義率隊到巍山、鳳慶、鎮康、臨滄採集。後，俞德濬、蔡希陶合著《中國豆科植物的研究（二）》發表於《靜生彙報》第九卷第 5 期。〔註884〕

是年，1939 年～1940 年，派北平靜生生物調查所採集員劉瑛到雲南的祿勸、玉溪、武定、尋甸採集。

是年，1939 年～1941 年，派北平靜生生物調查所採集員王啟無到雲南的滇東南屏邊、硯山、富寧、西疇、麻栗坡採集 22000 餘號；採集淡水藻類 326 號，及苔蘚標本，木材標本。〔註885〕

是年，在雲南黑龍潭工作、生活。

胡先驌初抵昆明時，住在任叔永陳衡哲伉儷府中，後即移居黑龍潭，其兒媳符式佳時也在昆明。她在晚年撰文懷念其尊人時寫道：先翁帶昭文（胡先驌之長女）和我住在黑龍潭植物所，那裏空氣清新，景色宜人。先翁平日都是看書寫作，黃昏時常外出散步，並隨時為我們講解各種植物的名稱以及用途等等。〔註886〕

是年及抗戰期間，雲南農林植物研究所張英伯在雲南昆明、嵩明、尋甸、祿勸烏蒙山一帶採集植物標本 1024 號。

是年，1939 年～1940 年間，雲南農林植物研究所李鳴崗在雲南楚雄、景

〔註884〕中國科學院昆明植物研究所簡史編纂委員會《中國科學院昆明植物研究所簡史（1938～2008）》，2008 年 10 月版，第 2 頁。

〔註885〕胡先驌著《植物分類學簡編》，高等教育出版社 1955 年 3 月版，第 5 頁。

〔註886〕符式佳，《緬懷先翁胡先嘯》，《江西文史資料·第五十輯》，1993 年，第 171 頁。胡宗剛著《靜生生物調查所史稿》，山東教育出版社，2005 年 10 月版，第 140～141 頁。

東採集，還與劉瑛合作在祿勸、昆明、玉溪、武定和尋甸等縣採集植物標本達3882號。

是年，1939年～1941年間，雲南農林植物研究所汪發纘、劉瑛在雲南昆明附近採集植物標本1893號。

編年詩：《微服》《御風》（四首）《達行都》（二首）《滇越道中》（四首）《香港》《和公湛韻》《杜門》《碧落》《傀儡戲》《美新》《喋血》《得公湛九日雨之作亦賡一長律》《紅岩碑歌贈許石栚》《題盧慎之慎始基齋校書圖》《顧一樵宅觀奉化手錄戚繼光語屏幅感賦》《聞某君述倭議員語感賦》。

民國二十九年庚辰（1940）四十七歲

1月4日，任鴻雋致翁文灝信函。

> 中央研究院總幹事任鴻雋致函，請對新一屆中央研究院評議員工程組候選人名單進行修正，並注明資歷。〔註887〕

1月5日，王世杰等諸位復翁文灝信函，對評議員選舉建議。

> 王世杰覆函，表示對翁文灝上年12月26日來函及中央研究院評議員候選人名單沒有意見。此後，有6日，陶孟和、葉企孫覆函，告對收到的評議員候選人名單表示同意，並提出兩點修改意見。7日，朱家驊覆函，對中央研究院各所長開列的評議員候選人名單中，有的將現有評議員列入，亦有不列，未能一致，提請注意。8日，王世杰覆函，對中央研究院評議員參考名單主持戰時建設及所定辦法均表贊同。本日，中央研究院工程所所長周仁亦致函，告該所加推茅以升等10人為中央研究院評議員候選人。〔註888〕

1月11日，將中央研究院評議會第二屆評議員改選事宜由翁文灝及籌備會確定。

> 「得葉企孫、陶孟和、傅孟真函，言中央研究院評議會將改選。前次評議會開會時，曾推翁詠霓、王雪艇、朱騮先、任叔永、陶孟

〔註887〕李學通著《翁文灝年譜》，山東教育出版社，2005年10月版，第201頁。
〔註888〕中國第二歷史檔案館第28全宗第18810卷。李學通著《翁文灝年譜》，山東教育出版社，2005年10月版，第201～202頁。

和、葉企孫、傅孟真等七人組織籌備會，面推詠霓為主任。籌備會擬出一候選人參考名單；此名單則由院中各所長開列，面院長為最後決定，恐我對各所長所開之單，不事增減而通過，或有不妥處，勸我授最後之權於詠霓。我想此辦法亦甚好，故致詠霓一函，稱我既不能到重慶，若在港決定，或有疑點，苦無可以請教之人，今謹以最後決定之權奉託先生執行；先生如有疑問，徵求其他六先生意見較易也。」（本年（日記）同日）〔註889〕

1月11日，蔡元培致翁文灝信函。

蔡元培致函，授予翁文灝中央研究院評議會改選事宜最後決定權。按有關規定，中央研究院評議員候選人名單先由中央研究院各所長開列，再由評議員選舉籌委會草擬，最後由院長確定。蔡元培因病居香港，不能到重慶參加會議，故致函翁文灝，表示：「若在此決定，或有懷疑之點，絕無可以請教之人，甚感困難。今謹以最後決定之權奉託先生執行。」此前翁文灝曾以評議會秘書、評議員改選籌委會主任名義有函致蔡元培，報告改選進行情況。〔註890〕

1月11日，熊式輝勘察中正大學戰時校址，初步設遂川縣羅灣。

由遂川皆楊建設廳長及丁縣長赴羅灣勘察中正大學戰時校址，灣在贛江西岸，遂川河北岸，憑贛江，丘陵起伏，小學校北，後有小溪，沿溪楊樹叢生廣數里，對贛江有白塔一座，小學校之西南有一高平地，寬敞足為一切運動場之用，以此為中心，四周皆樹，大小不等，大者頗多，其北端有小市，村落環列，祠宇甚多，間有百餘所可資利用。此大學乃我民族復興之精神堡壘，創立於戰時，建設於戰地，經過一番戰火鍛鍊，今得此灣優美之環境而設校，民族精神，將更發揚光大，愈烬礪而愈益堅強。當即令建廳前往測量附近形勢圖，及公路路線圖，並會商建設計劃。〔註891〕

〔註889〕 王世儒編《蔡元培年譜新編》，北京大學出版社，2019年10月版，第1369頁。

〔註890〕 中國第二歷史檔案館第28全宗第1881卷。李學通著《翁文灝年譜》，山東教育出版社，2005年10月版，第202頁。

〔註891〕 熊式輝著《海桑集——熊式輝回憶錄》，星克爾出版（香港）有限公司，2009年8月版，第203~204頁。

1月25日，龔自知題寫雲南農林植物研究所所訓。

　　1月25日，新建農林植物所辦公室252平方米竣工。雲南教育廳廳長龔自知題「原本山川、極命草木」，刻於大理石上，嵌在平房正面牆上。靜生生物所調鄭萬鈞來昆任副所長，增派張英伯任研究員。〔註892〕

2月1日，劉慎諤致郝景盛信函。

　　景盛學弟臺鑒：

　　　　接一月廿一日來書，已收閱，為復如下：

　　　　1. 帶往歐洲之標本，孔先生（現來此小住）云，確已收到一次（在北平時），惟墊用之運費六十馬克未見單據，出賬手續，請商詢會計處或副院長如何辦理為好。此次標本為研究院財產，應由研究院（植所）出款，但遇有不可能之時，此間再設法可也。後寄之一部分標本存黑龍潭甚好，此間暫亦不用。設有餘暇，可開一名單來，但非必要。

　　　　2. 去年採集之標本，即由植所名義從事整理登記保存之，如有二份可寄來（陝西沔縣武侯祠西北農學院辦事處代收）。

　　　　3. 此間合作經費每月一千元，因有雙方之牽制，不便更動，植所經費全賴院方另外增加，兄之希望僅為植所經費與調所合作經費（固定一千）相加與他所（指物理、化學、生物、動物）經費相等，是為正當要求，盼弟盡力而為之。

　　　　4. 中央規定經費不能保留之辦法，或指一年而論，如此則只須每年度終結之前數月特別注意即可，勉強做到，但如每月皆須清理，此處亦無法應付矣。請與院長商辦之。

　　　　5. 本院增加經費不悉自何月份開始，勿論如何，植所之經費應要求以研究院增加經費三月份算起，他處如有挪用亦應要求逐漸補出。

　　　　6. 植所經費之支配，當以弟為主，不過薪俸而外，事實上恐亦只能側重調查（製標本在內）與購書，二者之中更應注意前項。購書一事恐無多力，稍遲調所亦當製送此間存書目錄一份，以防重複。

　　　　7. 王雲章進院事，盼能促其實現，此人準能與弟合作，至其月薪實發數目，兄意至少須二百元，至多亦不宜超過二百五十元，或

〔註892〕中國科學院昆明植物研究所編委會編《中國科學院昆明植物研究所簡史（1938～2008）》，2008年10月版，第2頁。

在二者之間，如二百二十元左右如何？請再參考各方意見決定之。此外，如用助理或助手（練習生），兄以不明昆明現狀，更不願多所建議，不過待遇問題或可視另外補助生活費問題之能否實現而酌量增減之，萬一如經費調動不開，即定實發數為二百元或亦可商辦之，不然即使雲章弟再兼一二鐘功課，不知如何？

8. 此間之標本簽所存亦無多，而往來郵寄亦不便，兄意可用植所名義在昆明定印紙張，可設法用代用品。

9. 王雲章進院，如能在昆明伴弟工作最佳，如此人力均可集中，但前年西康技藝專科學校李耕硯先生來電欲迎調所入康，當以事實關係，調所不便更動，擬用植所力量參加，換言之，即請雲章弟入康工作，李副院長來函亦有類似主張，好在二位李先生為弟兄二人，此事即由老弟商酌李院長之意見決定之即可。

10. 前次調查所請弟查點書籍事，書單又為補去一份，務請根據原書重將書名冊數或卷數出版年限，詳細重開一單寄出，以便登記，而原書即可存放植所，作為植所借用性質，或託植所保管性質均可。

11. 植所既有專人，招牌自應早日掛起，而一切所中應著手進行之事，悉由老弟斟酌辦理之。

12. 所擬工作計劃均至適應，當俟雲章弟到時可與商定具體辦法。

13. 昆明若能覓得 Mazz: Symbolae（有二冊在此間），請由郵局掛號寄來一用（此書第七卷、第四及第五兩冊存由北平寄往昆明書籍內）。

14. 近年頗好果樹種類與品種，而於川陝之柑橘及竹類亦得相當興趣，如有材料，可順便略代搜集。

15. 編輯書籍事已與林先生略談，稍緩再重議。

16. 王雲章之病理材料此間亦可供給一部。

17. 樟腦如能製好，此間標本室亦須用之。

此復，即請

公安

學兄 劉慎諤 手啟 二月一日〔註893〕

〔註893〕劉慎諤致郝景盛，1940 年 2 月 1 日，案卷號 435。胡宗剛著《雲南植物研究史略》，上海交通大學出版社 2018 年 7 月版，第 161～163 頁。

3月8日，董事會會議，推定為在重慶舉行理事會議出席與會。

　　理事會第 142 次會議記錄（1940 年 3 月 8 日），上海本社開理事會，出席者：孫洪芬、秉志、胡先驌、楊孝述。列席者：劉咸、胡敦復。主席及記錄：楊孝述。

　　（甲）報告事項

　　一、主席報告：社友周美權先生續捐美權算學圖書室基金三千元，連前共六千元，除已將該款解交本社基金保管委員會專款存行生息外，並由基金監掣給正式收據道謝矣。

　　二、交通大學租賃本社一部分房屋，向不收費，惟近以本社經費拮据，承該校於去年十一月起津貼本社房租連水電費每月一百元。

　　三、本社主席董事蔡子民先生於三月五日晨病故港寓，本社董事會、理事會於是日下午去電致唁，並於七日下半旗一日誌哀。

　　四、傳觀二十八年十二月底止本社財產目錄及收支對照表。

　　五、本社編譯之實用土木工程學叢書，業已出版六種，尚有六種，預計於本年內出齊。該叢書由土木工程股社友汪胡楨、顧世楫二君主編，而全部校對為求精審起見，由顧君自任之，其熱忱甚可感佩。

　　六、本社繼實用土木工程學之後，現又著手編譯世界名作捷克國屈克立區博士著《水利工程學》一書，該書共大版本二冊，凡一千三百餘頁，插圖二千餘幅，關於水利工程之各方面均有精詳之敘述，為發展我國水利事業不可不備之參考書。現由社友關富權、汪胡楨、王壽賓、顧世楫四人分任譯述，預計八個月可竣事，惟目前印刷費非常昂貴，估計初版五百部需費一萬三千餘元，現正向有關係方面請求補助中。

　　七、中國科學公司於三月三日開股東常會，本社由胡敦復、秉農山、楊允中三君代表出席。

　　（乙）討論事項

　　一、追悼蔡子民先生案。

　　議決：推定曹梁廈、劉重熙、楊允中三君為籌備委員，定期開會追悼。

　　二、金陵女大美國華小姐介紹張文平租賃南京生物研究所地基

開辦牛乳場案。

議決：該地尚有斷垣殘木及破屋三間，如有人居住，亦可藉以保管，租期定為一年，惟須有妥人為中證人。

三、中國科學公司出書日多，苦無棧房堆存，擬在本社圖書館後面三角空地上租地造屋，為書棧之用，可否允許案。

議決：可行，租地契約由楊允中君與該公司擬訂。

四、通過永久社員一人：孫蓮汀（生物）；普通社員九人：劉永純（微生物學）、項隆周（藥化學）、徐名模（化學）、倪鍾騂（化學）、王友西（生物學）、王令嫻女士（化學）、黃素封（化學）、胡君美（化學）、蔡駒（物理學）；又仲社員四人：張承祖（化學）、童祖仁（化學）、顧漢頤（藥理學）、秦錫元（化學）。

五、本月底在重慶舉行理事會，討論關於推選董事及非常時期理事會開會問題與其他重要社務，並推定胡先驌、秉志二君代表此次理事會議同人出席與會。〔註894〕

抗戰時期國府要員與中央研究院部分研究員在重慶合影，左起，前排：2. 陳立夫、3. 陳大齊、4. 孔祥熙、5. 朱家驊、6. 吳稚暉、7. 于右任、8. 孫科、9. 沈士遠；二排：2. 竺可楨、3. 茅以升、4. 翁文灝、5. 李書華、6. 傅斯年、胡先驌（右 2）

〔註894〕何品、王良鐳編注中國科學社檔案資料整理與研究《中國科學社董理事會會議記錄》，上海科學技術出版社 2017 年版，第 242～243 頁。

3月13日，召開中央研究院評議會第二屆籌備會。

　　翁文灝與中央研究院總幹事任鴻雋聯名致函蔣介石、戴季陶、陳立夫等，邀請出席3月22日在重慶嘉陵賓館舉行的中央研究院評議會會議。〔註895〕3月14日，會議於上午9時在重慶牛角沱26號資源委員會舉行，出席者有翁文灝、王世杰、朱家驊、傅斯年等5人，竺可楨、汪敬熙、周仁、朱希亮列席。翁文灝報告了初選選票事項，確定審查分三組，每組二個召集人，提請審查中應注意之事，並確定初選至3月20日午後8時截止。〔註896〕

3月14日，討論中央研究院院長及評議員選舉。

　　翁文灝、朱家驊、王世杰、周仁、傅斯年、汪敬熙和竺可楨等召開了中央研究院第五次評議會籌備會，議定會議日程，決定3月23日進行中央研究院院長和評議員選舉。3月21日晚，總幹事任鴻雋和評議會秘書翁文灝宴請到會的評議員。宴會結束之後，胡先驌提議模擬投票，結果翁文灝21票，胡適20票，朱家驊19票，李四光6票，吳稚暉、秉志、傅斯年、馬君武、竺可楨等各得一兩票，顧孟餘完全不在與會者考慮之列。3月23日是這次年會的重頭戲。這與前兩天的模擬投票結果一致。翁、朱、胡三人順利當選為院長候選人。〔註897〕

3月17日，討論中央研究院院長人選問題。

　　翁文灝向已到重慶的中央研究院評議員傅斯年等談及陳布雷昨日來函內容，傅斯年對蔣介石事先指定顧為院長事，認為於法不符，頗表憤慨，推測並責怪是王世杰對蔣如此建議。汪敬熙、李四光也認為評議會應有學術獨立精神，反對事先指定院長。翁文灝遂往訪陳布雷。陳表示蔣介石對張群、陳布雷談及中研院應歸行政院管轄，院長不宜由評議會選舉，但並未表示必須更改，對院長人選，也只

〔註895〕中國第二歷史檔案館第28全宗第18810卷。李學通著《翁文灝年譜》，山東教育出版社，2005年10月版，第208～209頁。
〔註896〕中國第二歷史檔案館第28全宗第18810卷。李學通著《翁文灝年譜》，山東教育出版社，2005年10月版，第208～209頁。
〔註897〕王揚宗著《中央研究院首屆評議會1940年會與院長選舉》，《中國科學史雜誌》（第29卷第4期，2008年），第344～346頁。

是曾提及吳稚暉、戴季陶、鈕惕生等，嗣又提及顧孟餘。翁文灝向
陳表示，希望能依中研院組織法規定辦理。嗣往訪張群。〔註898〕

中央研究院第二屆評議會評議員在重慶召開，左起，前排：2. 李書華、3. 朱家驊、7.
翁文灝、8. 任鴻雋、9. 凌鴻勳、10. 秉志、11. 胡先驌；中排：2. 陳寅恪、4. 竺可楨、
6. 陶孟和、7. 李濟、8. 陳煥鏞；後排：3. 茅以升、5. 傅斯年、7. 王家楫

3 月 22 日～23 日，中央研究院第二屆評議會評議員選舉。

　　參加在重慶嘉陵賓館舉行的中央研究院評議會第一屆第五次會
議，主要任務是選舉第二屆評議會評議員及院長。評議會組織機構
比較完備，評議會秘書處包括：秘書、科學記錄總編輯、學術會刊
總編輯、編輯助理；總辦事處包括：秘書組（主任秘書、秘書），總
物組（總物主任、專員、技士、組員），會計室（會計主任、科員、
統計員、科員、醫師）；駐滬辦事處包括：主任、組員、會計員、醫
師；人事管理委員會包括：主任委員、委員；設計考核委員會包括：
主任委員、秘書等組成。之前，從 556 人按照得票多少，確定中央

〔註898〕李學通著《翁文灝年譜》，山東教育出版社，2005 年 10 月版，第 209 頁。

研究院第二屆評議員候選人參考名單，包括首屆聘任評議員和非首屆聘任評議員，計 121 人。

首屆聘任評議員生物組中動物學科的秉志、林可勝、胡經甫；植物學科的謝家聲、胡先驌、陳煥鏞。非首屆聘任評議員候選人生物組中動物學科的陳楨、劉崇樂、蔡堡、歐陽翥、蔡翹、張錫鈞、孫宗彭、馮德培；植物學科的錢崇澍、張景鉞、戴芳瀾、李繼侗、秦仁昌、湯佩松、沈宗瀚、趙連芳、馮澤芳等。3 月 23 日下午選舉第二屆評議員，30 位聘任評議員中僅自然科學方面 21 位中改選 9 人，社會人文科學方面無一人改選，當然評議員 15 位，共 46 位。第二屆評議會上報國民政府核准，7 月正式組成。任期 1940 年 7 月 3 日至 1948 年 7 月 2 日。因蔡元培 3 月 5 日在香港病逝，9 月 18 日，才任命朱家驊為代理院長，並一直代理到 1957 年 10 月在臺灣卸任。胡先驌再次以 16 票當選生物組評議員，主要貢獻「發表學術論文約 74 篇，任中國科學社生物研究所植物部主任 3 年，任靜生生物調查所所長 8 年」。生物組中動物學科的秉志 22 票，林可勝 20 票，陳楨 15 票；植物學科的戴芳瀾 24 票，陳煥鏞 22 票。而動物學科的胡經甫 11 票，伍獻文 5 票，蔡翹 4 票；植物學科的錢崇澍以 11 票，秦仁昌以 4 票，丁穎以 2 票落選。〔註 899〕

3 月 23 日，中央研究院院長選舉。

中央研究院評議會進行院長候補人記名投票選舉，共收回有效選票 29 張，結果翁文灝（24 票）、朱家驊（24 票）和胡適（21 票）以過半數票當選為院長候補人。按規定，中央研究院院長由評議員投票推舉 3 人為候選人，國民政府主席最後從中圈定一人。〔註 900〕

3 月 27 日，參加董事會會議，決定本社第二十二屆年會在昆明舉行等諸多事項。

理事會第 143 次會議記錄（1940 年 3 月 27 日），重慶開理事會議，出席者：翁詠霓、周子競、胡步曾、秉農山、竺藕舫、任叔永、

〔註 899〕郭金海著《1940 年中央研究院第二屆評議員》，《自然科學史研究》（第 28 卷第 4 期）（2009 年），第 399～421 頁。

〔註 900〕李學通著《翁文灝年譜》，山東教育出版社，2005 年 10 月版，第 210 頁。

孫洪芬（胡代）、楊允中（秉代）。主席：翁詠霓，記錄：任叔永。

一、議決：本社第二十二屆年會定於本年夏間在昆明舉行，並推定年會籌備委員會委員如下：

熊迪之、葉企孫、嚴濟慈、何尚平、周子競、梅月涵、任叔永、曾昭掄、吳定良、沙玉彥。

二、議決：此後社務處理，仍照向來辦法，由在滬理事議決後通知各理事。

三、通過普通社員二人：唐燿（植物學）、王壽寶（土木工程）。

〔註901〕

3月，Notes on Five New and Several Other Known Species of Ilex of China（冬青屬之五新種與數種已有名種之記述）（與 Tang, T.唐進合著）刊於 Bull. Fan Mem, Inst. Biot. Bot.《靜生生物調查所彙報》（第9卷第5期，第245～256頁）。

3月，赴渝出席中央研究院評議會。

胡先驌君：近過滬赴渝出席中央研究院評議會，並將到滇視察雲南植物研究所。〔註902〕

3月，中正大學籌備會建議成立經費管理委員會。

1940年3月，在「中正大學籌備事宜均將次第完成」之際，馬博庵、晏陽初提出設立一超然機關即經費管理委員會（簡稱「經管會」），籌集經費，保障中正大學運作。他們推選江西省財政廳文群草擬經管會章程。〔註903〕章程經經管會第7次常委會議議決通過，並於1940年3月17日請蔣介石核定。〔註904〕

〔註901〕 何品、王良鐳編注中國科學社檔案資料整理與研究《中國科學社董理事會會議記錄》，上海科學技術出版社2017年版，第244頁。
〔註902〕《社友》第65～66期合刊1940年3月15日信息。張劍、姚潤澤編注中國科學社檔案資料整理與研究《〈社友〉人物傳記》資料選編，上海科學技術出版社2020年版，第206頁。
〔註903〕《馬博庵晏陽初關於檢送中正大學經費管理委員會章程的函》（1940年3月7日），江西省檔案館藏，檔號：J037-1-00648-0079。
〔註904〕《為推定中正大學經費管理委員會委員簽請轉請總裁核定由》（1940年6月5日），江西省檔案館藏，檔號：J0371-00652-0109。高志軍著《政治與教育的互動：國立中正大學研究》，2021年12月華中師範大學博士學位論文，第127頁。

春，胡先驌潛出北平，到昆明主持農林植物所工作，靜生生物調查所所長由楊惟義代理。

> 1940 年春，往昆明，寄居於雲南農林植物研究所。〔註905〕

春，創辦雲南農林植物研究所，為研究作準備。

> 胡先驌請動物部技師楊惟義代理所長，離妻別子，隻身南下，由天津到香港轉重慶而昆明，不擬再回北平，而親為主持雲南農林所。當初胡先驌創辦此所，既是為靜生所營謀一個退路。〔註906〕

春，作《南征二百五十韻》長詩，歌頌中國偉大的抗日精神。《南征》記述了胡先驌自北平南下的經過，沿途所見所聞，表達了他對日寇的憤恨，對英勇抗戰將士的讚揚，以及對抗戰必勝的信念。是他不畏艱險，勇於承擔責任，真誠愛國的又一表現。全詩 250 韻，2500 言，深厚功力、雄健筆力。作者對這首長詩非常珍愛，非常滿意，廣送文化朋友。2013 年 8 月，熊盛元、胡啟鵬編校《胡先驌詩文集》中，正文前收錄有《南征二百五十韻》四張照片，送給中正大學胡光廷教授的，簽名為「蓮舫先生吟正，懺庵」等八個手寫字，該詩用紙張印刷，一共四頁，印刷時間估計是 1940 年下半年。供愛好者欣賞。錢鍾書先生 1960 年編定《懺庵詩稿》時未收入《南征》詩，可能是認為詩中有某些話不合時宜，並不是認定此詩不好。1992 年 5 月 21 日，國立中正大學臺灣校友會編印《胡先驌先生詩集》，書中特意增加《南征二百五十韻》長詩，對這首長詩的推崇。張緩選注《懺庵詩選注》一書，專門對《南征二百五十韻》詩，加了 42 個注釋，8000 餘字，前面有「解題」，交代了寫詩的歷史背景，內容概況以及該詩的影響。

> 一九四〇年我在北京不能安靜了，我便再由天津到香港轉重慶而到昆明，便不擬回北京了。上海抗日戰爭發生後，我認為蔣介石是抗日戰爭的領袖，對他極為崇拜，故到昆明後作了一首兩千五百字的《南征》長詩，去歌頌他的抗日功勳。這首詩我寄與在重慶的羅時實，羅轉送與蔣介石。我寫這首詩的動機，一方面是我愛國熱

〔註905〕胡先驌著《自傳》，1958 年。《胡先驌全集》（初稿）第十五卷人文科學文章，第 656～659 頁。

〔註906〕胡宗剛著《靜生生物調查所史稿》，山東教育出版社，2005 年 10 月版，第 138 頁。

誠的表現；一方面因為我來自淪陷區，必須有這種表示，方能使國
民黨對我不存在懷疑的態度，我雖沒有做官的思想欲想與他發生聯
繫。〔註907〕我在昆明寫《南征》那首長詩，歌頌蔣介石，那是我公
開擁護他的一種表示。……這次抗戰是鴉片戰爭以後第一次全國性
的大規模戰爭，而且是對一個極為強大的帝國主義作戰。以一個積
弱落後的國家，居然能與日本抗戰兩年多，同時還一面抗戰，一面
建國。〔註908〕

胡先驌贈中正大學胡光廷教授詩（胡仁元提供）

〔註907〕胡先驌著《對於我的舊思想的檢討》，1952 年 8 月 13 日。《胡先驌全集》（初
稿）第十五卷人文科學文章，第 629～640 頁。
〔註908〕胡先驌著《對於我的舊思想的再檢討》，1952 年 8 月 18 日。《胡先驌全集》
（初稿）第十五卷人文科學文章，第 641～646 頁。

南征二百五十韻

民國廿九載，臘盡初回正。鬍子篤行李，再度將南征。

灑淚別妻子，臨岐倍含情。蹣跚抵車驛，已覺心怦怦。

魚貫雜人鬼，鬼卒尤猙獰。飆輪夾之去，局促同拴牲。

滿眼半遺黎，側目還吞聲。此外盡鬼影，憧憧皆有營。

鬼公挾鬼母，嘩笑能驕盈。短暮廁其間，已比遭刑黥。

縱目視原野，觸處令心驚。戰血尚殷赤，斥堠猶崢嶸。

去歲洪水蹟，今且留寒泓。畎畝或沙邱，閭閻長荊榛。

少壯多流離，老弱死溝坑。微聞巨災初，肇禍由群盲。

河工久廢棄，隱患伏未萌。況以鄰為壑，堤防肆摧轟。

一決遂莫制，百里無畦町。嫁禍適自殃，萬眾成鯢鯨。

鬼巢海光寺，堅固如金城。千囷屯餉糈，百庫森戈兵。

瞬息沒波底，一望成滄溟。水火互激蕩，焚爆窮鏗訇。

儼開修羅場，慘酷不可名。軍實一朝盡，財貨亦全傾。

受塵幾千戶，同付蛟涎腥。天網誠恢恢，食報如影形。

靜思雜悲惻，亦含吾孤觺。須臾達津沽，又怵邏卒偵。

康莊成蜀道，難若登青冥。久久脫網羅，一舸始浮瀛。

海舶安如山，疲魂暫蘇息。十年若彈指，往事記歷歷。

夷禍非偶然，貽誤在夙昔。禍福若指掌，曲突應戮力。

謀國惜無人，難發遂莫及。緬惟靖洲民，剽悍習刀戟。

其俗素輕死，貪殘喜狙擊。肇邦殊渺茫，要以武立國。

唐時雖觀光，未變蛇豕質。猴王挾雄心，伐韓逞鋒鏑。

厲兵會寇我，幸輒斃床簀。卒終有明世，毒焰煽閩浙。

靖海賴譚俞，尤稱南塘戚。有清耀武功，我始有寧日。

荏苒二百年，一旦樹奇績。倒幕以尊王，政制盡更革。

自茲遂強大，圖我謀益亟。我遭太平亂，清社偶未易。

武備不足言，朝政尤粉飾。士夫輕言兵，實則非彼敵。

遽啟甲午釁，自難免一蹶。狡謀益深穩，歃血盟西狄。

再戰又勝俄，三韓供強食。而我勢愈下，庚子繼戊戌。

瓦全亦幸爾，終至傾王室。剝復此良機，天命殊未必。

項城欲竊號，歐戰復日急。咄咄廿一條，突發如霹靂。

再度慶苟免，尚不知乾惕。蹉跎逾十載，兄弟競牆鬩。
北伐粗告成，驕氣竟橫溢。乳臭稱雄藩，壇坫託便辟。
懸案逾三千，良言曾不恤。危機見萬寶，猶不速安輯。
無備而驕恣，戰禍乃難戢。咄嗟失遼東，顏厚不慚惡。
寧再獵一圍，晉陽任渠入。荒嬉到如此，其罪真可磔。
吾弱日以彰，鬼勢日以猖。升堂更入室，舐米還及糠。
自滿更侵蒙，一例虎驅羊。海軍亦眼熱，便欲攫申江。
孰知事難料，竟遇南方強。百粵多健兒，血沸如煎湯。
廟謨亦不顧，但期掃鑱槍。正月廿八日，一發孰敢當。
薄海皆獸駭，一軍備鷹揚。苦戰逾月餘，前仆後不僵。
鬼兵若蟻虮，鬼帥亦徬徨。鬼艦空嵯峨，鬼機多摧傷。
名都付一炬，酷若焚咸陽。而我初不恤，士庶如風狂。
效死有輿臺，輸財到優倡。叱咤蔡將軍，竟成無敵楊。
李廣雖無功，聊以懲貪狼。從茲暫體兵，敵愾情仍張。
攘外在安內，沼吳須膽嘗。秉鈞有哲人，睿算無遺忘。
築室忌道謀，從渠肆雌黃。盡去腹心患，始克起膏肓。
西京構巨難，舉國皆皇皇。民意益昭然，有若雲霓望。
悍帥卒悔禍，敵黨矢助勣。朝野共一心，制挺撻強梁。
鬼知不可悔，益覺背負芒。不惜賭國運，梟盧決茲場。
蘆溝一彈發，自是爭存亡。存亡未易言，古曰哀者勝。
及今形勢異，武庫操性命。人蓄三年艾，我方七年病。
寧能策萬全，不復計利鈍。廬山諮士庶，謀同無異論。
武功誓將帥，眥裂鬱忠憤。民心知可用，國是爾是定。
緬維作戰初，尚未一號令。和戰兩不決，燕帥首事僨。
奸人許窺伺，消息為敵訽。南苑我駐軍，遂爾落坑阱。
佟趙稱佼佼，能以軀命徇。張亦困奸謀，貌與敵呼應。
平津兩大都，乃受羯胡躪。雍容絃歌地，一炬付秦爐。
失之何太易，遼難今遭更。市民方飲泣，笳鼓自天震。
巍巍湯將軍，突騎能電奮。南口古天塹，殽函險可並。
仰攻若梯天，京觀聚梟獍。張垣恨不守，偉績成墮甑。
晉軍素疲茶，弓弛無餘勁。遼將尤闒茸，潰若風籜迅。

魯帥懷異謀，賣國師石晉。河防棄不守，炮口向南陣。
權奸雖授首，戰略已難問。中原膏腴地，自是陷賊刃。
北疆方苦戰，南國亦興師。淞滬喋血地，再見陳熊羆。
八月十三晨，一發奮神椎。勝軍二十萬，意氣凌須彌。
鐵鳥展鵬翼，培風逞雄姿。兵車甲勝銀，掩映白日旗。
巨響震山嶽，騰光亂虹霓。塗地雜肝腦，橫空飛體肢。
烈女多雲英，國殤足汪錡。綿延八十日，陣陷氣不頹。
猿鶴與蟲沙，一例血肉糜。強弱久異勢，大場終不支。
速退師或全，堅持成偉奇。閘北餘孤軍，驍雄尤可兒。
浴血火海中，凜凜見鬚眉。至今四行庫，過者神為馳。
稱傷退軍後，整旅失其宜。劉師首嘩潰，蘇錫從崩隳。
敵進若破竹，首都遂孤危。首都龍蟠地，險阻同湯池。
備戰歷年所，工事窮般倕。守禦倘得人，宜可逾年期。
奈何付駑劣，而使擁節麾。棄險而憑城，危寧待蓍龜。
卒令十萬眾，駢首同陳屍。酷毒逾揚州，兇殘勝魑魅。
闖獻或其匹，異代今見之。武德盡掃地，詛罵互天陸。
鬼酋亦悲愕，一放已莫追。是時至險惡，累卵無其危。
大軍值新敗，舉國成憂疑。神奸除豈盡，肘腋藏禍機。
敵幸不知兵，未肯窮輪蹄。容我新部署，旋斡爭幾微。
否極始泰來，人皆辨祥機。武漢開行都，赤幟從再建。
川滇為府庫，生聚到窮縣。皖贛作右翼，秦隴供左援。
湘粵為尾閭，軍實賴輸轉。敵後有義師，游擊足制牽。
敵兵雖豕突，僅據點與線。以逸待彼勞，吾知操左券。
淮海置重兵，在截南北斷。桓桓盡韓岳，武略誇豹變。
刁斗聲相聞，所拔皆上選。或來自西陸，回鶻騎奔電。
或徵自滇蜀，倮足捷飛箭。大刀銛比霜，榴彈散同霰。
莫不一當百，有最而無殿。卒收臺莊功，偉績自茲奠。
李白與孫張，各各襃鄂面。直至不可留，全師退梁汴。
尚餘決河策，巨浸沒堤堰。悍虜化為魚，殘倭走如豲。
至今一水隔，鄭洛安若巘。贛北與鄂東，碩畫尤盡善。
運籌有陳帥，奇勝顧榮扇。鐵軍數吳李，孰敢相後先。

德安奏大捷，朝野騰歡忻。田鎮功尤豐，蹈空敵蒙譴。
嗟彼卅萬眾，成以頸血濺。若非南疆失，戰備猶可繕。
全師趨上游，曾不遺寸練。空城究何補，寧怪虜淚法。
靡財老其師，是曰消耗戰。耗之道伊何，崖略可具陳。
三島本山國，地瘠無資源。棉鐵與油煤，一一求諸鄰。
取償賴工業，貿易為本根。自從軍興來，益增賦斂繁。
勞師以襲遠，靡費無比倫。日耗二千萬，三載何可言。
我一彼耗七，來日況無垠。傷亡過兆萬，嫠熒聲久吞。
健婦把鋤犁，戍卒惟哀呻。昊天復不弔，災祲生頻頻。
匪惟苦飢饉，電業亦不振。出超圓集團，入超始為真。
庫藏蕩如洗，計政窮經綸。強暴犯眾怒，貧貧無交親。
謬云戰養戰，掠地難安民。狂寇況貪婪，徒知潤其身。
榨取盡錙銖，莫救泉府貧。在彼淪陷區，我軍猶云屯。
避實慣擊虛，飄忽如奔豵。賦稅尚樂輸，庶眾勤耕耘。
是能百年戰，周命期維新。炎黃歌哭地，佇看靖妖氛。
決勝別有方，彼薄在我厚。足兵與足食，二者無可後。
三年鏖苦戰，艱巨克荷負。貔貅四百萬，剽悍經百斗。
猛將森如林，不復記誰某。甲仗亦修繕，甚足供擊掊。
銀翼騰翩翻，雲端振靈鷲。海運通越裳，舟車來輻輳。
修途更接緬，絕域開戶牖。山川空阻修，瘴癘亦何有。
惟眾十七萬，開闢五丁手。玉關萬里外，郵傳立烽堠。
藏衛亦置驛，音問遍環宙。妄欲久困我，具見彼昏瞀。
理財有桑劉，什百增國富。地維不愛寶，鹽鐵益其舊。
爐錘興百工，技術羅眾妙。重輕必兼顧，企劃盡窾窈。
溝洫增膏腴，蠶桑溢綺繡。山林茂梗楠，園圃叢桔柚。
草萊盡阡陌，牧宇孳六畜。連續五豐穰，忠藎得天佑。
閭閻稀寇盜，農隙有杯酒。雖荷兵役嚴，生理盡康阜。
絃歌從未輟，奧義容判剖。學優則從仕，進取賴俊茂。
蔣公真天人，四義標治要。教管與養衛，自治以初肇。
抗戰亦其末，建國此綱紐。行都記觀光，氣象實焜耀。
萬幾許前席，吐握忘不肖。精神勝物質，謀謨比周召。

大憝雖鴟張，形勢實明瞭。收京終有日，待撲殺此獠。

中興具端倪，拊掌禁絕叫。長句紀南征，倘容奏廊廟。〔註909〕

4月9日，陳布雷對中正大學創辦四點意見。

見蔣專員經國，據報重慶情形，陳果夫、陳立夫與孔祥熙、宋子文，對贛政殊不瞭解，對創立中正大學，教育部陳部長立夫之成見更深。並言重慶方面宜常有人來往勾通云云。以上情形皆在余意料中，凡百政治，焉得人人滿意。又經國言陳布雷對大學有意見四點：1. 籌備時間宜充分；2. 人才不可忽略，在開始時即當特別留意；3. 儀器圖書不可忽略；4. 學生素質不可馬虎。總裁對大學籌辦情形，亦不甚明瞭，時為繫念，余本「君子先行其言而後從之」之義，凡所施為，對外求人之瞭解，容有未到，是當加意改善，繼與言各議員所告贛州政治情形，囑即查明，迅為處置。〔註910〕

4月15日，秦仁昌致楊惟義信函。

宜之仁兄：

久未通音，遙惟一切佳勝為頌。本園去年七至十二月年報因於一月弱，奉滬基金會函令，逕寄該會。故未由平所轉去。昌個人工作報告，早經寄出，諒已收到矣。

頃見「植物園三十年度預算草案」甚為驚異。查所列項目及數字分配情形，大都均據本園二十四年之預算書，在今日非常情形之下，幾乎全部不能合用，深為歉然。所幸總數視上年度無大出入，將來尚能注此挹彼耳。查本園預算書，每年向由胡師函囑，昌編造寄平，併入所預算書內，此番諸多費神，甚感。

再弟之薪水自去年八月一日起至今尚未接到分文，所中會計辦事如此糊塗，易地而變，兄能釋然無言否？在今日物價高漲之下，弟非素豐，試問何以為生？希望兄對此從速設法解決，免招物議，則感恩不鮮矣！

〔註909〕張大為、胡德熙、胡德焜合編《胡先驌文存》上卷，江西高校出版社，1995年8月版，第643～647頁。

〔註910〕熊式輝著《海桑集——熊式輝回憶錄》，星克爾出版（香港）有限公司，2009年8月版，第205頁。

本園去年年預算總數為一萬二千四百餘元，何以每月只接到八百元？封懷薪水自一月起，胡師曾令由植物園月支一百二十元正，但實際上植物園每月只接到八百元，已無款可付，迄今三月有餘，未付渠一文，實無以對二十年之老友！

凡此種種，應請兄負責辦理為盼。平所為乘、胡兩師手創事業，向稱順利進行。茲兄承乏其間，實慰下懷，今大才得用，尚希持之以中正坦白、努力邁進，發揚光大之，是所至盼。

專此奉瀆，並候

教益

　　　　　　　　　　　　　　　　　　弟　秦仁昌　拜啟

　　　　　　　　　　　　　　　　　　四月十五日〔註911〕

5月5日，胡先驌致致傅斯年信函。

孟真吾兄臺鑒：

貴所集刊敝校出版部可代售，惟此間銷售恐不多耳。專復並頌

時綏

　　　　　　　　　　　　　　　　　　弟　胡先驌　謹啟

　　　　　　　　　　　　　　　　　　五、五（1940？）〔註912〕

5月21日，翁文灝致胡適信函。

翁文灝致函胡適，談中基會董事補選情形及中研院院長候選人推舉情況，告知中基會於去年推定周詒春、任鴻雋、司徒雷登為候補董事推舉委員，在正式開會前曾經商談，擬推林可勝、傅斯年及楊格，以補蔡元培、李石曾及貝克之缺。但會上周詒春提議推顏惠慶、蔣夢麟二人，美國董事則因施肇基和金紹基的意見，仍選貝克。因胡適來電遲到，會議已畢。關於中央研究院院長選舉，蔣介石曾非正式表示希望選舉顧孟餘，惟各評議員以此項選舉應以評議員之自身意見為之，不宜有其他意見之影響，當局亦表示可予尊重。選舉結果當即備文呈府，至今尚未見實行任用。據傳蔣欲任命胡，但

〔註911〕秦仁昌致楊維義，南京：中國第二歷史檔案館，609（25）。1936年，胡宗剛著《靜生生物調查所史稿》，山東教育出版社，2005年10月版，第125～126頁。
〔註912〕《胡先驌全集》（初稿）第十七卷下中文書信卷，第389頁。

以駐美大使任務重要，故尚在考慮之中。〔註913〕

5月24日，推選保管中正大學基金成員。

5月24日，中正大學籌備委員會第14次會議決定，推選張群、陳立夫、陳布雷、熊式輝、蔣經國、江西省財政廳廳長、教育廳廳長、會計處會計長、校長胡先驌、教授代表2人擔任委員。〔註914〕6月5日，該校籌委會常務委員馬博庵去函熊式輝請其呈遞此名單給蔣介石核定。從經管會發起到委員名單醞釀出臺，蔣介石自始至終扮演「拍板者」的角色。經管會委員名單從中央到地方再到學校均是具有重要影響的人物。他們的加盟使籌備中的中正大學政治色彩愈加濃重。〔註915〕

5月24日，胡先驌致龔自知信函。

仲鈞先生伺席：

昨奉五月十八日手教，欣悉繆雲臺先生已允補助本所每年經常費一萬元，至為欣感。茲擬繕就，歡迎參加合組及提出合辦具體意見，公函並合辦契約，如以為可用，即請加蓋印章發出為荷。前向農進委員會函請補助萬元，已接覆函，允准向經濟部函請補助，亦在核審之中。為擴大本所事業起見，已函聘前經濟部農林司技正，現任四川農林改進所森林試驗場場長鄭萬鈞博士來滇任本所副所長，而汪發纘先生則專任植物標本室主任。鄭先生為國內有名之森林植物學家，在國際頗有聲譽，在國內以調查四川峨眉馬雷屏區之森林著名，四川木業公司之成立即以其森林調查為基礎。彼此次肯捨棄其每年經臨兩費十萬元之事業來滇，實本所之厚幸也。彼在就職之前，將往重慶與即將成立之農林部與貿易委員會各項機關接洽補助款事。以鄭先生之卓越辦事能力及人事上之關係，必能使本所

〔註913〕 李學通著《翁文灝年譜》，山東教育出版社，2005年10月版，第215頁。

〔註914〕 《江西省立中正大學籌備委員會常務委員會第十四次會議記錄》（1940年5月24日）江西省檔案館藏，檔號：J037-1-00647-0123。

〔註915〕 《為推定中正大學經費管理委員會委員簽請轉請總裁核定由》（1940年6月5日），江西省檔案館藏，檔號：J037-1-00652-0109。高志軍著《政治與教育的互動：國立中正大學研究》，2021年12月華中師範大學博士學位論文，第127頁。

事業向前邁進。特此預告，即希鱗知為荷。

專此敬頌

鈞安

弟 胡先驌

五月二十四日（1940 年）〔註 916〕

5月30日，胡先驌致劉咸信函。

重熙仁弟惠鑒：

前函言宗清事，想已入覽。近彼又來函，瀆援硬謂桂先生營私，語意亦至不遜，時日未到，即索五月薪。渠私人賣家具款亦向驌索付，可謂不明事理已極。已去函語誠，彼任性如此，恐無法相處矣。劃頭款已辦好否，盼即寄下以應急需，並請函黃紹緒寄我一稿費詳賬為盼。

得唐曙東函，云彼須在滬購照相用具、一部分儀器書籍，曾作數函奉託，尚未見復，不知是否因社務事冗，抑嫌曙東絮煩，或不諳人情？曙東缺點甚多，然努力工作之情，殊堪佩仰。吾在國家興建立場，宜不吝相助，且木材研究仍為靜生之事業，尚望為驌為之幫助也。彼現有充分經費，惟頗缺助理人，彼甚需工科畢業生為助，尚望特為留意。如有此項優等畢業生，有志於研究而不圖近利者，請特為介紹，如有長於中英文而願任編輯之人，彼亦樂用之也。

專此，即頌

近祉

先驌 拜啟

〔廿九年〕五月卅日〔註 917〕

5月，胡先驌致黃野蘿信函。

中正大學農學院創立後，不久，校長胡先驌即致函黃野蘿，請他回國執教。黃野蘿為了以自己專長報效祖國，他毅然放棄美國優厚的生活條件、科研環境和安定的社會生活，來到戰時省會泰和，

〔註 916〕 胡宗剛撰《胡先驌先生年譜長編》，江西教育出版社，2008 年 2 月版，第 277頁。

〔註 917〕 周桂發、楊家潤、張劍編注中國科學社檔案資料整理與研究《書信選編》，上海科學技術出版社 2015 年 10 月版，第 126 頁。

受聘擔任正大農學院教授。〔註918〕

6月1日，中正大學籌委會在泰和縣城郊上田鄉杏嶺村成立並辦公；以劉百萬（厚生）捐獻的宅第為校址，熊式輝、程時煃、邱椿、蕭純錦、馬博庵、蔡方蔭、朱有騫、羅廷光等為籌備委員會委員；熊式輝為主任委員。並設有校舍設備，圖書儀器，教育計劃三個專門委員會。在這期間，修築了杏嶺至黃崗的公路，蓋起了大禮堂一座，教室一座，圖書館一座，學生宿舍二座，膳食廳一座，教職員住宅二十所，實驗室、繪圖室、診療室各一所。購置了10萬餘元之儀器和圖書資料，安裝了電燈、電話、草擬了學校的主要規章制度，聘定了部分專職教授。

6月3日，胡先驌致劉咸信函。

重熙仁弟惠鑒：

得五月廿三日手書，並壹千壹百四十元匯票一紙，具悉種切。中正大學籌備事在渝曾見程柏廬，具知其崖略。柏廬亦曾徵驌之意見，但驌表示不能捨棄靜生，柏廬亦以為驌之個性或不宜於斯席。驌曾函熊主席，對於平民派主文法科表示懷疑。並聞柏廬云，據熊主席之意，此校名為國立，實為省立，辦事必多困難，然苟奉化必欲以此校相屬，亦義不容辭。惟無論如何，必不棄靜生，若不見許，亦無法受命也。此種情形請勿為第二人（連秉師在內）道為感。

吾弟亦曾謂驌，如辦大學必至失敗，然驌自謂或不爾爾。驌如能主持大學，自有一番革新高等教育主張。第驌亦深知所短，而贛局能否容放手做去，大是問題。蓋驌既不能唯唯諾諾，惟安義之命是從。而蕭叔絅（即程柏廬亦在內）復不喜驌赴贛，故恐終無所成。然正之去，恐尤不好辦也。此事驌無所容心，靜看其推移。至於吾弟之行止，此時恐亦談不到也。

專此肅復，即頌

研祺

先驌 拜啟

〔廿九年〕六月三日〔註919〕

〔註918〕鄭瑤著《繼往開來責在斯——國立中正大學農學院研究（1940～1949）》，2019年江西師範大學碩士研究生學位論文，第16頁。

〔註919〕周桂發、楊家潤、張劍編注中國科學社檔案資料整理與研究《書信選編》，上海科學技術出版社2015年10月版，第127頁。

6月4日，靜生生物調查所致雲南省教育廳信函。

　　靜生所致函教育廳，請教育廳轉呈省政府，給予劉瑛一行發放護照並令飭沿途各縣長官予以保護。該函是這樣述及此次採集之緣由：「本所為調查西北部植物及農林植物概況起見，曾由廬山森林植物園設工作站於麗江，分由秦仁昌等駐麗江及滇北擔任各項考查，均蒙熱心相助，使工作進行咸感順利。茲續派本所採集員劉瑛前往，致力同樣工作。」不過，此事將靜生所與農林植物所有所區分，其意義何在，則不甚清楚。〔註920〕

6月11日，準備成立種苗公司。

　　胡先驌在昆明還與一已退休之德籍軍事顧問艾克商議，組織一個大規模種苗股份公司，邀請愛好園藝的人士入股；〔註921〕時法國殖民地安南政府因其境內紅河下游每年洪水泛濫，意欲整治，先為調查雲南境內紅河上游森林生態，胡先驌獲悉之後，積極促使法國大使館和國民政府經濟部予以資助，由農林所來完成此項調查任務。今由於資料欠缺，不知此兩項議案實施的情況如何。〔註922〕

6月11日，胡先驌致龔自知信函。

仲鈞先生惠鑒：

　　接奉貴廳六月六日公函，知敝所所請公米已經批准，至深感荷。旬日以來，敝所復有重要發展，得重慶電，知委座已核准每年補助敝所研究費二萬元款，由軍需署撥發。農業促進委員會補助敝所一萬一千二百元，第一期領款收據已寄去矣。現正向貿易委員會請補助種植油桐，亦有成功之希望，從此敝所之經濟基礎穩固矣。

　　明年春擬同北疆博物院主任王爾德博士由大理南下，採紅河上游兩岸森林與植物、社會情形，安南政府可助經費，並由法國大使

〔註920〕靜生生物調查所致雲南省教育廳函，1940年6月4日，雲南省檔案館藏教育廳檔案，1106-005-01142-003。胡宗剛著《雲南植物研究史略》，上海交通大學出版社2018年7月版，第110頁。
〔註921〕胡先驌致龔自知，1940.6.11。昆明：雲南省檔案館，12（4）。
〔註922〕汪發纘，《本所之回顧與前瞻》，《雲南農林植物研究所叢刊》，1941.1（1）。胡宗剛著《靜生生物調查所史稿》，山東教育出版社，2005年10月版，第139頁。

請經濟部予以資助。蓋紅河下游每年泛濫，安南損失甚大，故安南政府甚願調查紅河上游情形，以謀補救之道，此為雲南、安南兩政府一良好合作之機會，不可錯過。王爾德前請驌作函介紹請省府發給彼赴大理護照，想已為之代辦矣，甚以為念。

再日前更有一重要發展，退職德國籍軍事顧問艾克，前以中央介紹在西山附近購地建屋閒居。此公極愛園藝，而鑒於雲南園藝植物之豐富甲於世界，乃與驌商議擬組織一大規模種苗公司，本在二十萬元以上，專營中國園藝植物種苗，聞裴市長亦擬入股。艾克君志在為中國花卉園藝學立永久之基礎，目的不徒在課利，故其請人入股，異常審慎，非志同道合而饒有科學興趣者不邀。並將與靜生生物調查所合作即在其園地上辦一植物園，並補助以後之採集研究事業。待不日章程擬就，再以呈教，甚盼臺從亦能酌量入股贊助也。花卉園藝事業，資本大者之至數千萬金，東亞只有橫濱種苗公司一家可為世所稱，雲南種苗公司發達之後，不難勁奪該公司之市場，而本省植物與園藝學之研究亦將因此公司之成立而愈趨於進步矣。知關錦注，特以奉聞。繆雲臺先生處有回信否？念念！

　　專此敬頌

政安

　　　　　　　　　　　　　　　　　　弟　胡先驌　拜啟

　　　　　　　　　　　　六月十一日（1940 年）〔註 923〕

6 月 18 日，胡先驌致劉咸信函。

　　重熙仁弟惠鑒：

　　　　接奉六月六日手書，備悉。昨得立夫先生來函，云黃素封旅費已函滬撥款三百元，大約希望彼由寧波遵陸來渝。並云渠出外考察，七月初回部，素封屆時到渝，當可晤見。若此函到時，素封尚未起程，請代買二號（脂肪性）愛的霜四罐帶往重慶，以便設法帶與王宗清。因上次所帶之愛的霜以過重存港，而轉攜至昆明，未帶與宗清故也。此外，另買（中國化學社製）三星胭脂膏四盒，交張英伯帶昆（可

〔註 923〕胡宗剛撰《胡先驌先生年譜長編》，江西教育出版社，2008 年 2 月版，第 277～279 頁。

囑彼藏身上，如不能藏身上，即報過境稅為要）。宗清之款，驌處已匯七百元，上次支票又有七百元，此次五月款又已付，蓋已付清矣。

生活之高，各處皆然，平所增薪二三成，而低級員工尚叫苦不迭，只有將技師階級之津貼稍為削減，以資津貼。至於昆明則尤無辦法。社中當局無進取能力，殊堪慨歎。驌此行即為滇所增款至四萬以上，以科學社悠久之歷史而無辦法，誰其信之？支票已收到，前請囑黃紹緒開一稿費詳賬來，已照辦否？念念。中正大學方面無甚消息，但聞正之不欲回贛而已。

專此，即頌

近祺

驌 拜啟

〔廿九年〕六月十八日

致秉師一箋乞轉交〔註924〕

6月22日，胡先驌致雲南省經濟委員會信函。

靜生所與雲南省教育廳合辦雲南農林植物所已有一年之久，此時，胡先驌來昆明主持該所，又邀雲南省經濟委員會加入合辦之列，在商談過程之中，胡先驌不忘洛克所留下標本，乃云「多年前美國植物學家洛克在滇採集之植物標本，曾以一份贈滇省，聞此項標本向歸貴會保管。此項標本對於貴會或無甚需要，而在植物研究所則為有價值之研究資料，相應函請貴會將此項標本撥交該植物研究所保存應用，是為至感。」這批標本是否轉移給農林植物所，從今日昆明植物所標本館所藏洛克標本僅幾份，可以推測並未移交。至於其最終下落也不知，甚為遺憾。〔註925〕

6月23日，胡先驌致朱家驊信函。計劃在昆明設立一植物園，研究西南植物，希望大力幫助。

〔註924〕周桂發、楊家潤、張劍編注中國科學社檔案資料整理與研究《書信選編》，上海科學技術出版社2015年10月版，第128頁。

〔註925〕胡先驌致雲南省經濟委員會函，1940年6月22日，雲南省檔案館檔案，121（34）。謝立三抄錄。胡宗剛著《雲南植物研究史略》，上海交通大學出版社2018年7月版，第23頁。

驌先先生惠鑒：

　　在渝匆匆，未得詳談，至以為悵。弟來昆明後，即積極整理滇所，近蒙委座核准，由軍需署每年補助敝所研究經費二萬元，他方亦有數萬金之補助，經濟基礎以立。來滇後結識艾克先生，彼素好植物學與園藝學，彼於靜生生物調查所歷年在川滇一帶採集植物之工作與在國際上之名譽，擬與靜生永久合作，組織一大規模國際種苗公司，並每年補助採集研究經費，以期在昆明創立一植物園，專門栽培研究西南各省之植物。今以艾克先生赴渝之便，特專函備呈顛末，即希鼎力援助，成茲盛舉，是為至禱。

　　專此敬頌

政綏

弟　胡先驌　拜啟
六月廿三日（1940 年）〔註 926〕

6 月 24 日，朱家驊致胡先驌函，將竭盡全力支持其事業的發展。

步曾先生大鑒：

　　昨艾克先生到渝，轉致手札，欣悉種切。承示擬在昆明創立植物園一節，將來成立之後，於學術及民生貢獻必多，特轉函龍主席，請其酌量援助，即希徑行洽商，無任企幸。

　　專此奉復，敬頌

臺綏

弟　朱家驊　拜
六月廿四日（1940 年）〔註 927〕

6 月 29 日，教育部長陳立夫致蔣介石信函。

簽呈：

　　案查國立中正大學業經本部呈請行政院核准設立在案，關於該校校長人選（曾經本部慎重選擇，並電商熊主席，擬以吳有訓充任，嗣准電覆。俟國民代表大會時來渝面商，會呈鈞座核定。惟查該校

〔註 926〕臺灣中央研究院近代史研究所朱家驊專卷。《胡先驌全集》（初稿）第十七卷下中文書信卷，第 417 頁。
〔註 927〕臺灣中央研究院近代史研究所朱家驊專卷。

成立在即，校長人選，似未便久懸。茲查吳有訓，堪以立任。吳係
贛人，北伐時曾參加革命工作，後致力學術，為國內著名物理學者，
國際上最負盛譽。德國普魯士學術院曾舉為名譽會員，歷任國立清
華大學物理系主任、理學院院長；現任國立西南聯合大學理學院院
長，全國學術審議委員會委員，以之充國立中正大學第一任校長，
人地似屬相宜。如蒙鈞座核准，擬提請院會轉呈國民政府正式任命，
並擬請鈞座賜電敦促即日赴贛就職。是否有當？理合鑒請核示。
謹呈總裁蔣

教育部長 陳
二十九年六月廿九日〔註928〕

6月，Paramichelia, A New Genus of Magnoliaceae（木蘭科之一新屬，合果
含笑屬）刊於 Sunyatsenia《中山大學學報》（第 4 卷第 4 期，第 142～145 頁）。

6月，江西在泰和籌備中正大學，熊式輝作為省立來辦，時任教育部陳立
夫部長認為，以總裁名字創辦的大學，必須是國立的。

熊式輝在江西泰和籌備辦一所大學。熊式輝辦這所大學的意圖
是要培養他的幹部，起先他要把這所大學算作省立，陳立夫堅決不
肯，才成為國立的。〔註929〕

6月，農林植物所向雲南省經濟委員會提交《雲南農林植物研究所概況》
文本，報告農林植物所組織領導、設置部門及工作大綱。本年內，農林植物所
補助費由 1 萬元增到 2 萬元。規模增大，人員增加至 13 人。所長胡先驌（在
北平），專職副所長鄭萬鈞，研究員有汪發纘、陳封懷、俞德濬，王啟無、劉
瑛、張英伯，助理研究員兼繪圖員匡可任以及雷俠人（會計）、曾吉光（文書）、
梁國賢（事務）、金德福（助理）、邱炳雲（採集員），此外還有信差張家書和
工人查萬生、劉文治、吳家猷、李鍾先、李鍾嶽。蔡希陶時任龍泉公園主任。
對農林植物研究所從設立緣起、組織機構，人員設置，開展工作等方面作了介
紹：

〔註928〕 胡宗剛著《胡先驌出任中正大學校長再探討》，公眾號註冊名稱「近世植物學
史」，2022 年 06 月 14 日。
〔註929〕 胡先驌著《對於我的舊思想的檢討》，1952 年 8 月 13 日。《胡先驌全集》（初
稿）第十五卷人文科學文章，第 629～640 頁。

　　滇省幅員廣袤，地形複雜，氣候兼寒、熱、溫三帶之性質，植物種類及資源特為豐富，就為世界之植物學者所豔稱。靜生生物調查所自民國二十年起即派員來滇做大規模之植物調查，歷時十年無間斷，足跡殆遍全滇，收穫豐富，成績優異，其間賴雲南教育廳熱心扶助之力居首，嗣以平滇交通不便，為就近工作便利起見，始由靜生生物調查所與雲南教育廳圖謀合辦雲南農林植物研究所，以專事調查研究全省植物。雲南教育廳為籌撥開辦費及經常費，靜生生物調查所則遴聘技術人員擔任與指導並捐贈圖書儀器。昆明市政府則允借黑龍潭龍泉公園全部廳殿園山以為辦公研究及試驗栽培之用，本所乃於民國二十七年四月籌備成立。

　　本所工作除繼續靜生生物調查所在滇未竟之植物採集調查而外，對於滇省農林植物產量之調查研究、栽培試驗、開發設計等項工作不遺餘力。二十九年春，雲南教育廳復將本所經常費增至壹萬元，由為籌撥建築費貳萬餘元，購地建屋，用奠研究永久基礎。鳩工集材，時逾數月，新廈溫室俱先後落成。最近雲南全省經濟委員會對於本省農林富源之開發頗為重視，旋於今年概允補助本所經常費壹萬元，加入合作，使研究調查規模擴大，工作人員大為增添，此外中央各部亦以鉅款補助本所研究，俾應抗戰建國增加生產之需要。本所研究事業兼具有中央和地方政府之協助，將來發展貢獻於國家社會者正未可限量也。

　　本所由雲南教育廳、雲南全省經濟委員會、及靜生生物調查所合辦。本所所長即由靜生生物調查所所長兼任，所長以下設副所長一人，襄助所長處理所務，所長離所時，代表所長主持一切。此外有研究員、採集員、助理員、技工各若干人，分任研究、調查、採集、栽培試驗等各項工作，組織系統如圖：

雲南教育廳　　　　　　　　　　　　　　　　　　　　　總務部

　　　　　　　　　　　　　　　　　　　　　　　　　　標本室

雲南全省經濟委員會—雲南農林植物研究所所長—副所長—陳列室

　　　　　　　　　　　　　　　　　　　　　　　　　　圖書室

靜生生物調查所　　　　　　　　　　　　　　　　　　　試驗場

這個報告上，農林植物研究所的成員為 13 人：

胡先驌所長，鄭萬鈞副所長。

汪發纘研究員，陳封懷研究員，俞德濬研究員，王啟無研究員，張英伯研究員兼採集員，劉瑛研究員兼採集員。雷俠人會計兼文牘，匡可任助理員兼繪圖員，梁國賢事務員，曾岂光書記，金德福助理員。

在 1940 年 7 月份的工資清單上，農林植物研究所領取工資的工人為六人，信差：張家書，工人：查萬森、劉文治、吳家猷、李鍾先、李鍾嶽。

蔡希陶此時在龍泉公園經理任內，沒有出現在農林植物研究所的成員名單中。

農林植物研究所的工作大綱：

甲、研究調查。

1. 雲南森林植物之研究（正在工作中）。

2. 雲南全省植物組合概況之研究（報告已刊刻）。

3. 雲南主要林木生長之研究（正在工作中）。

4. 雲南東南部經濟植物之調查（已竣事）。

5. 滇緬路南段經濟植物之調查（計劃進行）。

6. 雲南西北部森林之勘測與開發設計（計劃進行）。

7. 雲南建築木材之調查（正在工作中）。

8. 雲南藥用植物之調查（正在工作中）。

9. 雲南省經濟植物名錄（即將完成）。

10. 雲南省經濟植物誌（計劃進行）。

11. 昆明植物誌（正在工作中）。

12. 雲南省單子葉植物之研究（一部分報告已刊行）。

13. 雲南省櫻草之研究（一部分報告已刊行）。

14. 雲南省豆科植物之研究（一部分報告已刊行）。

15. 雲南省薔薇科植物之研究（一部分報告已刊行）。

16. 昆明附近教育公有林之勘查（已竣事）。

乙、栽培試驗。

1. 雲南省各地特產植物之引歸栽培（正在工作中）。

2. 雲南省中部重要樹種之繁殖試驗。

3. 雲南省經濟植物之繁殖試驗。

4. 工藝植物之栽培試驗。

5. 雲南省釀酒原料之繁殖試驗（計劃進行中）。

6. 龍泉公園布置設計（市政府委託，在工作中）。

7. 昆明新校區造園設計（教育廳委託，已結束）。〔註930〕

6月，胡先驌致雲南省經濟委員會信函。

胡先驌在昆明還與雲南全省經濟委員會繆雲臺商定，由該委員會出資1萬元，加入合辦農林植物所之列。胡先驌為將三方合作持久，特起草三方合作協議，請經濟委員會審核，在送請同時，胡先驌還致函經濟委員會，其云：「雲南農林植物研究所成立一年有餘，惟以草創之初，經費有限，不敷展布，現正向中央政府各部會商請補助經費，並添聘要員增進所務。復蒙貴會深悉雲南農林植物調查研究之重要，熱心贊助，允撥該所經營費一萬元，加入合辦，無任歡迎。以後該所當勉力調查滇省經濟植物富源，以期已有之事業得以擴充，新興之事業得以成立。凡遇貴會委以調查之事項，則尤應努力極命。惟事業無窮，經費有限，若逢大規模之試驗，必非此區區之費所克負荷，時或有另案尚請補助經費，撥領山場之需要。總之，該所成立以增進滇省農林富源為目的，既蒙貴會補助經常費，合辦即為貴會事業之一種，以後該所之作業方針，尚時須貴會不吝指教，以匡不逮。茲僅將原有合辦契約增改，送徵同意，即希查照，並希將此合約草稿修改，早日發還，以便繕正，送請蓋印，分執保存為荷。」〔註931〕

7月8日，胡先驌致劉咸信函。

重熙仁弟惠鑒：

前函述及陳封懷薪金，計已達覽。自七月份起，驌仍聘唐曙東

〔註930〕引自1940年6月雲南全省經濟委員會《經委會、教育廳、靜生生物調查所及經費支出問題》案卷。中國科學院昆明植物研究所編委會編《中國科學院昆明植物研究所簡史（1938～2008）》，2008年10月版，第31～33頁。

〔註931〕胡宗剛著《雲南植物研究史略》，上海交通大學出版社2018年7月版，第95～96頁。

為本所（靜生）兼任技師，月薪百元。七月份款撥到即以百元送與其
夫人，如能代為先籌百元送去，尤感。蓋其夫人近方生產，費去五百
餘金，經濟十分窘迫也。六月廿四日，北碚被炸，中工所全部被焚，
曙東之衣物文稿全部被毀，國外所抄之文獻亦被毀一部，可謂慘矣。

　　　專此，敬頌

近祺

　　　　　　　　　　　　　　　　　　　　　　　先驌　拜啟

　　　　　　　　　　　　　　　　　〔廿九年〕七月八日〔註932〕

7月10日，胡先驌致劉咸信函。

重熙仁弟惠鑒：

　　　六月十七日手書拜悉。唐曙東疏於人事，驌所素悉，彼在社呵
斥傳達事，驌此次在渝即曾告誡。尊函所言種切當再告彼，惟尚乞
念彼人本不壞，而在同門中又為最能努力學問之人，此次在渝所遭
又酷，務請在可能範圍內盡力為之幫忙為荷。

　　　此函到滬時，宜之度已南下，渠此次之行純應秉師之招，如秉
師不能設法為之籌得旅費，則彼將無辦法矣。中正事先尚無確訊，
仲呂所言彼亦曾函告，信否不可知，此事驌無所容心。滇所得各方
補助，前途至為光明。此外一方既有種苗公司之組織，一方黃野蘿
又能在美集得鉅資回國，經營農林事業。故除非各方推挽，必須驌
為桑梓服務，驌亦無須自尋麻煩也。然苟驌終回贛者，則至遲一二
年後必辦理學院，仍盼吾弟能回贛相助也。李羽笙已赴滬，曾晤見
否？餘容後詳。

　　　即頌

近祺

　　　　　　　　　　　　　　　　　　　　　　　驌　拜啟

　　　　　　　　　　　　　　　　　〔廿九年〕七月十日

　　　致秉師一箋，乞轉交為荷〔註933〕

〔註932〕周桂發、楊家潤、張劍編注中國科學社檔案資料整理與研究《書信選編》，上
　　　　海科學技術出版社 2015 年 10 月版，第 129 頁。
〔註933〕周桂發、楊家潤、張劍編注中國科學社檔案資料整理與研究《書信選編》，上
　　　　海科學技術出版社 2015 年 10 月版，第 120 頁。

7月24日，雲南全省經濟委員會、雲南省教育廳、北平靜生生物調查所簽署三家合辦雲南農林植物研究所的契約，龔自知代表雲南省教育廳、胡先驌代表北平靜生生物調查所簽字，契約有十款。

雲南全省經濟委員會

雲南省教育廳　　　合辦雲南農林植物研究所契約

北平靜生生物調查所

一、為調查雲南省所產與農林有關之經濟植物，以期開發本省農林富源起見，雲南全省經濟委員會、雲南省教育廳、北平靜生生物調查所簽署三家合辦雲南農林植物研究所。

二、雲南全省經濟委員會擔任補助該所經常暫定每年國幣壹萬元。

三、雲南省教育廳擔任供給所址及籌撥開辦費與一部分常年經費。

四、靜生生物調查所擔任學術與技術上研究指導之責。

五、所中之技術人員的舊靜生生物調查所內職員調充或選任，其薪俸大部分由靜生生物調查所擔任之。

六、雲南農林植物研究所所長既由靜生生物調查所所長兼任。

七、靜生生物調查所在必要情況下，以書籍、儀器、標本，借與雲南農林植物研究所應用。

八、農林植物研究所須擔任雲南省教育廳或云南經濟委員會索章（著者注：委）託之各項調查及研究工作，但若此項工作規模較大，需款特多，費該所經費所克負荷時，得商請該委託機關另撥專款，以充其用。

九、本契約共繕五份，分由雲南省政府、雲南全省經濟委員會、雲南省教育廳、靜生生物調查所、雲南農林植物研究所各執一份存照。

十、此項契約在必要時，得於三方同意情況下修訂之。

　　　　　　　　　　　　　　　　　　訂約人

　　　　　　　　雲南省經濟委員會　　　　　（章）

　　　　　　　　雲南省教育廳廳長　龔自知（簽章）

　　　　　　　　靜生生物調查所所長　胡先驌（簽章）

二十九年七月二十四日〔註934〕
中華民國二十九年七月二十四日

7月，吳有訓致陳立夫信函。

立公部長鈞鑒：

虢密於前日拜悉，盛意至感，恕不能遵命。個人學業及對任職
學校等，不敢多瀆。下述三點，懇求明察：一、訓自去年病後，至
今未能恢復，繁重職務，實無力擔任；二、中正大學為尊崇總裁而
設，必於學術方面有特殊貢獻，方合名義。訓覺在現狀下，實難辦
到。凡有負此偉大高崇人名之舉，訓決不敢嘗試；三、中正大學成
立不久，似無特須整頓之點，即有，似以督促現任校長辦理為宜。
區區誠意，諸盼洞鑒，並希原宥是幸。春間如賤軀較好，有機來渝，
當晉謁面陳種切。

專此，敬頌鈞安　　　　　　　　　　　　　　吳有訓

謹啟電覆不易達意，特函呈。又及。〔註935〕

7月，國民政府公布中央研究院評議會第二屆評議員名單議長：朱家驊、
秘書：翁文灝。當然評議員：朱家驊、葉企孫、薩本棟、丁燮林、吳學周、周
仁、李四光、張鈺哲、竺可楨、傅斯年、汪敬熙、陶孟和、王家楫、羅宗洛、
趙九章。聘任評議員：姜立夫、吳有訓、李書華、侯德榜、曾昭掄、莊長恭、
凌鴻勳、茅以升、王寵佑、秉志、林可勝、陳楨、戴芳瀾、胡先驌、陳煥鏞（1944
年3月調整為錢崇澍）、翁文灝、朱家驊、謝家榮、張雲、呂炯、唐鉞、王世
杰、何廉、周鯁生、胡適、陳垣、趙元任、李濟、吳定良、陳寅恪。

7月，諸多單位共同資助經費。

雲南省教育廳的出資力度也加大，常年費增至1萬元。7月，
胡先驌還與雲南全省經濟委員會繆雲臺商定，由該委員會出資1萬
元，加入合辦農林所之列，並簽署協議。〔註936〕

〔註934〕中國科學院昆明植物研究所編委會編《中國科學院昆明植物研究所簡史
（1938～2008）》，2008年10月版，第30頁。
〔註935〕胡宗剛著《胡先驌出任中正大學校長再探討》，公眾號註冊名稱「近世植物學
史」，2022年06月14日。
〔註936〕胡宗剛著《靜生生物調查所史稿》，山東教育出版社，2005年10月版，第138
頁。

8月5日，胡先驌致朱家驊信函。

騮先先生惠鑒：

　　昨奉七月卅日手教，並致龍主席書，無任感謝。日間即將晉謁面授，他日植物園得以創立，西南各省農林植物研究得以順利進行，皆出臺從之賜矣。

　　專此申謝，祗頌

臺綏

　　　　　　　　　　　　　　　　　　　弟　胡先驌　拜啟

　　　　　　　　　　　　　　　　八月五日（1940年）〔註937〕

1940年國立中正大學在江西泰和縣上田鎮杏嶺自然村的總務處大樓舊址

胡啟明在國立中正大學總務處大樓前留影

〔註937〕《胡先驌全集》（初稿）第十七卷下中文書信卷，第418頁。

國立中正大學總務處大樓簡介

8月14日，吳有訓拒絕擔任中正大學校長。

　　教育部於是請蔣夢麟游說吳。蔣夢麟游說效果不佳，8月14日
將吳有訓心跡如實告知陳立夫：「頃晤及吳正之兄謂大部輯聘正之為
中正大學校長，萬一實現正之表示絕對不能奉命，並慮及部令發表
後正之堅決不就，部方居間為難，莫若另簡言辭懇切，弟亦以正之
意旨既堅定所慮亦是，謹為轉呈，乞卓裁電覆為荷」。〔註938〕

8月18日，交代推薦當選國立中正大學校長緣由。

　　熊式輝推薦我做中正大學校長，正是一個最適合的機會。那時
候陳立夫本來是想任命吳副院長去做校長的，而我卻是蔣介石所特
別賞識的人。我對於做官沒有興趣，此次卻做了第一任紀念國民黨
領袖的大學校長，我是引以為榮的，所以我便毫無遲疑地接受了這
個任務。〔註939〕

8月23日，教育部決定胡先驌任中正大學校長。

　　教育部回電蔣夢麟：「已提院以胡先驌任中正大學校長」。〔註940〕

〔註938〕《國立中正大學教職員人事任免以及薪津待遇等有關文書》之《正之堅不欲
　　　　長中正》。高志軍著《政治與教育的互動：國立中正大學研究》，2021年12月
　　　　華中師範大學博士學位論文，第52頁。

〔註939〕胡先驌著《對於我的舊思想的再檢討》，1952年8月18日。《胡先驌全集》
　　　　（初稿）第十五卷人文科學文章，第641〜646頁。

〔註940〕《密》《國立中正大學教職員人事任免以及薪津待遇等有關文書》。高志軍著
　　　　《政治與教育的互動：國立中正大學研究》，2021年12月華中師範大學博士
　　　　學位論文，第52頁。

　　8月26日，國民政府行政院478次會議通過，決定任命胡先驌為國立中正大學校長，教育部根據行政院會議紀要，以教育部令的對外公布。

　　　　經行政院第四七八次會議決議，「任命胡先驌為國立中正大學校長」。胡先驌在知曉行政院已任命他為中正大學校長後，即遵教育部電「即赴渝請訓」。校務仍由籌委會主持。〔註941〕

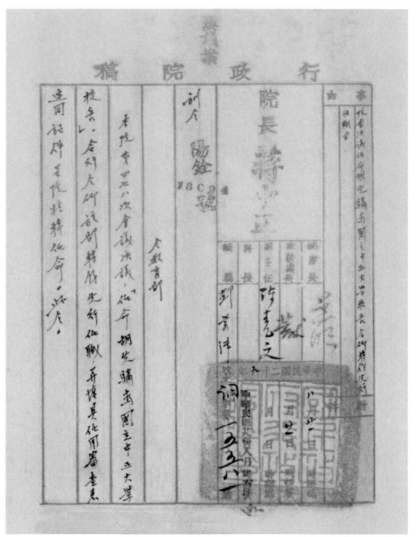

1940 年 8 月 26 日行政院四七八次會議決議任命胡先驌為國立中正大學校長

〔註941〕　《國立中正大學教職員人事任免以及薪津待遇等有關文書》之《令知決議任命胡先驌為中正大學校長》。高志軍著《政治與教育的互動：國立中正大學研究》，2021 年 12 月華中師範大學博士學位論文，第 53 頁。

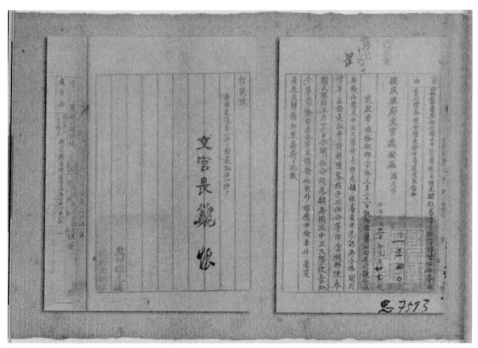

國民政府文官處公函胡先驌為國立中正大學校長

教育部訓令任命胡先驌為國立中正大學校長文件

8月27日7時，江西省省會泰和各屆代表在中山紀念堂舉行孔子誕辰紀念大會。

8月30日，胡先驌致龔自知信函。

仲鈞先生侍席：

日昨造謁，聞抱清恙，未得一晤，至以為悵。驌奉教部電云，蒙任中正大學校長，現定於九月四日飛渝，面洽事畢，即當徑行飛贛，不及告別矣。

鄭萬鈞博士不日可到滇，弟深以未能偕彼造謁為憾，屆時當由汪發纘先生介同一談。敝所蒙臺從熱心維護，始立規模，今夏更蒙委座補助經費，以後大有可為。弟雖赴贛，仍當負責指導所務之進行。以鄭先生之才幹，敝所將來必能為滇省開發農林富源之幫助，甚望臺從始終匡助之，以觀厥成，庶不負吾二人設斯所之初意。繆雲臺先生及裴市長兩處尤乞代為達意致候，並盼早日將經濟委員會之補助款發下，以利進行。弟到贛之後當再來函奉候也。臨別神馳，不盡欲言。

祇頌

臺綏

弟　胡先驌　拜啟

八月卅日（1940年）〔註942〕

8月，Notes on the Fagaceae of Yunnan（雲南山毛櫸科之記述）刊於 Bull. Fan Mam. Inst. Biol. Bot.《第六次太平洋學術會議論文集》（第10卷第2期，第83～111頁）。

8月，姚名達任國立中正大學文法學院副教授。

姚名達（1905.3.16～1942.7.7），字達人，乳名俠生，號顯微，江西興國縣人，姚名達與姚顯微二名通用，實指同人。應國立中正大學之聘，任文法學院副教授兼導師，講授《中國通史》。

姚名達1925年9月「初到國立清華大學研究院，受業於梁任公先生，即立志用十年工夫，專門研究中國史學史」時年才21歲。數

〔註942〕胡宗剛撰《胡先驌先生年譜長編》，江西教育出版社，2008年2月版，第281頁。

年內發表了一些論文和專著，收集了許多珍貴史料。不料「一・二八事變」，「被倭寇把它和我的家完全炸毀了。次年春在國立暨南大學授中國史學史，才逐步形成一部可供讀習、可供研究的中國史學史初稿。」他早就決定中國史學史至少當有六部。第一部中國史學通史，第二部中國史學年表，第三部中國史學論文總集，第四部史學家列傳，第五部史學大辭典，第六部史書提要。現僅存一部中國史學通史，原是 1934 在在上海復旦、暨南大學教學的講義，油印本。在中正大學時期，此講義本是否重印使用？未查考——編者。〔註943〕

9月4日，請蔣介石為中正大學撰寫訓詞。

　　熊式輝請求蔣介石為該校撰寫開學訓詞：中正大學創立與抗戰期中，除研究學術作育人才之責任與一般大學相同外，更有其特殊旨趣。前經函呈諒蒙鑒察。茲定於雙十節在泰和開學，莊嚴偉大，迄今立前方，此實我民族復興之精神堡壘。敬乞賜頒開學訓詞，以為典謨，俾資遵循。〔註944〕

9月4日，由陳立夫、朱家驊兩位介紹胡先驌加入中國國民黨。

　　到了重慶後，我以為我既做了紀念國民黨的領袖的大學校長，便不能不加入國民黨，於是陳立夫、朱家驊二人介紹加入國民黨。我知道國民黨內陳、朱他們有小組織，我不願加入他們的小組織，所以我特請陳、朱二人介紹入黨，便是表示我不願參加他們小組的意思。〔註945〕

9月6日，《大公報》報導秦仁昌獲獎信息。

　　秦仁昌因之榮獲 1940 年荷印龍佛氏生物學獎。《大公報》有報導云：「荷印政府表示中荷親善，特將本年度該國龍佛獎金授予我國著名植物學家秦仁昌。按此項獎金，專為獎掖熱帶農林植物之研究

〔註943〕姚國源執行主編《浩氣壯山河——原國立中正大學抗日戰地服務團紀實》（上冊），江西高校出版社，2010 年 11 月版，第 49 頁。
〔註944〕高志軍著《政治與教育的互動：國立中正大學研究》，2021 年 12 月華中師範大學博士學位論文，第 54 頁。
〔註945〕胡先驌著《對於我的舊思想的檢討》，1952 年 8 月 13 日。《胡先驌全集》（初稿）第十五卷人文科學文章，第 629～640 頁。

者，數十年來照章受獎者，限於毗接荷印之澳菲印及馬來聯邦。自我抗建以來，學者多數在西南各地繼續工作，我生物調查所廬山森林植物園主任秦仁昌，即轉至西南研究亞熱帶及熱帶植物；並主辦樟腦廠及培植各種經濟作物，極有成績，故荷印為樹立中荷學術合作，決將此項獎金授予被稱為東亞蕨類植物權威之秦仁昌，請其逕往荷印研究，一切費用，概由龍佛獎金內支付，秦即將啟程前往」。〔註946〕

9月8日，以愛國僑領陳嘉庚為總團長的南洋華僑回國慰問團由粵來贛考察，該團由新加坡、菲律賓、馬來西亞、東印度等地工商、教育、新聞界代表組成，於是日抵達省會泰和慰勞江西軍民，在泰期間，陳嘉庚一行與熊式輝等江西省政府官員進行了交流，先後參觀了博物院、警犬訓練場、中正大學等多處場所，於14日離泰赴寧都。〔註947〕

9月11日，胡先驌代理國立中正大學校長。

陳立夫下令，「派胡先驌代理國立中正大學校長」。〔註948〕

9月11日，再請蔣介石為中正大學撰寫訓詞。

9月11日，熊式輝再電蔣介石：中正大學改定十月十一日〈鈞座誕辰〉舉行開學典禮，並以是日為創校紀念日，敬乞賜頒校訓並同寫訓詞，以為典謨，永資遵守。〔註949〕

9月24日，國立中正大學致江西省農業院信函。

〔註946〕中荷關係密切，我植物學家秦仁昌榮獲該國龍佛獎金，《大公報》1940年9月6日。胡宗剛著《雲南植物研究史略》，上海交通大學出版社2018年7月版，第150頁。

〔註947〕劉奇翔主編《抗日戰爭時期江西省會泰和——紀念中國人民抗日戰爭暨世界反法西斯戰爭勝利70週年》，《泰和文史資料》，第十三輯，政協江西省泰和縣委員會，2015年1月，第235頁。

〔註948〕《教育部關於派胡先驌代理國立中正大學校長的令》。高志軍著《政治與教育的互動：國立中正大學研究》，2021年12月華中師範大學博士學位論文，第53頁。

〔註949〕《江西省主席熊式輝電軍事委員會委員長蔣中正有關中正大學開學典禮請頒校訓及訓詞》。高志軍著《政治與教育的互動：國立中正大學研究》，2021年12月華中師範大學博士學位論文，第54頁。

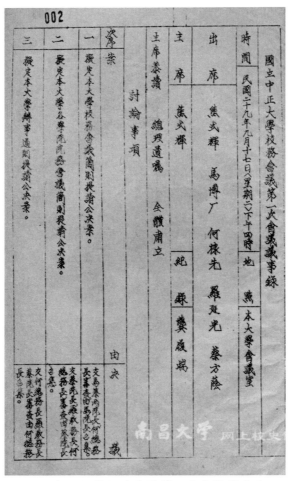

國立中正大學校務會議第一次會議議事錄

國立中正大學致函江西省農業院。院內學生的構成雖然以中學畢業生為主，但是也招收已經工作數年的農業技術人員，即便實踐經驗相對豐富，他們仍然需要通過教育部組織的大學入學考試，不予特例。江西省農業院曾經試圖請求中正大學准予該院技術人員免試進入農學院進修，胡先驌稱「實難應命」予以回絕。〔註950〕

9月24日，胡先驌致靜生生物調查所所委員會信函。

敬啟者：

近奉教育部電令，云行政院議決，任驌為國立中正大學校長，

〔註950〕鄭瑤著《繼往開來責在斯──國立中正大學農學院研究（1940～1949）》，2019年江西師範大學碩士研究生學位論文，第79頁。

比即來渝晉謁委員長及陳部長，曾言明不能輕離本所之理由，當蒙允與兼任。情意優渥，義無可辭。一方亦以本所基礎未固，兼領大學適是本所謀進一步之發展。思維再三，乃允受命。伏維驌在所任職十二年，理應休假兩次。而北平方面，外有司徒雷登先生在中基會董事會委託代為照拂，內有李良慶技師等負責主持，可無他虞；再則驌雖用休假之名，實際上仍可負責指導也。此種辦法，尚乞貴會核准為荷。

　　此致

靜生所委員會

胡先驌 謹拜

九月二十四日（1940年）〔註951〕

　　9月24日，胡先驌致唐燿信函。6月北碚中央工業試驗所遭到日軍轟炸，損失慘重。8月初，唐燿將木材試驗室遷往森林資源豐富四川樂山，開始借凌雲寺靜修亭作為辦公場所，靜生所自北平運到香港的木材實驗儀器和唐燿自歐美寄回的書籍和儀器也陸續轉運到樂山，試驗室擴充為試驗館。告知國民政府要員支持木材事業研究工作，更希望政府能在資金方面給予幫助，在木材研究方面取得更多業績。

　　曙東仁弟惠鑒：

　　　　九月八日手書備悉，錢次長、李司長對於木材事業如此熱心，至為快慰。驌當函李司長促成之。黃山澤人極能幹，可任庶務，亦可使之採集木材，請斟酌，並問其本人之志願為要，其全家姊弟皆有天才，如能費心訓練，大有可造，而自幼即經艱苦，而能自拔，尤為難得。性情甚佳，亦靠得住，尤能負責。仲呂重之，弟試用之，即知也。關於尊夫人處薪水事，已函楊宜之、李靜庵，即寄。並囑以後按月匯寄不誤。驌現定於九月廿六日飛桂轉贛，以後通函請寄江西泰和上田村教育廳轉為荷。

　　專此即頌

研祺

〔註951〕胡宗剛撰《胡先驌先生年譜長編》，江西教育出版社，2008年2月版，第282頁。

先驌

九月廿四日（1940 年）〔註 952〕

9 月 25 日，鄭萬鈞致龔自知信函。

　　9 月 25 日，建築工程完成。雲南農林植物研究所副所長鄭萬鈞致函雲南省教育廳廳長龔自知「貴廳撥款修建之陳列辦公用大廈工程頃已告竣，相應函請早日派員蒞所，驗收該項工程，實莫感深。」〔註 953〕

　　9 月，俞德濬、蔡希陶編譯，胡先驌校訂，漢譯世界名著《農藝植物考源》，商務印書館發行。1950 年 3 月再版。凡例：一、德空多爾氏農藝植物考源一書，出版於一八八二年，其英法文兩種，本書係據英文本摘譯而成。二、原書所用植物科學名稱，依照近年公布國際植物學命名法用多有不合，譯者參考挽近植物學典籍，一一加以改正。三、原書所列為世界各國之栽培植物，茲所譯者為吾國出產及增冗之種類，其從未見於中土者姑從略，但仍將其源流列於書末世界各國栽培植物考源一覽表中，以資參考。四、原書關於吾國栽培植物之考證尚嫌簡略，譯者常於篇末附以按語或就所知加以修訂，其與吾國關係較少之引述，則摘要譯出以便讀者。譯者一九三六年於北平

俞德濬、蔡希陶編譯，胡先驌校訂《農藝植物考源》

〔註 952〕 胡宗剛撰《胡先驌先生年譜長編》，江西教育出版社，2008 年 2 月版，第 282 ～283 頁。

〔註 953〕 中國科學院昆明植物研究所編委會編《中國科學院昆明植物研究所簡史（1938～2008）》，2008 年 10 月版，第 31 頁。

9月，《永豐縣志》載：劉文濤又與江西籍知名學者，教授胡先驌、楊惟義、歐陽祖經等人成立董事會，在藤田秋江來辦私立正峰中學。招收高中一年級學生 30 人，初中一年級學生 124 人，初中二年級學生 40 人。學校經費除勸募外，還自行開墾荒洲，經營畜牧。1947 年該校應屆高中畢業生參加全省統考，升學名次居全省第三。1952 年 3 月，私立正峰中學併入縣立中學。〔註 954〕

9月，中正大學籌備大體就緒，購得圖書儀器總價十餘萬元，建設完成大禮堂一座，教室一座，學生宿舍二座，圖書館一座，膳食廳一座，教職員住宅二十所，實驗室、繪圖室、診療室各一所。交通方面已完成杏嶺至黃崗公路一段。〔註 955〕

9月，參加在雲南昆明舉行中國科學社第 22 屆年會，當選為論文委員會委員。

年會職員：

（1）年會籌備委員會：熊迪之（委員長）、葉企孫、曾昭掄、吳定良、梅貽琦、任鴻雋、嚴濟慈、周仁、何尚平、沙玉彥。

（2）會程委員會：周仁（委員長）、何尚平、梅貽琦、任鴻雋、李書華、楊孝述。

（3）論文委員會：曾昭掄（委員長）、嚴濟慈、吳定良、葉企孫、楊鍾健、竺可楨、胡先驌、錢崇澍、王守競、姜立夫、劉咸。

（4）招待委員會：梅貽琦（委員長）、秦大鈞、張祿、沙玉彥、李繼侗、趙雁來、丁嗣賢。〔註 956〕

9月，章士美回憶讀書求學經歷。

9月，正是抗日戰爭進行得如火如荼的年代。槍炮聲中，中正大學在當時的省府所在地泰和，風景秀麗的杏嶺腳下成立。我作為中

〔註 954〕 江西永豐縣志編纂委員會編《永豐縣志》，新華出版社 1993 年 10 月版，第 464 頁。

〔註 955〕 劉奇翔主編《抗日戰爭時期江西省會泰和——紀念中國人民抗日戰爭暨世界反法西斯戰爭勝利 70 週年》，《泰和文史資料》，第十三輯，政協江西省泰和縣委員會，2015 年 1 月，第 235 頁。

〔註 956〕 王良鐳、何品編注中國科學社檔案資料整理與研究《年會記錄》選編，上海科學技術出版社 2020 年 12 月版，第 337 頁。

正大學第一屆學生，加入到農學院農藝系四零級這個集體。當時的農學院只有農藝、林學、牧醫三個系，每系一班，第二年才增設了生物系。在這三個班中只有農藝班人最多，有 38 人，林學班只 7 人，牧醫班 6 人。我們這些來自五湖四海的同學在一起開始了大學四年的生活。說起這四年，其中不乏緊張、輕鬆、豐富多彩以及充實活躍。

在校期間學習任務比較緊張，昆蟲學是我喜歡的一門課程。我從小就對昆蟲感興趣，經常到野外採集，並回來查一些資料進行對照，所以在大學前我就掌握了不少昆蟲知識。昆蟲學課是在大學二年級開設的，那時我已能識別較多昆蟲，當採到常見的昆蟲，我能認出是哪一目、科，有的甚至知道種名。在野外老師上昆蟲實習課時，有時忙不過來，他就會叫我來幫助指導同學，實際上那時我已經成了昆蟲老師的一名助手。在大學三年級時，我的昆蟲知識已經相當紮實，當時學校缺乏年輕教師，所以我的恩師楊惟義先生極力推薦我擔任他的昆蟲實驗課指導。得到學校同意後，我被聘為學生助教（當時學校這樣的學生助教只有三名）。也是在他的支持下，我住進了離學校不遠的由校長胡先驌博士主持的靜生生物調查所，在那裏我實際上已進行初步科研——昆蟲採集、鑒別以及各種防治試驗。隨著畢業的臨近，我開始了畢業論文工作，雷公藤作為一種江西民間野生殺蟲植物，有一定生植面積，因此我選擇它作為我的論文題目，進行了廣泛的調查，瞭解它在附近各地的分布、產量，並進行了蟲害的防治試驗。在大量工作的基礎上，我寫出了《江西之雷公藤》，後在《科學》雜誌上發表。大學四年的學習，為我以後在科研之路上跋涉，奠定了紮實的基礎。〔註 957〕

秋，擔任國立中正大學校長，為家鄉服務，以報效桑梓。

在這年的秋天，熊式輝推薦我做中正大學校長，我以為在戰時能在家鄉創辦一所紀念抗日戰爭的偉大領袖的大學，是件有價值與

〔註 957〕 章士美著《悠悠杏嶺情——大學四年學習生活追記》，江西師範大學校慶辦秘書處編《穿過歷史的煙雲——紀念江西師範大學建校六十週年》，江西高校出版社，2000 年 10 月版，第 102～103 頁。

光榮的事⋯⋯便答應了。〔註958〕對中正大學歷史，在自傳中交代：其時，熊式輝在江西籌辦中正大學，此事我並未與聞，但他推薦我為校長，由梅貽琦、吳有訓通知，我即赴重慶，隨即由陳立夫與朱家驊介紹入國民黨，於1940年10月往泰和就職。吳有訓知其本末。熊式輝辦此大學，意欲為自己培養幹部，與陳立夫相爭甚烈，我與熊雖為舊識，但與之無組織關係，陳立夫本欲推吳有訓為校長。故我到校，並無人特為主持，而我亦不過願為本省辦一多年想辦的大學，決不肯投入政治系派漩渦，故不久即不滿熊式輝的私意，處境頗為不利。但學校辦得尚有成績，我不願政治勢力侵入此校，故校內無公開的黨團活動。後來蔣經國看到此校有相當成績，想抓到手，而諷我將大學遷往贛州。我未能迎合其意，又因夏令營與統一招生事得罪了他，他便向其父讒言，迫我辭職。我即退為該校教授，陳立夫曾使人示意要我到重慶去，我謝絕了他。〔註959〕

秋，重修《江西通志》。

《江西通志》從光緒六年編修以後，至抗戰暴發時已60年未經重修，省政府兩次提出：「蓋一以存史，一以致用也。」於是決定重修本省通志，期以5年，並經省務會議決議，聘請吳宗慈、程學恂、陳仲騫、胡先驌等為通志館籌備委員會委員，辛際周為總幹事，吳宗慈為主任委員，在1941年12月20日正式成立籌備會，設立通志館，會址設於泰和縣第一區的橘園村，開始進行江西通志的編修工作，先期任務有三方面：一是整理舊志材料，二是採訪贛省各縣志材，三是指導各縣續修縣志。歷經9年，備嘗艱辛，積稿數百冊，計7000餘萬字，但未付梓印行。〔註960〕

10月1日，陳鶴琴在泰和文江村創辦江西省立實驗幼稚師範學校，是中

〔註958〕 胡先驌著《對於我的舊思想的檢討》，1952年8月13日。《胡先驌全集》（初稿）第十五卷人文科學文章，第629～640頁。

〔註959〕 胡先驌著《自傳》，1958年。《胡先驌全集》（初稿）第十五卷人文科學文章，第656～659頁。

〔註960〕 劉奇翔主編《抗日戰爭時期江西省會泰和——紀念中國人民抗日戰爭暨世界反法西斯戰爭勝利70週年》，泰和文史資料，第十三輯，政協江西省泰和縣委員會，2015年1月，第41頁。

國第一所非教會的幼稚師範學校，1943 年經教育部批准改為國立學校（學生由各省市縣保送入學，在文江村山野開荒，建成辦公樓、教室各 1 棟，宿舍 9 棟，工作室 2 棟）。

胡先驌 1940 年出任國立中正大學首任校長時留影

10 月 1 日，胡先驌抵達江西泰和杏嶺，正式主持中正大學校務。

10 月 4 日，中正大學第一屆新生到校註冊。教育部分派一年級新生共 311 名，以免試報送學生 24 名，先修班學生 54 名。

10 月 5 日，胡先驌致馮言安函。

> 事由：雲南呈貢火車站雲南大學農學院馮言安兄，驌已到贛，請即速駕，盼電覆驌。
>
> （鄭瑤先生提供）〔註961〕

10 月 5 日，胡先驌分別致嚴楚江、鄒樹文、白蔭元信函。

> 胡先驌分別致函嚴楚江、鄒樹文、白蔭元。為籌備中正大學農學院成立之後的師資，胡先驌依據農學院三系設置，分別從三線出發，親自為各系羅致名師教授：對農藝系，他致函雲南大學的嚴楚江來校任教：「事由：雲南昆明雲南大學嚴楚江先生函悉，極憤盼即

〔註961〕江西檔案館，檔號：J037-1-00982-0017。

日來贛，並接洽向中正醫學院借顯微鏡事。」〔註962〕對畜牧獸醫系，他致函中央大學農學院院長鄒樹文先生，希望他能轉電盛彤笙來校任教：「事由：重慶沙坪壩中央大學農學院鄒院長樹文兄鑒，請轉電周拾祿盛彤笙君即日來贛為感。」〔註963〕對森林系的師資人選，他致函在重慶農林部任職的白蔭元，聘其為森林系主任並匯去旅費：「事由：重慶農林部技術室白蔭元君，驌已到贛，奉聘為中正大學森林系主任教授，匯上旅費一千元，請即來贛。其中，嚴楚江不久即來農學院任教，而白蔭元時值職務與住所變遷，致使該函未達，胡氏知曉後又立即向白蔭元新址發函聘請來贛，但白蔭元因種種原因終究未能應聘，致使原本計劃的森林系主任一職暫無定落。農學院成立後不久，胡氏考慮到江西林業面積之豐富，林業資源亟須科學利用以應戰時需要，林學教育不可或缺，農學院森林系必須有學識淵博的「領頭羊」，為此，他致函他的學生黃野蘿及林學家鄭萬鈞來泰和任教。〔註964〕

10月9日，歡迎胡先驌活動。

中正大學發出通告，邀請該校同仁參加雙十節國慶紀念大會暨歡迎胡先驌活動。〔註965〕

10月9日，國立中正大學籌備委員會結束。

10月10日，國立中正大學籌備委員會籌備事宜結束，該會權力移交至校長胡先驌手上。〔註966〕

10月10日上午8時，國慶紀念會，闡述設立國立中正大學的意義及辦學

〔註962〕江西檔案館，檔號：J037-1-00982-0018。

〔註963〕江西檔案館，檔號：J037-1-00982-0019。

〔註964〕江西檔案館，檔號：J037-1-00982-0023。鄭瑤著《繼往開來責在斯——國立中正大學農學院研究（1940～1949）》，2019年江西師範大學碩士研究生學位論文，第53～54頁。

〔註965〕《國立中正大學關於邀請胡校長參加國慶紀念大會的通告》。高志軍著《政治與教育的互動：國立中正大學研究》，2021年12月華中師範大學博士學位論文，第53頁。

〔註966〕《呈報遵將籌備事宜結束移交胡校長接發日期請鑒核備案》。高志軍著《政治與教育的互動：國立中正大學研究》，2021年12月華中師範大學博士學位論文，第53頁。

宗旨。

率全校師生在新落成之大禮堂舉行國慶紀念會。任主席，並即席講演。謂吾人今日在此紀念國慶，有三點重大之意義：（一）中華民國在過去二十九年中，歷盡艱難困苦，犧牲無數志士之鮮血頭顱，始克於今日走上光明之路。故吾人今日紀念國慶，應毋忘先烈締造之艱難。（二）現在為我國抗戰第四年開始之時，在抗戰之第一年中，我國各地皆呈露不安之現象，第二年國勢仍甚阽危，第三年國力始漸增強，現進入第四年之新階段，從人力、物力、財力及國際情勢而論，我勝敵敗，已判若指掌。故吾人今年紀念國慶，當較往年更為歡樂，而對於抗戰必勝，建國必成之信念，亦當更為堅定。（三）吾人對於抗戰勝利建國成功確有把握之日，創設此「國立」中正大學，以闡揚復興中國之精神。今日適逢國慶，全體師生第一次在此集會慶祝，其意義為何等深長，本校全體師生應如何奮發，而負起此復興民族之重大使命。

同日國慶紀念會後，全體教職員開茶話會歡迎校長。待教務長羅廷光先生致歡迎詞畢，起立向全體教職員致辭。略謂，本校以熊式輝主席之苦心擘畫，創立於我國抗戰建國之第四年，其意義至為重大，而吾人所負之使命亦至為艱巨。蓋本校成立之宗旨，在闡明總理遺教，及發揚總裁復興中國之精神，期能造就多數領袖人才，以為國用。本人治校，「教」與「育」並重，一方面希望造就多數專家，一方面希望培植多數領袖人才。不競務新奇，亦不拘守陳說，一切文物制度，以適合我國國情者為尚，此即所謂中庸之道。願以此自勉而勉全校師生。〔註967〕

10 月 10 日，胡先驌執掌中正大學校長。

這標誌著胡先驌於 1940 年 10 月 10 日正式就職。〔註968〕

〔註967〕高傳峰，《胡先驌正大年譜（1940～1941）》，《後學衡》第五輯，2022 年 4 月版，第 111～112 頁。
〔註968〕《為遵令編送本校要覽呈請鑒核由》（1942 年 6 月 3 日），江西省檔案館藏，檔號：J037-1-00281-0078。要指出的是，行政院雖任命胡先驌為校長，但教育部讓胡先驌「先行到校任事」，爾後「呈候轉請任命」（見《為呈據遵令到校先行任事日期並遵式填送任用審核表請鑒核存轉由》（1940 年 11 月 29 日），江西省檔案館藏，檔號：J037-1-00093-0036）。因此直到胡先驌正式上任時仍

10月11日，汪發纘簽發雲南農林植物研究所農公函致雲南省教育廳。

　　10月11日，副所長汪發纘簽發雲南農林植物研究所農七十號公函致雲南省教育廳，報告建築費用超支，申請補助。全文如下：「貴廳慷慨捐鉅款為本所購地建屋之用，現時全部建築工程業已完畢。計陳列室辦公室合舍一座，花房、門房、廁房各一間，總計全部工程造價及圍牆地價共費國幣三萬肆千壹佰捌拾肆元三角肆分。除用貴廳所補助建築費國幣二萬一千六百三十二元支付外，其餘不敷之數，係另向其他機關請款補助。茲將該工程建築藍圖、合同、保固證書、地契、及建築公司當已持改擬圖樣面呈同意」。

　　1940年經費收支和建設的情況如下：

收入項目：

	雲南省教育廳	10000 元
經常費	雲南省全省經濟委員會	10000 元
	靜生生物調查所	13440 元
補助費	軍事委員會	20000 元
	教育部	5000 元
	農產促進委員會	5600 元
臨時費	農林部	2000 元
	雲南省教育廳	21632 元
	經常費、補助費、臨時費共計	87672 元

為代理校長。胡先驌能否出任正式校長還應通過銓敘部審查。1941 年 3 月 24 日，銓敘部致函國民政府文官處，認定胡先驌為合格（見《銓敘部長李培基函國民政府文官處為擬任國立中正大學校長胡先驌經審查決定認為合格請查照轉陳鑑核》（1941 年 3 月 24 日），「國史館」藏，「國民政府」，「國民政府／人事／教育機關學校人員任免／大專院校人員任免」，典藏號：001-032320-00013-036）。國民政府遂於 3 月 26 日發布命令，正式「任命胡先驌為國立中正大學校長」（見《國民政府主席林森令任命胡先驌為國立中正大學校長》（1940 年 3 月 26 日），「國史館」藏，「國民政府」，「國民政府／人事／教育機關學校人員任免／大專院校人員任免」，典藏號：001-032320-00013-037）。3 月 27 日，國民政府發下銅質關防一顆，上寫「國立中正大學關防」，小章一顆上寫「國立中正大學校長」，並於 1940 年 5 月 20 日正式啟用（見《為啟用關防函請杏照由》（1941 年 5 月日），江西省檔案館藏，檔號：J037-1-00277-0033）。高志軍著《政治與教育的互動：國立中正大學研究》，2021 年 12 月華中師範大學博士學位論文，第 53 頁。

支出項目：

下觀及薛公祠房屋修理 680 元，說明 1940 年 10 月以前，還在黑龍潭龍泉公園內居住和辦公。

臨時費的開支主要為基本建設：

一、建築房屋	31200.00
二、購地	1332.00
三、圍牆	1831.56
四、平地修路	522.70
五、電燈	3103.74
六、鋪草地	280.00
七、家具	330.00
合計	38600.00 〔註 969〕

10 月 12 日，江西吉安《大眾日報》載：國立中正大學本月三十日開學，校長胡步曾已來本省。國立中正大學校長胡步曾，昨日由渝到省，現住泰和報社，記者曾會見胡氏。據胡氏說：校舍工程業經完成，但校內布置，口沒有弄好，現到校辦理入學手續的學生只有數十人，開學日期將在本月三十日。

（陳露先生提供）

10 月 13 日，胡先驌致孫洪芬信函。

洪芬吾兄道鑒：

行旅匆匆，竟未能候兄旌抵渝圖一暢晤，至為悵惋。弟於九月二十六日由渝飛桂，十月二日安抵泰和。敝校布置已漸就緒，在雙十節舉行就職儀式；開學典禮於十月卅一日總裁生日舉行。學生綜合、文法及農工三院與選修班共三百三十餘人，校中經費尚稱充足，惟無法購買外匯，故儀器設備一時不易製備。

前得平中來函，云日人疾視靜生口甚，松村松年竟主張武力接收，雖一時搪塞過去，後患方殷，尤以美日邦交日趨惡劣，萬一衝突，必牽涉及此。屆時恐司徒先生亦無能為力也。前在渝留函競蒙

〔註 969〕引自雲南全省經濟委員會《經委會、教育廳、靜生生物調查所及經費支出問題》1940 年 6 月。中國科學院昆明植物研究所編委會編《中國科學院昆明植物研究所簡史（1938～2008）》，2008 年 10 月版，第 31 頁。

亮察，弟即決定休假，倘中基會欲求保全靜生於萬一，或不妨正式
函知靜生，以弟已休假，命李靜庵或楊宜之為代理所長，所中或可
藉以名實，弟已離職或易保全亦未可知。楊、李二人之優劣：楊對
內較佳，李對外為便。靜庵與範村有交誼，兩次風波範村相助頗大
也。凡事有利於所，弟無不從，至區區效忠於靜生之心，以及將來
計劃，已詳前函，茲不更贅。執行委員會如何決議，盼速示知。

　　專此祗頌

鈞安

　　　　　　　　　　　　　　　　　　　　　　　弟　先驌

　　　　　　　　　　　　　十月十三日（1940 年）〔註 970〕

10 月 15 日，中正大學派何琦教授赴浙江各地採集動物標本。

　　　　為籌備中正大學農學院教學及研究所需之標本，胡先驌派遣動
物學教授何琦前往浙江金華義烏等處採集動物標本，並填發了沿途
所需護照一份以便何琦教授順利開展工作。〔註 971〕

10 月 15 日，胡先驌致程時煓信函。

　　　　國立中正大學校長致教育廳廳長程時煓的函。10 月 1 日，胡先
驌到校考察後不久，即發現開學將近而大部圖書儀器尚未運到，於
是他致函教育廳廳長程時煓希望「允飭江西省立科學館借予全部顯
微鏡，省立圖書館借予農工兩科西文書籍約兩千冊」。顯微鏡和圖書
在開學不久即被送來，可見胡先驌及江西政教界人士對抗戰時期設
立農學院的支持與厚望。〔註 972〕

10 月 17 日，任鴻雋致繆雲臺信函。

　　　　任鴻雋致繆雲臺函。任鴻雋昆明代理中央研究院院長。晚輩鄭
萬鈞有請，當然樂於相助。其函云：

〔註 970〕胡宗剛撰《胡先驌先生年譜長編》，江西教育出版社，2008 年 2 月版，第 284
　　　　～285 頁。
〔註 971〕鄭瑤著《繼往開來責在斯──國立中正大學農學院研究（1940～1949）》，2019
　　　　年江西師範大學碩士研究生學位論文，第 62 頁。
〔註 972〕鄭瑤著《繼往開來責在斯──國立中正大學農學院研究（1940～1949）》，2019
　　　　年江西師範大學碩士研究生學位論文，第 18～19 頁。

雲臺先生執事：

久未晤，履祉安勝，快符私頌。茲敬啟者，近晤雲南農林植物研究所代理所長鄭萬鈞兄，談及該所經費前承雲南經濟委員會慨允補助一萬元，至為感紉。目下該所經費極感困難，以致各項事業無法進行，特託代懇臺端，將經濟委員會允助之一萬元早為發放，俾利進行云。弟近疏散鄉居，得知鄭君所言，確屬實在情形，用特代達左右。如承惠予將經濟委員會之款早予發放，貴省農林事業實得利賴，不獨鄭君等私感已也。

專此，敬頌

公綏不一

弟 任鴻雋 敬啟 十月十七日〔註 973〕

10 月 18 日，胡先驌致白蔭元函。

事由：西安夏家什字八十八號西北論衡社轉白蔭元君，函悉事必即來贛，款已由渝劃交。

（鄭瑤先生提供）〔註 974〕

10 月 18 日，楊綽庵致胡先驌信函。

步曾校長惠鑒：

展誦本月九日大函，敬悉一是。泰和高田村煤礦，已於雙十節派員前往勘測。據復確為無煙煤，可供炊爨及燒石灰燃料。惟內煤未盡而水已出，聞採時非用抽水機不可。此礦前年曾經地質調查所高所長帶領技術人員探測一星期之久，究竟礦量如何，有無開採價值及如何築路，方為便利，已飭地質調查所檢送探測報告，一俟送到，當即計劃進行。

先此奉復，藉頌

教安

弟 楊綽庵 謹啟

〔註 973〕任鴻雋致繆雲臺函，1940 年 10 月 17 日，雲南省檔案館藏雲南經濟委員會檔案，121（34），謝立三抄錄。胡宗剛著《雲南植物研究史略》，上海交通大學出版社 2018 年 7 月版，第 105 頁。
〔註 974〕江西檔案館，檔號：J037-1-00982-0026。

十月十八日（1940 年）

再，所交牙刷樣已飭工廠仿製，並以附聞。〔註975〕

國立中正大學校徽

10 月 20 日，中正大學實行文武合一軍事教育。

　　這與蔣介石在 1940 年 10 月 31 日該校開學典禮訓詞中所宣揚
的正大應「本登高自卑，行遠自邇之旨，針對國家社會之實際需要，
授與諸生以實務上必需之知識，諸生於力學之中更能力行而更即行
以求知」有內在一致性。中正大學軍事教育對蔣介石軍事思想有迎
合，繼承關係。〔註976〕

10 月 20 日，創辦初期中正大學宿舍緊張。

　　該校成立初期，隨著先修班、借讀生湧入，宿舍即感不敷。〔註977〕

〔註975〕《胡先驌全集》（初稿）第十七卷下中文書信卷，第 444 頁。

〔註976〕《江西省主席熊式輝電軍事委員會委員長蔣中正有關中正大學開學典禮請
　　　　頒校訓及訓詞》。高志軍著《政治與教育的互動：國立中正大學研究》，2021
　　　　年 12 月華中師範大學博士學位論文，第 64 頁。

〔註977〕《教學宿舍不敷用並待添建經估計需費用捌萬元息補助》（10 月 20 日），《中
　　　　正大學歲出概算書由江西寧都遷至南昌修建經費概算等文書》（194008-
　　　　194505），中國第二歷史檔案館藏，全宗號五，案卷號 3763（3）第 85 頁。
　　　　高志軍著《政治與教育的互動：國立中正大學研究》，2021 年 12 月華中師範
　　　　大學博士學位論文，第 122 頁。

10月21日，談中正大學臨時校址問題。

　　有關中正大學校址，該校自 1940 年戰時江西泰和一經成立就已關注到這一問題。校方十分清楚泰和非久留之地，胡先驌就說：「本校校舍之簡陋，絕非本校之創辦，有因陋就簡之意，實因本校將來之永久校址，雖尚未確定，但絕不致設於此間則可斷言，故現在臨時校舍，因係暫時性質，較為簡單，乃本抗戰時期節省無力之旨。」〔註978〕

10月23日，教育部令中正大學租房為宿舍。

　　教育部起初令該校租借民房作為宿舍，校方所請撥建築費等，以緩議處置。〔註979〕

10月30日，兼任中正大學軍事訓練隊大隊長。

　　中正大學正式成立軍事訓練隊，209 名學生編為一大隊，下分三中隊。胡校長兼大隊長，軍事組主任任副大隊長，軍事教官兼中隊長，區隊長、分隊長，由遴選幹練的學生充任。胡先驌認為，過去學校軍訓失敗的原因是多方面的：第一，失敗最大原因在於軍事教官自身的修養不夠；第二，軍事訓練太過機械，普通學校應有別於軍事學校；第三，普通學校學生訓練強度過大。〔註980〕

　　10月31日，中正大學於蔣介石生日舉行創校典禮、正式開學，該日是為中正大學創校紀念日。蔣介石與教育部長陳立夫於重慶分別發來訓詞與賀電。

〔註978〕《十月二十一日本校首次紀念周胡校長報告校務及訓話》。《國立中正大學校刊》第 1 卷第 1 期，1940 年 10 月 31 日，第 19 頁。高志軍著《政治與教育的互動：國立中正大學研究》，2021 年 12 月華中師範大學博士學位論文，第 233～234 頁。

〔註979〕《電覆該校先修班經費另令飭知該校學生宿舍建築費應從緩議》（1940 年 10 月 23 日），《中正大學歲出概算書由江西寧都遷至南昌修建經費概算等文書》（194008-194505），中國第二歷史檔案館藏，全宗號五，案卷號 3763（3）第 84 頁。高志軍著《政治與教育的互動：國立中正大學研究》，2021 年 12 月華中師範大學博士學位論文，第 122 頁。

〔註980〕《國立中正大學校刊》（第 1 卷第 2 期）《本校軍訓隊組織就緒》。高志軍著《政治與教育的互動：國立中正大學研究》，2021 年 12 月華中師範大學博士學位論文，第 63 頁。

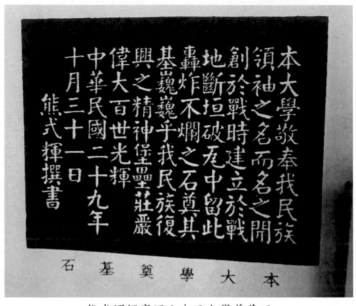

熊式輝撰寫國立中正大學奠基石

　10 月 31 日，國立中正大學正式開學，胡先驌主持開學典禮，宣讀蔣介石對中正大學創校開學訓詞，教育部長陳立夫為中正大學創校開學日也發來訓詞。蔣介石談到對教育的主張是：「文武合一、術德兼修」。所謂「文武合一」，即恢復古代以六藝為教之主旨，俾使在學青年之精神體魄生活習慣，均無愧一戰鬥軍人之標準。所謂「術德兼修」，即教育之功用，不僅在傳習知能，而當以造就人格為基本，所特舉忠、孝、仁、愛、信、義、和、平之八德，倡導禮、義、廉、恥之四維，均為篤學勵志，成人必具之品性。陳立夫訓詞曰：「江右人文蔚起，代有傳人，明義利之辯，鹿洞遺風，昭忠貞之心，文山大節。今茲創校，式冠嘉廡，講舍宏開，更逢今日。所冀領導群倫，景行仰止，以開來學，且紹前修，本部長有厚望焉」。熊式輝還為該校奠基石撰寫了碑文，曰：「本大學敬奉我民族領袖之名而名之，開創於戰時，建立於戰地，斷垣破瓦中留此轟炸不爛之石奠其基。巍巍乎我民族復興之精神堡壘，莊嚴偉大，百世光輝。」並作《國立中正大學創立之義意及今後的希望》的致詞。指出：「本大學經過了七年的醞釀，十五個月的籌備，二十九次會議的討論。在籌備期間，各籌備委員的努力，使一切都能照著預定計劃進行，這是值得欽佩和感謝的。」接著，他對大學辦學提出三點要求：「第一應使教育計劃與政治計劃相呼應，使學校為政府之研究部，政府為學校之試驗場。第二應使學術理論與實際工作相貫通，使言不空談，行無妄動。第三使人格陶養與知能傳習並重，使青年所得之

知識能在精神生活中發揮偉大之道德力量。」〔註981〕

中正大學開學那天，胡先驌身著馬褂長袍中式傳統禮服，鼻樑架著一副寬邊玳瑁眼鏡，上唇還蓄著一小撮鬍鬚。在就職典禮時，他作《大學生所應抱之目的及進德修業之方針》的講詞。並說：本人治校，「教」與「育」並重，希望造就多數專家。在教育方法上「不競務新奇，亦不拘守陳說」。他又說：「在三中（即中央大學、中山大學、中正大學）中取得最高地位」。「英國有句格言牛津大學拔了刀，全國跟著跑，我要做到中正大學拔了刀，全國跟著跑！」〔註982〕

胡先驌非常關心學生的思想狀況和精神需求，每個國民的精神健全與否？在今日不僅是個人和家庭的問題；而是有關國家民族存亡的問題。弘揚古代的「六德、六行、六藝」，我們必須精研總理的建國方略。關於這點也是我們人人所應該秉承總理的遺訓而努力深切瞭解的。總理是我國建國復興的理想家。總理所倡導的忠孝仁愛信義和平的八德，以為「中華民族昔日之綿延光大實因有此道德，今日衰弱式微實由喪此道德。」而「八德之中最根本者為忠孝。唯忠與孝實為中華民族立國之大本，五千年來先民所留遺於後代子孫之至寶。」針對這種情況，他向青年學生提出五點要求：

一、醉生夢死的生活，必須改正。

二、奮發蓬勃的朝氣，必須養成。

三、苟且偷生的習慣，必須革除。

四、自私自利的企圖，必須打破。

五、紛歧錯雜的思想，必須糾正。

總之：「我們必須知道本校的建立是負有特殊的責任。這責任便是闡明總理遺訓以求達到我國建國復興的崇高目的。我們既有幸運躋身於這個光榮偉大的學府，我們就必須身體力行以求自然獲得全國高等教育中的領導地位。所以我們必須勉勵使本校成為我國民族復興之基地，方不負熊主席此番苦心擘劃創立本校的厚意，而恪盡我們所負的特殊責任！」〔註983〕

〔註981〕 熊式輝著「國立中正大學創立之意義及今後的希望（1940年10月31日中正大學開學典禮致詞）」。熊式輝著《海桑集——熊式輝回憶錄》，星克爾出版（香港）有限公司，2009年8月版，第238～239頁。

〔註982〕 張傳賢、李樹源主編《江西師範大學校史》，江西高校出版社，1990年3月版，第3頁。

〔註983〕 胡先驌著「大學生所應抱之目的及進德修業之方針（節錄）（1940年10月31日在開學典禮上的講詞）」。胡啟鵬主編《撫今追昔話春秋——胡先驌的學術人生》，北京燕山出版社，2011年4月版，第150頁。

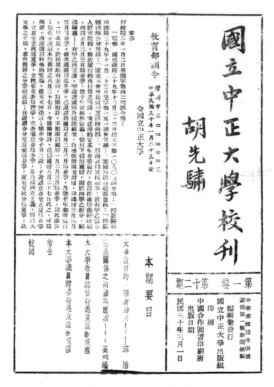

胡先驌題國立中正大學校刊

　10月31日，《國立中正大學校刊》（旬刊）創刊，由出版組編輯，主編方應堯，後為方步瀛。1949年5月停刊，刊載內容主要為學術論文，兼刊載章則法令、本校新聞等，是一種以雜誌形式出版的校刊。

　10月31日，《〈國立中正大學校刊〉發刊辭》文章在《國立中正大學校刊》雜誌（第1卷第1期，第2頁）發表。摘錄如下：

　　　國立中正大學以熊主席之苦心擘畫，創立於吾國抗戰建國之第四年，其意義至為重大。蓋斯校為紀念總裁而設，其宗旨在闡明總理遺教，及發揚總裁復興中國之精神，而求樹立新中國高等教育之基礎也。在西曆一八〇，普魯士王忽烈得力當普國喪敗之餘，毅然創立柏林大學，以其卓越之精神，為全國之領導，不但使此新建立之大學成為德國最高之學府，日后德國之復興，亦惟之是賴。今中國之現勢，殊非昔日之普魯士可比，而總裁之豐功偉業，其有大造於中華民國者又遠邁普王忽烈得力而上之。茲校適成立於總裁之誕辰，尤足為吾國民族復興之象徵，吾國朝野上下所宜歡欣鼓舞抱有無窮之希望者也。

　　　　學校校刊之目的，在登載學校各院系處治學治事之方針，校內外
與學校有關之文告與消息，以及校內外教職員及來賓之演講辭，舉凡
與全校生活有關之文件，莫不於此公布。本校師生立身治學之精神，
亦將於此表現之，其重要性可以想見。茲於創刊之始，特將斯校創立
之意義，簡述數語，以勖勉本校之師生，亦即以自勗也。〔註984〕

　10月31日，國立中正大學舉行開學奠基禮，熊主席領導行禮並致訓、總
裁、陳部長均遠頒訓詞、胡校長主持。

　　　　是日恭逢總裁壽辰之期，國立中正大學，特於是日舉行慶祝大
會，並於上午七時，補行奠基及開學兩大典禮，到各機關首長學者
名流百餘人，及全校學生共六百餘人，由熊式輝領導行禮，熊式輝
簡單而隆重，繼即舉行開學典禮，由胡校長先驌主席，如期開會後，
由主席報告，次即由熊主席宣讀總裁訓詞，程廳長宣讀陳部長訓詞，
繼即由熊主席訓詞，大意略分：（一）中正大學創立經過，1. 總裁之
昭示，2. 江西之需要；（二）今後之希望，1. 發揚三民主義之學術
思想，2. 試驗政教合作之計劃教育，3. 建立民族復興之精神堡壘，
後即有來賓王有蘭，陳際唐致詞，接著胡校長致答詞，全場情緒緊
張，景象熱烈，舉行典禮時，並有民教館電影團拍攝電影，由團長
曾一之親自拍攝，十一時全體來賓，全校師生，齊集壽堂祝壽，晚
間並有省府俱樂部，在該校大禮堂表演平劇。

　　　　校務近況。國立中正大學之創立，係為紀念總裁而設，其宗旨
在闡明總理遺教與發揚，總裁復興中國之精神而求樹立新中國高等
教育之基礎，意義至為重大，全校分三院一班，現有學生三九一名，
圖書，儀器，設備甚優，所聘各院系教授，已到贛者，計文法院長
馬博庵，工學院長蔡方蔭，教務長羅廷光，總務長何棣先，訓導長
朱希亮，經濟系主任吳華寶，政治系主任高柳橋，社教系主任董潤
之，機電系主任張開駿，農藝系主任張明善，森林系主任白蔭元等。
（中央）〔註985〕

〔註984〕《胡先驌全集》（初稿）第十五卷人文科學文章，第262頁。
〔註985〕梁洪生主編《杏嶺春秋——〈江西民國日報〉有關國立中正大學的報導全匯
　　　　（1938～1949）》，2010年12月內部印刷。中華民國二十九年十一月一日週
　　　　五第三版。

國立中正大學舉行開學典禮

10月，秦仁昌致胡先驌信函。

廬山本園自去年七月起至本年二月底，由代管人赫伯德（G. Herber）及牯嶺美國學校吳校長（Roy Allgood）二位先生主持管理，一切工作如常進行。二月底吳離廬「山」以後，即由赫伯特一人主持代管。吳校長三月初期間由滬來函，中有關本園者，節譯如次：「廬山植物園在余（吳校長自稱）離開牯嶺時（按：為二月底），情形仍甚佳，至少可說在現狀下如汝（指秦仁昌）所希望得佳。今春山上天氣不如往年之冷，故園中溫室費用極少。赫伯特先生照料植物園甚為熱心可靠，在他督率之下，雇有一班工人，照料各種植物及用具，均稱小心謹慎。目下園中工作雖不能稱為完美，但余等在現狀下已算盡了全力矣。園中房屋及其他財產，因駐軍略受損傷，但在現狀下不能算太壞。近來華軍紀律甚佳，彼等與我等通力合作，保全植物園矣。」又赫伯特先生二月二十日來函亦稱，廬山本園尚稱平安，工作如常。嗣六月六日及十月十二日復接赫先生兩函，報告本園工作在彼督率管理之下，照常進行云云。聞之欣慰，際此非常時期，赫先生猶能不屈不撓盡力保全本園，實屬難能可貴，非其平日對本園事業興趣之深，曷克臻此。

秦仁昌〔註986〕

〔註986〕胡宗剛編《廬山植物園八十春秋紀念集》，上海交通大學出版社，2014 年 8 月版，第 90 頁。

10 月，日本漢學家、漢詩人橋川時雄編撰的《中國文化界人物總鑒》（日文版）一書，中華法令編印館出版，該書就把植物學家胡先驌和文學家、詩人胡先驌列為同姓同名的兩個人，分別介紹其事蹟。

10 月，國立中正大學成立之初，學校組織分設三處三院一部：教務處、訓導處、總務處；文法學院、工學院、農學院；研究部。三院九系：文法學院下設政治系、經濟系、教育系；工學院下設土木工程系、化學工程系、機電工程系；農學院下設農藝系、畜牧獸醫系、森林系。學校設校務委員會，由校長、教務長、訓導長、總務長、三院院長、各系主任及教授代表若干人組成，是學校最高決策機構。校務委員會設常務會議，由校長、教務長（羅廷光擔任）、訓導長（朱希亮擔任）、總務長（何棣先擔任）和三位院長組成，每星期至少開一次會。根據具體工作的需要，學校還設有招生、出版、圖書、校舍設計、基金、衛生等多個專門委員會。文法學院院長馬博庵，政治系（主任高柳橋）、經濟系（主任吳華寶）、社會教育系（主任童潤之）。工學院院長蔡方蔭，土木工程系（主任蔡方蔭）、化學工程系（主任吳詩銘）、機電工程系（主任張聞駿）。農學院院長周拾祿，農藝系（主任張明善）、畜牧獸醫系（主任盧潤孚）、森林系（主任白蔭元）。研究部是中正大學最高學術研究機構，建有中山室和資料室，聘有研究教授和研究員，由校長胡先驌博士自兼研究部主任。到 1941 年10 月研究部有研究教授和研究員 19 人，研究部教授均是學有專長的，級別比一般教授要高，甚至可以不教課，專事研究工作如葉青、周葆儒、羅容梓、潘大逵、徐照、王易、歐陽祖經、姚名達、張又惺、孫越等十位教授。研究員如蕭宗訓、鄒嶺候、吳曼君、王貽非、吳顧毓、朱力生、蔣廉儒、王諮臣等人。

10 月，《中國山東省中新世植物群》出版。1940 年，胡先驌、錢耐（R. W. Chaney）合著《中國山東中新世植物化石》長文在《中國古生物誌》（新甲種一號，總第 112 號）聯名發表，是研究臨朐縣山旺村植物化石成果，文中有較多的精確圖版，不僅為我國古植物學的研究打下基礎，也開拓了我國古植物學研究的新領域，是我國新生代植物研究的第一本英文專著。2004 年中國科學院研究生院（植物研究所）王宇飛博士論文為《山東山旺中新世植物重要類群演化生物學與古氣候定量重建的研究》中，指出：「該文報導了 30 科 61 屬 84 種植物，為最早系統地進行山旺植物研究的奠基之作，至今仍然具有很高的科學價值和國際影響。」孫啟高的《胡先驌的古植物學情結》一文，指出：「該專著是系統研究山旺新世植物群的奠基之作，並開拓了我國古植物學研究又

一新的領域，是我國乃至遠東地區新生代植物的劃時代巨著，至今它在國內外仍具有十分重要的影響。」〔註987〕

《年譜》載：Hu, H. H, Chaney, R. W「A Miocene Flora fron Shantung Province，Chian」《中國山東省中新世植物群》（第 82 頁）由 Carnegie Institution of Washington Pubication（華盛頓卡耐基研究院507號，共147頁）出版。其中第一部分於1938年11月22日發表，作者順序為：Hu, H. H, Chaney, R. W；第二部分於1940年10月31日發表，作者順序為：Chaney, R. W, Hu, H. H。同年由《中國古生物誌》（新甲種第1號總號第112期刊印，共147頁。）〔註988〕

10月，Hu, H. H, Chaney, R. W「A Miocene Flora fron Shantung Province, Chian, Part II」《山旺植物化石》（第 83～140 頁）由 Carnegie Institution of Washington Pubication 出版。

10月，《〈大學生所應抱之目的及進德修業之方針〉——中正大學開學講辭》文章在《國立中正大學校刊》雜誌（第1卷第2期，第2～4頁）發表。摘錄如下：

> 今日為總裁誕辰又為本校成立紀念日及開學日期，且同時由主席舉行本校奠基典禮。這是一個極可紀念的日子。剛才我們已恭聆總裁及陳部長的訓詞，主席及來賓的致辭。我知道校中同仁及同學一定覺得十分感動與興奮。茲先代表本校全體師生向主席及諸位來賓致謝。再則在此盛大的紀念會中，本席對於建立本校的旨趣，以及諸位同學來本校求學的時候所應抱的目的，同進德修業的方針，要說幾句話：
>
> 我們要知道大學的制度在我國是極古的，他的歷史同在歐洲各國大有不同。我國教育的特點就是自來即是政教合一。傳說期無可稽考，今姑不論。自唐虞時代起我國便有國學，那時的國學有兩個，叫做上庠同下庠。到夏朝的時候，叫做東序和西序。殷朝叫做右學和左學。到了周朝，文化發達，學校制度，較為詳備；除繼承前代

〔註987〕 2003年第5期《植物雜誌》，孫啟高的「胡先驌的古植物學情結」。

〔註988〕 王希群、楊紹隴、周永萍、王安琪、郭保香編著《中國林業事業的先驅和開拓者——胡先驌、鄭萬鈞、葉雅各、陳植、葉培忠、馬大浦年譜》，中國林業出版社2022年3月版，第058頁。

的兩個國學改稱為東膠虞庠外，又有瞽宗、成均、辟雍三個國學。按照《大戴禮》周代一共有東西南北四學及另外一個太學。在三千多年前我國便有這樣規模宏大的大學制度，我們是應該引以自豪的。至於國學或太學以及鄉州黨的各級教育，在我國從來是看做應該由政府職掌的一種極重要的政治事業；有重要的行政官擔負起這種責任。《周禮》曾說：「大司徒以鄉三物教萬民，而賓興之，一曰六德……二曰六行……三曰六藝。」由國而鄉而州而黨，各級政府官吏各有他辦他那一級教育的責任與方針。這種政教合一的嚴密組織及精神是其他任何民族所不能及的。我們尤其要注意一點：就是我國自古代以來的教育方法，幾乎完全沒有宗教意味。這也是我中華民族傑出的天才所表現的。在一般的古代文明國家如埃及、巴比倫、希臘、羅馬、印度，宗教與教育皆是混合的。尤其是教育權大都操之於僧侶祭師之手。他們的教育目的都是教僧侶或平民以他們舉國所信仰的教義；為人的教育只附見於宗教教育之中，與我國由政府中高級行政官大司徒以六德六藝教萬民是不可同日而語的。我國這種教育制度自唐虞至明清，中間雖幾經變遷，而一貫的宗旨，都是大同小異的，也就是總裁訓詞內所舉的術德兼修的意思。

歐洲中古時代的大學，最初不過是一種教師與學生自由結合的一種行會。其目的不過是組成一種自由講學的團體，尤其是在外國的學生深感覺要避免本地市民的欺凌，就有這種組織的必要。在那時他們每個教師多半要獲得教會主管人員的證狀才能授徒講學。後來逐漸演變成幾個有名的大學便被人稱為Studiageneralia，而各國的王公與教皇乃以政令承認之。這種自由講學的精神，在歐洲遠溯到希臘。但是以後歐洲各大學都注重教授神學。不論如何受政府與教會的監督與支持，大學都是注重在神學。直到現代的歐洲與初期的——甚至現代的——美洲各大學還是如此，不過後來逐漸包括哲學、法學、醫學、科學罷了。如今日德法諸國的有名大學尚不包括農工各科目，就是這樣的淵源。以視我國自來即教萬民以六德六行六藝，在精神與宗旨上是迥然不同的。

明白了我國古今一貫的教育政策是修身與治事，我們便應當理會得我國的大學教育是有其特殊方針、特殊使命的。主席苦心擘畫

這個大學以紀念總裁——我國建國復興的唯一偉大領袖，其宗旨已經主席詳細說過：主要的是闡明總理的遺教與發揚總裁的政治理想，再則研究專門高深學術，訓練實用的技能，解決建國的實際問題。這也便是古來六德六行六藝的教育，不過其內容和方法要應時代的需求加以充實損益罷了。

今天特別要提醒諸位同學的，第一：是總理遺教的結晶便是三民主義。我國國民對中國建國原則的三民主義必須深切瞭解。「鞏固其信仰，共同奮鬥以求其實現」。總裁在《國民精神總動員綱領》裏曾說過：「蓋三民主義之目的，在促成中國國際地位平等，政治地位平等，經濟地位平等。吾人理想中所欲建設之國家，外則為獨立自由平等，內則為民有民治民享。此人人心理之所同，而三民主義即為達成此國家建設惟一無二之法門。」如此看來，三民主義的自身實為盡美盡善最合宜中國國情的主義。故我們對於總理遺教三民主義，決不可視為一種無理智純屬情感的宗教教義，或政府與黨部標舉之一種口號，而為熟讀精思後不能不深切認為我國唯一的建國復興的基本主義。我們決不可旁皇歧路，而更有紛歧錯雜的思想。至於如何去實現這三民主義，則經緯萬端，正是我國朝野上下所應該一致努力的。

我們還須精研總理的建國方略。自第一次歐戰繼以世界不景氣之後，全世界各國無論其為資本主義的國家如英美法，或全權主義的國家如德意，或共產主義的國家如蘇俄，都在講求計劃經濟。然遠在俄國五年計劃以前總理著《建國方略》，便思創立一種適合中國國情的計劃經濟，以求復興中國與解決中國的民生問題。總理批判馬克思為社會的病理學家，便求如何研究明瞭社會的生理，以期使之能維持其健康而不至發生畸形之病態。關於這點也是我們人人所應該秉承總理的遺教而努力研究深切瞭解的。

我們假如可以說總理是我國建國復興之理想家，總裁便是繼承總理的實行家。總裁實行的結果彰彰在人耳目，用不著悉舉。但是總裁要我國達到建國復興的最終目的時，自有他的政治理想與方法。總裁屢次標舉治國的四政為管教養衛。管是治理，教是教育，養是經濟，衛是國防。這個四政，是任何民族任何國家要保全他的獨立

自由平等時所不能不注意的。捨此以外，別無政治，也別無立國之道，這是我們要深切認識的。總裁標舉出幾項共同目標。在《國民精神總動員綱領》中，總裁標出三項共同目標：（一）國家至上、民族至上；（二）軍事第一、勝利第一；（三）意志集中、力量集中。除第二項是專指目前抗戰時代而言，抗戰終了即將事過境遷外；至於國家至上、民族至上，實為我們所一致應有的建國信仰；而意志集中、力量集中，乃是我們建國的唯一方法。總裁深信在我國的建國與復興的過程中，精神的重要遠勝於物質，此次抗戰的結果，便是最好的實例。故總裁屢次申說救國之道德，與建國的信仰，尤不憚煩的反覆申言精神改造之重要。其言救國之道德，就是我們先民所固有，而總理所倡導之忠孝仁愛信義和平等八德。以為「中國民族昔日之綿延光大，實因有此道德；今日之衰弱式微，實由喪此道德。」而「八德之中最根本者為忠孝。惟忠與孝實為中國民族立國之大本；五千年來先民所遺留於後代子孫之至寶。」與八德相夾輔的更有總裁所標舉的禮儀廉恥之四維，八德四維便是救國道德。其言建國之信仰即是「完成建設三民主義的國家。」其言精神之改造，特標舉出五點：

（一）醉生夢死之生活必須改正；

（二）奮發蓬勃之朝氣必須養成；

（三）苟且偷安之習慣必須革除；

（四）自私自利之企圖必須打破；

（五）分歧錯雜之思想必須糾正。

對於第五項尤舉出最重要的兩點，即「不違反國民革命最高原則之三民主義」，與「鼓吹超越民族之理想與損害國家絕對性之言論」。

總裁以數十年身歷革命與行政之經驗，對於我國國民的精神需要與缺陷，可謂洞悉無遺。故一方在政治經濟方面用全力來為種種的實際的建樹與改革，一方仍以全力來提倡新生活運動，以為心理上的建樹與改革。即在這三年多偉大的抗戰期間，總裁尚用極大的精力與極多的時間，為這種精神的革命運動。故我們在紀念總裁的大學中求學，第一要務就是深切瞭解並勇敢的肩負起這種復興民族的精神革命的責任。總裁鑒於處此弱肉強食，強權每每戰勝公理之世，非武不能立國，故盛倡軍事化的教育。以為「一般青年學生的

生活習慣不能改良，行動沒有精神，一切教育都要失敗。要大家將生活武裝起來，來適應今天的戰時需要。」這便是剛才總裁訓辭中文武合一的意思。總裁公開的叫我們察看日本人民的緊張刻苦非常簡單的生活，說「他們這種生活就是現代的生活，亦就是戰時的生活」。所以他們能養成了戰時生活的習慣，造成了忍苦耐勞的體格和精神，所以隨時隨地可以武裝起來。

總裁多年來在中學大學所實施的軍訓，其目的便是軍事化的教育；這也便是要大家深切體會「管教養衛」四政的「衛」字的意義。我們要知道在現代的任何文明國家，人民都有服兵役的義務。只要年齡身體合格，無論是何階級，有何職業的青年，都要服兵役的。然而我國在此次偉大的抗戰中，青年的學生們除自願為志願兵者外，差不多都是緩役的。這並不是說學生是一種有特權的階級，有不須服兵役的權利；而是因為我國人口過庶，一時用不著學生服兵役，因此我們青年學生愈要樂於獲得軍事化的教育的精神與訓練。故在本校軍訓是要十分認真學習的。學校當局對於軍訓必盡其最大的努力。同學們對此也應盡他們的天職，盡心學習，養成勇敢尚武、文武合一的精神，以為全國大學的模範。

現在話也說多了。總括起來說：我們須要知道本校的建立是以紀念總裁豐功偉績的。我們師生人人須瞭解我們都負有特殊的責任。這責任便是闡明總理遺教與發揚總裁的政治理想，以求達到我國建國復興的崇高目的。我們既有幸運廁身於這個光榮偉大的學府，我們就必須身體力行以求自然獲得全國高等教育中領導的地位。普王在喪敗之餘，建立柏林大學，以為德國民族復興之基礎。我國之現勢遠勝於當時之普魯士，而我們的總裁大造於我邦家，又豈是普王忽烈得力第三可比？所以我們必須勉力使本校成為我國民族復興之基礎，方不負熊主席此番苦心擘畫創立本校之意思，而克盡我們所負的特殊責任。〔註989〕

10月，談在中正大學發生的事情。

我和熊式輝在以前有過關係，但並無濃厚的友情，他雖推薦我

〔註989〕《胡先驌全集》（初稿）第十五卷人文科學文章，第263～266頁。

做校長，但並不要我馬上就職。他要過代中正校長的癮，我沒有通知他，便到了江西來就職，他是很驚訝的。他把院長、系主任、總務長、教務長、校長秘書、會計員、出納員都聘任好了，教授也聘好了好多，他要我做一個有名無實的傀儡校長，我自然不高興。我算聘用了一位訓導長和農學院長，是我的朋友與學生。他想把他的勢力插進這大學來，尤其是通過文法學院馬博庵來完全控制這個大學，這是使我不甘心的。我一心一意辦大學，學生對我甚為推崇。熊式輝認為我是拉攏學生，他曾對人說他推薦我為中正大學校長是啞子吃黃連，可見得我與他關係是如何不好。〔註990〕

10月，在中正大學中執行文武合一、術德兼修辦學理念。

我以我在學術界的地位，執行了蔣介石的文武合一、術德兼修的……教育政策，十分重視軍訓。〔註991〕

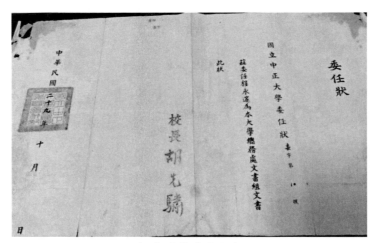
胡先驌簽發委任狀

10月，秦仁昌致胡先驌信函。

廬山本園自去年七月起至本年二月底，由代管人赫伯德（G. Herbert）及牯嶺美國學校吳校長（Roy Allgood）二位先生主持管理，一切工作如常進行。二月底吳離廬〔山〕以後，即由赫伯特一人主

〔註990〕 胡先驌著《對於我的舊思想的檢討》，1952年8月13日。《胡先驌全集》（初稿）第十五卷人文科學文章，第629～640頁。
〔註991〕 胡先驌著《對於我的舊思想的檢討》，1952年8月13日。《胡先驌全集》（初稿）第十五卷人文科學文章，第629～640頁。

持代管。吳校長三月初間由滬來函，中有關本園者，節譯如次：「廬山植物園在余（吳校長自稱）離開牯嶺時（按：為二月底），情形仍甚佳，至少可說在現狀下如汝（指秦仁昌）所希望得佳。今春山上天氣不如往年之冷，故園中溫室費用極少。赫伯特先生照料植物園甚為熱心可靠，在他督率之下，雇有一班工人，照料各種植物及用具，均稱小心謹慎。目下園中工作雖不能稱為完美，但余等在現狀下已算盡了全力矣。園中房屋及其他財產，因駐軍略受損傷，但在現狀下不能算太壞。近來華軍紀律甚佳，彼等與我等通力合作，保全植物園矣。」又赫伯特先生二月二十日來函亦稱，廬山本園尚稱平安，工作如常。嗣六月六日及十月十二日復接赫先生兩函，報告本園工作在彼督率管理之下，照常進行云云。聞之欣慰，際此非常時期，赫先生猶能不屈不撓，盡力保全本園，實屬難能可貴，非其平日對本園事業興趣之深，曷克臻此。〔註992〕

11月2日，鄭萬鈞致龔自知信函。

鄭萬鈞接手所務，首先是請教育廳對新落成所址進行驗收，對胡先驌與雲南省經濟委員會達成合辦協議，經濟委員會主任繆雲臺允為提供1萬元，其往教育廳請龔自知協調，鄭萬鈞致龔自知函，乃寫信申言：「前昨晉謁，值公出未晤為悵。茲懇者：前蒙貴廳慨助敝所鉅款購地建屋，研究基礎得以永奠，實深欽感。現新屋已告落成，曾報請貴廳驗收，尚祈早日派員蒞臨驗收。先生熱心介紹，致獲雲南全省經濟委員會年允補助萬元，發展本身農業研究事業，嘉惠敝所實非淺鮮。目前敝所經費極感困難，而印刷研究叢刊，添置設備及調查等事項，在在需款，曾為此事躬至華山南路拜謁雲臺先生兩次，均未把晤，以致此意未果上達。敬乞先生便中代為致意，將所補助之一萬元早日發給，實所感荷。」〔註993〕

11月4日，中正大學要求學生實行軍事管理。

〔註992〕 胡宗剛編《廬山植物園八十春秋紀念集》，上海交通大學出版社，2014 年 8 月版。第 090 頁。

〔註993〕 鄭萬鈞致龔自知函，1940 年 11 月 2 日，雲南省檔案館藏雲南省教育廳檔案，1016-001-311-002。胡宗剛著《雲南植物研究史略》，上海交通大學出版社 2018 年 7 月版，第 96～97 頁。

　　中正大學甫經成立，胡先驌旋即致電熊式輝稱，該校恪遵蔣介石「文武合一」教育主張，「俾在學青年均無愧一戰鬥軍人之標準」，故對軍訓「極端重視」，要加緊訓練，以樹新基。但到校的軍事教官僅有張國四等3人，員額不足，管訓未周。更為不幸的是，11月1日警報空襲疏散後，3人未回校，此「貽誤學生軍訓，關係極為重大」。〔註994〕

11月4日，中正大學致教育部信函。

　　中正大學仍以教室、宿舍亟待添建，要求教育部撥款。〔註995〕

11月9日，胡先驌致泰和縣政府信函。

　　胡先驌致函泰和縣政府。胡先驌在1940年中正大學農學院開學之際，即商同代理院長張明善著手籌辦。11月9日，農學院在學校附近梁村租得農田一百畝為籌設農場之用，因為擔心田主不能予以理解，於是特意致函泰和縣政府請求作為公證人，「函文：查本校農學院擬在本校附近梁村租農田約一百畝為籌設農場之用，本校誠恐田主不能予以理解（且要公證人），查該地係屬貴縣第一區第十七保轄境，為此，懇請貴縣派員前來與本校來員一同前往該地田主辦理租用手續」。經整理劃分後，其中可供旱稻用者，約四十畝，可供水稻用者，約六十畝。農場租得之後，相關舍業也開始建築並依續落成，有作業室一座，工房一座，堆肥室一大間，尚有牛舍，雞舍，豬舍在計劃建築中，此外農學院還租得附近民房一棟，供存放農具及農場管理員住宿之用。〔註996〕

〔註994〕《國立中正大學校長室胡先驌關於學校軍事管理人員到職情況的函》。高志軍著《政治與教育的互動：國立中正大學研究》，2021年12月華中師範大學博士學位論文，第71頁。

〔註995〕《先修班臨常費若十請速確定發下教室宿舍添建電請補助八萬元並請撥發》（1940年11月4日），《國立中正大學一九四〇年度經費預算書、概算書、預算分配表》（194008-194103），中國第二歷史檔案館藏，全宗號五，案卷號3755，第18頁。高志軍著《政治與教育的互動：國立中正大學研究》，2021年12月華中師範大學博士學位論文，第122頁。

〔註996〕江西檔案館，檔號：J037-1-00701-0017。鄭瑤著《繼往開來責在斯——國立中正大學農學院研究（1940～1949）》，2019年江西師範大學碩士研究生學位論文，第26頁。

11 月 15 日，胡先驌致鄭萬鈞、黃野蘿函。

　　事由：胡先驌關於告知住所情形請鄭萬鈞來贛及黃野蘿來泰和
的電。

　　（鄭瑤先生提供）〔註997〕

11 月 16 日，國立中山大學農林植物研究所香港辦事處嚴楚江致胡先驌
函。

　　函文：步曾大師賜鑒，由渝航函在離美之前收到，到港見陳煥
鏞師，知師（胡先驌）已到贛。現在此候伴，明後日當即動身，由
韶關進贛，約十五、六日後可到韶關，稍停一二日，取道贛州去泰
和，告知吾師此時需人甚急，當盡早前來，以為吾師用。聞內地難
尋住所，便申請代為留意……

　　（鄭瑤先生提供）〔註998〕

11 月 18 日，胡先驌介紹陳嘉庚的事業及愛國情懷。

　　主持學校總理紀念周，並請來校參觀的陳嘉庚先生作講演。致
介紹詞，略謂：今天有個極好機會，就是我們中國一個最大的企業
家，同時也是廈門大學的創辦者陳嘉庚先生，由福建到江西來。我
聽見陳先生來了，就請他到這裡來對諸位講演一次。陳先生是福建
廈門人，在青年時代，就到南洋去經商。起初是從小規模做起，後
來經營橡皮業，資產達到六七千萬。這就可見陳先生能力的偉大。
陳先生在新嘉坡經營橡皮事業，最有成績。他經營的事業能夠運用
科學方法，所以就能成為大企業家。在第一次歐戰發生的時候，陳
先生看準了協約國對於這樣大規模的戰爭，所慮者不是原料的缺乏，
而是運輸的困難，就購買了很多的船隻，把各種馬來群島的農產礦
產，運到協約國去，解決了協約國的困難，幫助了協約國的成功。
到了陳先生事業發到到最高度的時候，就用個人的力量，個人的資
產，首創廈門大學。廈門大學的歷史，至今還是有名的。後來因為
日本處處與陳先生為難，陳先生個人力量，自然不能與整個日本競
爭。因此，他的事業就受了一種挫折，才把廈門大學送到國家來辦。

〔註997〕江西檔案館，檔號：J037-1-00982-0008。
〔註998〕江西檔案館，檔號：J037-1-00911-0044。

陳先生不但是一個企業家，還是一個愛國者，他幫助政府募集捐款，不遺餘力。我知道有一個歌詠團到南洋去，得到陳先生的幫助，竟募集到極大捐款，由此可見陳先生的熱心。這次他回到祖國，見了總裁之後，復到各處觀察去，一方面查看中國抗戰建國的成就，一方面考察中國實際情形。以七十高年不憚辛勞、遠涉萬里，這種精神，真是值得我們欽佩。〔註999〕

11月20日，《精神之改造》文章在《國立中正大學校刊》（第1卷第3期，第5～6頁）發表。如何使我們每個人的精神更趨健全，也就是如何改造我們的精神？對年輕學生提出五點希望。摘錄如下：

第一、儘管我們周圍有許多靠國難發財的奸商和貪官污吏，過著紙醉金迷的生活，論對個人家庭還是國家民族的前途，都是一條自取滅亡的道路。因此，醉生夢死的生活，必須改正。

第二、為了抗戰勝利，我們在心理方面，必須養成堅忍不拔的自信心和奮發圖強的進取心，在生活方面養成整齊清潔衛生的習慣，在社交中要有守時守信的承諾。因此，奮發蓬勃的朝氣，必須養成。

第三、中華民族自古以來不是懦怯的民族，自古以來就有一股正氣，視死如歸，與異族抗衡的忠烈，如文天祥、史可法、至於像法國那樣，二戰中一百五十萬精兵敗於一旦，在中國歷史上是從未見過的，人總有一死，與其默默無聞的生，不如轟轟烈烈的死。因此，苟且偷生的習慣，必須革除。

第四、不要貪圖過分的奢侈的生活，更不能以不正當的手段獲取非法報酬，消滅自私自利的企圖，提倡儉樸的生活，養成勤儉質樸的風氣。汪精衛、梅思平等人為了個人名利，貪圖享受才淪為漢奸。因此，自私自利的企圖，必須打破。

第五、不要好高騖遠！嚮往革命是青年的通病。中國有大貧小貧之分，並沒有歐美資本主義國家的資產階段，我國已有平均地權、節制資本的規定。因此，紛歧錯雜的思想，必須糾正。〔註1000〕

〔註999〕 高傳峰，《胡先驌正大年譜（1940～1941）》，《後學衡》第五輯，2022年4月版，第115～116頁。
〔註1000〕 張大為、胡德熙、胡德焜合編《胡先驌文存》（上卷），江西高校出版社，1995年8月版，第352～355頁。

11 月 20 日，江西民國日報刊載：中正大學開學典禮熊主席致詞之原文《國立中正大學創立的意義及今後的希望》（一）。

胡校長，各位教職員，學生，各位來賓，本大學經過了七年的醞釀，十五個月期間的籌備，二十九次會議的討論，才在全國歡欣鼓舞慶祝總裁五四壽辰的今日，舉行開學典禮，在籌備的期間，各籌備委員的努力，尤其是馬院長博庵，程委員時烜，蕭委員純錦，邱委員椿的熱心，使一切都能照著預定計劃進行，這是值得佩欣並祝謝的，今天在這莊嚴盛大的開學典禮中，本席特將本校創辦的經過報告一下：

創辦經過

一、總裁之昭示

「九一八」之變以後，外寇「深入，內憂涔至，國勢阽危，岌岌不可終日。總裁膺黨國之重寄，再度移節江西，殫精竭慮，以擘劃安內攘外之大計，為今日抗戰建國作實際之準備，抗戰建國，本為一事，建國所以抗戰，抗戰乃為建國。欲建立現代國家，統一乃其基本條件。如何以求統一，則在把握政治建設之途徑，以統一全國意志，集中全國力量，正確領導全國人民，併力以赴。故總裁有「三分軍事，七分政治」之昭示，因此，在南昌行營期間，政治上即有若干劃時代之興革，於是更勸求時賢，博覽專才，期合群策群力，相與起衰救敝，共濟艱危，願各地方應興改革之事業，經緯萬端，尤急需成千成萬之政治幹部，乃可以坐而言起而能行。但當時社會上之反響，表面雖莫不激昂奮發，實際每多失望，尤其專才幹部稀少，專才幹部而求其有擔當，識大體，具有革命思想，報國忠誠者，更屬不可多覯，反之，若干知識分子，又苦無適當之職業可就，其就有業者，又每苦不能自勝其任，徒事投機傾軋以為生，怨天尤人以自遣，非唯無以清國用，反使社會人心，愈趨浮動，在內憂外患交迫之中，又增加一重知識分子，思想分歧之危險，總裁觸目心憂，乃銳意究其癥結，更覺中國教育之所以不能應國家社會之需要，主要原因，乃由於中國之教育事業，始終停滯於盲目移植與盲目生產之階段，宜其與國家社會，完全隔離，兼以軍閥統治時代，根本無政治可言，一任教育之自生自滅，以致演成教育與政治完全

脫離之病象，本黨建立革命政府以來，因時間短暫，不及貫徹三民主義之新教育制度，而一般大學，多有其歷史之傳統，或又趨重於高深，而忽略於平實，皆不易遽令更張，國勢危急，需才孔殷，歷史之病象，完全暴露，莫可掩飾，總裁乃力倡大學教育，必須與地方政治，完全扣合，以救其弊，並決定試辦一種理想大學，以為澈底改革大學教育，培植建國基本人才之實驗，此即江西創辦本大學最初之動機。

海會寺之訓練開始，總裁曾實施其教育理想之一部分，收效甚宏，但此訓練，乃現職人員之短期進修，而教育理想之全部實驗，仍有待於大學，式輝嘗隨總裁于役廬山，至南麓秀峯寺，雙劍穿雲，飛龍瀉壁，山水之壯麗，總裁歎為他處所不及，欣然曰：「此地最宜講學，大學設於此處乃佳」在山公餘，輒與僚屬論教育，其精義要為改革政治，必先培植明禮義，知廉恥，負責任，守紀律，孝於民族，忠於國家之政治人才，故一般大學教育，多偏重於純粹學術研究，以為學術可以中立，個人絕對自由，而不注重國家之需要，今後改弦更張，第一，應使教育計劃與政治計劃相呼應，使學校為政府之研究部，政府為學校之試驗場，第二，應使學術理論與實際工作相貫通，使言不空談，行無妄動，第三，應使人格陶養與知能傳習並重，使青年所得之知識，能在其精神生活中，發揮偉大之道德力量，余躬聆訓誨，與奮異常，曾預末議，直抒所見，並憶及總裁北伐抵贛時，（十六年一月）所講《黨化教育之重要》一文，殷殷希望江西實行三民主義教育，以建立三民主義之江西，而江西苦無大學，以為全省學校之表率，致迄未能達成總裁之期望，乃建議由江西創辦一理想大學，首先實驗政教合一之理想，當蒙總裁嘉納，並飭著手籌劃，此為江西創辦本大學之最初決定。〔註1001〕

11月21日，本省教育界舉行首次座談會，討論文化事業建設等計劃，定名教育文化問題座談會。

〔註1001〕 梁洪生主編《杏嶺春秋──〈江西民國日報〉有關國立中正大學的報導全匯（1938～1949）》，2010年12月內部印刷。中華民國二十九年十一月二十日週三第三版。

　　教育廳與中正大學為溝通各方對教育文化意見起見，特由教廳
程廳長，陳參事，胡科長，與中大胡校長，羅教務長，童主任等，
發起教育文化問題座談會，第一次座談會由教育廳主持，於本月十
七日在文江省立圖書館舉行，到會者計有程廳長，蕭委員，邱委員，
中正大學胡校長，羅教務長，童潤之，周葆儒，陳鶴琴，省黨部劉
書記，匡委員，及程孝福，胡蘭，程宗宣，蔡淑芳，柳藩國，胡昌
騏，謝康，舒寬鑫等二十餘人，由程廳長主席，報告本次座談會討
論問題，計有本省文化事業建設計劃，縣立中學實施計劃，本省三
十年度教育行政方針，及教育文化事業問題討論會之永久集會等四
項，首先討論本省文化事業建設事業，胡校長，羅教務長，童主任，
周教授等相繼發言，表示意見，並推定羅教務長，童主任，匡委員，
胡科長，程館長，修正計劃，繼討論縣立中學問題，由胡科長報告
本省縣立中學計劃，再加以討論，次討論本省三十年度教育行政方
針，最後商談本省教育文化問題討論會之召集，並經決議定名為教
育文化問題座談會，並定下月在中正大學舉行，會後在文江學舍聚
餐，並參觀省立幼稚師範學校云。（中央）〔註1002〕

11 月 21 日，江西民國日報刊載：中正大學開學典禮熊主席致詞之原文
《國立中正大學創立的意義及今後的希望》（二）。

　　江西當大亂之後，經費奇窘，而當時大學人才，竟趨於繁盛之
都市，師資亦不易延攬，致未能及時舉辦，迨乎民國二十五年，總
裁召開各省地方高級行政人員會議，又明白訓示「政治與教育，應
打成一片」，其言有曰，「各省府關於行政事項，即可利用此等教授
之專門知識，請其研究規劃，一方面可收專家相助之效，同時學校
教授等，亦可以實際問題與其平時所學相證驗」，由於「學校教職員
與行政機關人員打成一片，不僅可就地取才，協助政治之推動，即
於改革社會，振作人心，確立風氣，亦必以政教合作為樞紐」，總裁
為促其理想之實現，並體念江西財政之支絀，特撥款百萬元，為創
辦本大學之基金，余於感奮之餘，更積極進行籌劃，二十六年，先

〔註1002〕 梁洪生主編《杏嶺春秋——〈江西民國日報〉有關國立中正大學的報導全匯
　　　　　　（1938～1949）》，2010 年 12 月內部印刷。中華民國二十九年十一月二十一
　　　　　　日週四第三版。

於南昌創立一中正醫學院，擬就為基礎，將大學次第完成；不意抗戰軍興，一切文化機，關紛紛遷往內地，初成之中正醫學院，亦隨以西去，人才之延攬更難，乃略變初意，縮小規模，擬僅加添中正政治學院一院，於昨年赴渝出席五中全會之便，邀集在川之學者專家，安慎研討，並面呈總裁核准，復蒙增撥基金百萬元，飭速成立，計劃既定，返贛後復約省內外學者專家，集議於遂川，僉以實現總裁理想，適應戰時及本省之需要，非一政治學院所克勝，不如遵照總裁最初之意旨，徑行創辦一完全之大學，同時國內著名學者，亦多以函電，表示贊助，形式日趨順利，遂再呈准總裁，改為中正大學，並即在泰和成立籌備委員會，負責進行，本大學乃由此正式誕生。〔註1003〕

11月21日，胡先驌致孝騫院長函。

　　函文：孝騫院長先生道鑒，本校因江西省政府秘書兼本校研究員龔履端先生道經貴陽之便，已分別函請浙大教授張冠超先生檢察廣西植物標本一份及國立中正醫學院王子玕院長將允借之顯微鏡五架，暨嚴楚江先生存件一併運交先生代收，當交龔先生帶贛應用，茲龔先生現已前來，特函介紹晉見，敬希惠洽。

　　（鄭瑤先生提供）〔註1004〕

11月21日，胡先驌分別致廖世承、王子玕信函。

　　中正大學創辦之初，胡先驌即積極籌辦農學院儀器設備。他分別致函國立師範學院院長廖世承：「函文：世承院長吾兄道鑒，頃奉大函並承惠允借用顯微鏡一、二架，極為感荷，茲特派本校農學院職員胡德孚先生前來洽領，敬希惠予接洽，至少借用二架，可多則尤所切望，又貴院如有擴大鏡，望予以惠借，以利教學，尤為感荷。」〔註1005〕和國立中正醫學院院長王子玕：「函文：子玕院長吾兄道鑒，前承惠允借用顯微鏡五架，以應急需，茲因贛省府秘書兼本校研究

〔註1003〕 梁洪生主編《杏嶺春秋——〈江西民國日報〉有關國立中正大學的報導全匯（1938～1949）》，2010年12月內部印刷。中華民國二十九年十一月二十一日週四第三版。
〔註1004〕 江西檔案館，檔號：J037-1-00719-0013。
〔註1005〕 江西檔案館，檔號：J037-1-00719-0003。

研究員龔履端先生來黔之便，擬請吾兄轉知趙以炳先生將前項顯微鏡並嚴楚江先生存件一併交由龔先生帶贛，俾資應用。」希望惠允借用顯微鏡若干，廖、王接函後也是大力相助，分別借給二架和五架。〔註1006〕

11月22日，中正大學致教育部信函，解決開設先修班經費。

先修班是中正大學戰時設立的班級之一。中正大學先修班開辦較早，校方曾就先修班開辦費、月支額度與教育部僵持不下。圍繞上述問題，校方先是於1940年11月請教育部增撥月支、開辦費用，主因在於學生激增經常造成開支超支，補先修班之用「萬難樽節以移補先修班之用」。〔註1007〕

11月22日，教育部致中正大學信函。

教育部以「先修班經常費礙難增撥」回絕。〔註1008〕

11月22日，江西民國日報刊載：中正大學開學典禮熊主席致詞之原文《國立中正大學創立的意義及今後的希望》（三）。

二、江西之需要

本大學既本總裁之教育理想而產生，則何以必於江西創其始，是有其獨特之需要在，江西匪亂，較各省為烈，破壞亦更大，此故有其特殊嚴重之社會病，為之屬階，總裁本其數載駐贛之體驗，制定若干對症根治之方案，即應在江西實行，故江西特別需要實行，

〔註1006〕 江西檔案館，檔號：J037-1-00719-0010。鄭瑤著《繼往開來責在斯——國立中正大學農學院研究（1940～1949）》，2019年江西師範大學碩士研究生學位論文，第22頁。
〔註1007〕 《介紹□□□晉謁並請將法規校印口交回》（1940年11月22日），《中正大學現金出納表領款收據經費累計表等各類會計表文書》（194205-194504），中國第二歷史檔案館藏，全宗號五，案卷號3763（1）第37頁。高志軍著《政治與教育的互動：國立中正大學研究》，2021年12月華中師範大學博士學位論文，第121頁。
〔註1008〕 《電覆撥發該校先修班臨時費一千元》（1940年11月22日），《國立中正大學一九四〇年度經費預算書、概算書、預算分配表》（194008-194103），中國第二歷史檔案館藏，全宗號五，案卷號3755第20頁。高志軍著《政治與教育的互動：國立中正大學研究》，2021年12月華中師範大學博士學位論文，第121頁。

總裁之理想政治建設，因而亦特別需要言行理想政治建設之理想政治人才，為此，自必需要一理想之大學，此其一。

其次，全國教育脈絡之分布，極不合理，半數以上之大學，集中於沿海之三五城市，以致全國文化之發展，失其均衡，抗戰以來，學校又集中內地，恰與戰前形成兩極之對照，各省莫不普遍有大學三所，江西則最為傷枯，雖欲藉重舊有之普通大學，改造運用，以為政教合作在實驗，亦不可得，戰後尤感其需要，蓋環贛數千里，無復大學存在，幾成文化上之一大沙漠，故在江西新大學之設立，已不容緩。

再次，江西本非富庶之區，亂後尤形貧困，一般家長，多無力送其子弟出省升學，一般學子，亦因升學之困難而灰心喪志，政府為減輕贛省父老文化上之負擔，解除青年學子精神上之苦悶，自應在省內建立大學，以便利江西以及東南各省學子之升學。

今後希望

本大學既已排除一切困難，依照吾人期望而產生，今後更應把握最初方針，朝著總裁的理想而成長，這就是本校同人自己的責任，本席以創議人兼前任籌備委員會主任資格，謹於總裁訓之後，再略貢其誠摯的希望：

一、發揚三民主義之學術思想

總理曾云：世間一切學問，悉在三民主義之範圍內，人類研究學問之目的，不外為求民族、民權、民生問題之解決，是以三民主義，為開啟一切學術思想之結論，中華民國之教育宗旨，亦明白規定，「中華民國之教育，根據三民主義，以充實人民生活，扶植社會生存，發展國民生計，延續民族生命為目的」，是現代中國之教育，應根據並發揚中國之主義，殆無疑義，本大學有其獨特之任務，故文、法、工、農、醫等院系，皆宜恪導此旨，徹底實踐，展開一切學術研究，從一切學術研究中，具體求得「充實人民生活，扶植社會生存，發展國民生計，延續民族生命」之理論制度與技術，研究有真實之內容，學術乃得廣大之效用，吾人常循此途徑，以造成中國民族文化之主流，使中國文化，早日脫離次殖民地之地位，中華民族，能自樹立其創造性之學術體系，以求有所貢獻於世界人類，乃

為完成三民主義文化的使命。

二、實驗政教合作之計劃教育

總裁昭示之「政教合作」，本大學自應有其具體方法，以為實驗，理論上，大學要能成為一般政治人員之理論研究所，運用各種方式，源源不斷，提供一般政治工作人員所需之學理，以增進其生活之創造力，與工作之自信心，一般工作人員，則應成為大學之理論證驗者，推廣者，及題材供給者，不斷研究其理論，而又不斷反映實際問題，提供實際資料，為繼續研究之新課題，技術上大學要能成為一般政治工作之技術供應部，接受一般政治工作者之諮詢，解決其技術上之疑難，更應收集各種政治工作之實際資料與經驗，分類整理，編為專書，一面提供政府機關，作為工作手冊，一面教授學生，作為補充教材，人員上，大學要能成為一般政治機關之人才製造廠，省縣鄉鎮各機關，需要工作幹部之質量與數量，應約定大學，負責培養，大學養成之人才，各級機關應負責任用，使學校為有計劃之生產，國家得適用之人才，學生有一定之出路，因此，教育計劃，必須力求與行政計劃相扣合，協同一致，集中力量，連鎖式之推進，直接完成教育計劃，間接促使行政計劃之完成，如此，政府之行政計劃，有其生動之靈魂，大學之教育計劃，有其寄託之形體，乃為有計劃之教育，乃為有真實性之「政教合作」。

三、建立民族復興之精神堡壘

本大學敬奉總裁之名而名之，開創於戰時，建立於戰地，自有其特殊重要之意義在，溯自「九一八」以來，暴敵猖狂，逆偽勾結，衣冠禽獸，邪惡橫行，狡獪者，乘機以便私圖，怯懦者，臨難而求苟免，禮義滅絕，廉恥道喪，本大學適於此時創立於東南中心之江西，是應屹立於硝煙彈雨骨山血海中，毅然以復興民族之精神堡壘自任，總裁之背境，為民族五千年歷史，總裁之人格，為中國四萬萬之典型，本大學必奉總裁之名而名者，將以張大其昔年在贛所倡導「禮義廉恥」之四維，而扶植民族之正氣。

昔者，普魯士幾金為拿破崙所征服，領土喪失十分之七，國命不絕如縷，柏林大學適於其時創立，學者如斐希特等，鼓吹民族復興之理想，全國青年翕然景從，於是有一八一三年自由戰爭之勝利，

及一八七一年聯邦建國之成功，本大學之師生，皆一時俊彥，今我民族危亡，迫於呼吸，誰不能為斐希特者，所望各放光明，共扶正氣，認識生活之目的，在增進人類全體之生活，生命之意義，在創造宇宙繼起之生命，以革命者「無所私」「無所畏」之精神，相與砥礪奮發，樹為風氣，轉移社會，以達成革命建國之歷史使命，式輝願隨諸君之後，相共勉之。（中央）〔註1009〕

11月22日，胡先驌致吳俊升信函。

俊升司長先生勳鑒：

敬懇者：本校先修班經費前奉部令，按月核撥七百元。嗣因事實需要，每月實需經常費一千四百五十五元，另請撥開辦費一千元，當經本校另編預算呈部核撥。緣本校經始締造，力體時艱，各種布置均照一定預算量入為出，力求收付平衡。現本部學生激增，經費開支將超出原定預算之外，萬難撙節以移補先修班之用。該班學生刻已陸續到校，需款甚急，茲因贛省府秘書兼本校研究員農糞履端先生赴渝之便，特函介紹晉謁，面陳一切，敬希賜予接洽。又部中一切教育法令，亟待查閱，前承允寄，尚未見到。貸金及獎學金辦法，教職員生活津貼辦法，尤屬急需，擬請糞君在渝之便，各撿賜一份帶下。又本校校印，如已頒發，亦請一併轉交糞君帶校應用為荷。諸勞請神，銘感無既。

耑此祗頌

勳安

胡先驌 拜啟

廿九年十一月廿二日〔註1010〕

11月23日，胡先驌致中華教育文化基金董事會信函。

中正大學剛成立一個月左右，胡先驌便為農學院向中基會申請資助，函文稱「……敝校初創，圖書設備至為缺乏。卅年度擬援貴

〔註1009〕 梁洪生主編《杏嶺春秋——〈江西民國日報〉有關國立中正大學的報導全匯（1938～1949）》，2010 年 12 月內部印刷。中華民國二十九年十一月二十二日週五第三版。
〔註1010〕 《胡先驌全集》（初稿）第十七卷下中文書信卷，第 428 頁。

會補助雲南大學前例，請撥之款補助敝校農學院各種事業，請款規則及申請書等件，請早日寄下，預為準備，至以為禱。敝校為紀念總裁而設，總裁又極重之，熊主席且視為將來建國之基礎，使命至大，而江西屬於農產省份，農業尤宜振興，想貴會是能優與資助，翊成盛業也」。〔註1011〕

11月27日，中正大學致教育部信函。

中正大學堅持修建屋舍原因在於，1940年秋季學期，招收學生人數遠超該校教室可容納人數，該校又「地處曠鄉」，附近無民房可租，且凡預算經常費均有所用，因此挪用此費進行建設並不現實，只好請求教育部補助。〔註1012〕

11月27日，胡先驌致中正醫學院院長王子玕函。

函文：電請介紹良師一人為本校診療室主任，並轉知趙以炳將顯微鏡及嚴楚江存件運築湘雅醫院交給冀履端帶贛。

（鄭瑤先生提供）〔註1013〕

11月28日，胡先驌分別致江西省公路局、韶關汽車站信函。

校長室致江西省公路局、韶關汽車站函。黃野蘿由贛縣、韶關前來泰和正大，所帶書籍行李甚多，胡先驌知曉後立馬致函江西省公路局和韶關汽車站，請求「貴處貴站轉飭贛州車站設法代留座位及運標本箱行李，俾便成行」。〔註1014〕

11月30日，廖世承致胡先驌函。

事由：廖世承關於沒有多餘擴大鏡可借的函。

〔註1011〕 鄭瑤著《繼往開來責在斯——國立中正大學農學院研究（1940～1949）》，2019年江西師範大學碩士研究生學位論文，第26頁。
〔註1012〕 《呈請酌量撥款補助本校添建教室宿舍》（1940年11月27日），《國立中正大學一九四〇年度經費預算書、概算書、預算分配表》（194008-194103），中國第二歷史檔案館藏，全宗號五，案卷號3755，第16頁。高志軍著《政治與教育的互動：國立中正大學研究》，2021年12月華中師範大學博士學位論文，第122頁。
〔註1013〕 江西檔案館，檔號：J037-1-00719-0017。
〔註1014〕 鄭瑤著《繼往開來責在斯——國立中正大學農學院研究（1940～1949）》，2019年江西師範大學碩士研究生學位論文，第63頁。

（鄭瑤先生提供）〔註 1015〕

11 月，國立師範學院廖世承致胡先驌函。

　　函文：步曾吾兄校長勛鑒，前因貴校缺乏顯微鏡向敝院借用，
曾具函奉復諒邀明臏，茲於無可設法之中勉強騰出完好者一、二架，
因道遠物貴，郵局不便遞寄，只能請貴校派員持函證明來此取用。

　　（鄭瑤先生提供）〔註 1016〕

11 月，《中國科學社》編輯部部長劉咸受胡先驌之邀出任中正大學農學院
兼任研究教授。〔註 1017〕

11 月，Notulae Systematicae ad Floram Sinensem X（中國植物分類小誌十，
即中國植物區系長編）刊於 Bull. Fan Mem. Inst. Biol.《靜生生物調查所彙報》
（第 10 期，第 117～172 頁）。

11 月，應教育部要求，本人填寫《公務員任用審查表》。

公務員任用審查表〔註 1018〕

機　構	教育部			
姓　名	胡先驌	別　號	步曾	
性　別	男	年　齡	47	
籍　貫	江西省新建縣			
住　址	江西泰和國立中正大學	黨　籍	國民黨	
出　身	美國加利福尼亞大學學士 美國哈佛大學碩士博士			
經　歷	江西省盧山森林局副局長 江西省實業廳技術員 國立南京高等師範學校、東南大學、 中央大學生物系主任、教授	民國六年三月至十月 民國六年十一月至七年八月 民國七年九月至十七年八月		

〔註 1015〕江西檔案館，檔號：J037-1-00719-0006。
〔註 1016〕江西檔案館，檔號：J037-1-00719-0001。
〔註 1017〕鄭瑤著《繼往開來責在斯——國立中正大學農學院研究（1940～1949）》，
　　　　　2019 年江西師範大學碩士研究生學位論文，第 16 頁。
〔註 1018〕原表從右到左，現改為由上而下。

	靜生生物調查所植物部主任及所長		民國十七年九月至二十九年		
	國立北京大學名譽教授		民國十九年九月至二十六年八月		
	國立中央研究院評議員		民國二十九年至今		
其 他	國際科學教授會副會長 國際植物學會副會長		證明文件	國立中央大學 羅校長證明書	
中華民國 年 月 日			被任用人員 簽名蓋章	胡先驌	
擬任官職	國立中正大學校長		被任事項	主管校務	
擬獲薪級	擬敘簡任五級		實薪支額	五百二十元	
性 行	篤實幹練	主管長 官署名	職別	部長	蓋章
體 格	健全		姓名	陳立夫	
黏貼二寸 照片		備考			
中華民國二十九年十一月 日					

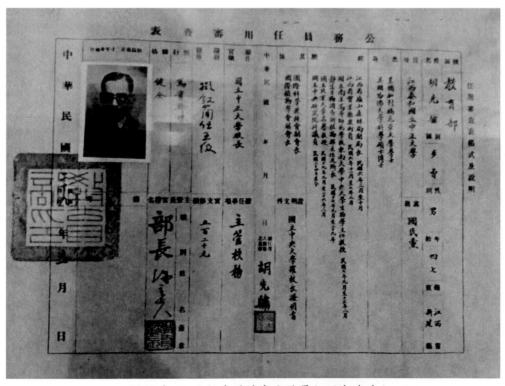

1940 年 11 月胡先驌填寫公務員任用審查表

11 月，國立中正大學杏嶺鳥瞰。

　　杏嶺原是地主劉百萬領地，地形遼闊，樹木蔥蘢，但有山無水，環境並不理想，筆者在校四年，未見杏樹，不知名出何由。

　　泰和縣城與省府所在地上田村有公共汽車，其中早中晚有幾班車延伸至杏嶺，路程過長，票價不低，筆者從未光顧過。

　　如果你乘公共汽車來校，汽車終點站即在校大門一側。所謂大門無非是一座竹紮兀形牌坊，青松點綴其間，由此，校內砂土公路繞校一周。

　　進校大門前行約 60 米即是大禮堂，大型集會和文娛演出均在此舉行，其正面形象用於第一屆畢業紀念章上，成為正大之標誌。

　　過大禮堂有一排南北向教室共十餘間，無課桌，有座椅，木質原色，右側伸出一方形板代桌，左撇子們會有一定困難，過此北行，道西有一排東西向平房，為木工房、鑄工房等試驗課場所，再北行即至校醫院，熊姓女大夫主其事。其間，道東有一小徑，斜穿可達校本部。小徑兩側，樹木鬱鬱蔥蔥，寓所就在其間。曲徑盡頭，即是土裏土氣亦稱古色古香的校本部。東側便門處有一小庫房存放土木測繪儀器，西側有一棟小平房，那是成衣鋪、理髮室、郵局和庫房。校本部東面有圖書館，上層藏書，下層閱覽，當時不通電，夜間以煤油汽燈照明，倒也鋥光瓦亮，學生們趨之若鶩。

　　建校伊始，一切因陋就簡，除校本部和圖書館是原有兩層磚木結構外，大禮堂及其他建築都是木屋架、竹筋抹灰牆、木門窗、灰土地面小青瓦頂的戰時臨時建築。圖書館對過，道南地勢低窪，有一建築稱為「正社」，胡蓮舫教授曾在此展銷他從英國帶回的大小古典名畫複製件。當時教授生活十分清苦，故有此舉。筆者財力有限，對名畫又不忍釋手，傾囊購得幾張小型張，如明信片大小，常把玩欣賞，直到「文革」時，連同數十年集郵成果付之一炬，現後悔也無可挽回了。

　　校本部後山坡上，建有許多教師住宅，陳清華、俞調梅教授均寓此。圖書館後山之巔，則為姚顯微、吳昌達兩烈士墓地，供人景仰憑弔。過圖書館東行，道南為教職工單身宿舍，山溝為幼兒園，有幾位年輕美貌的老師，譚靜皆、趙景鎏等同學常到此朝拜修煉，

終成正果。道北是教室群，二聯或三聯十多幢，女生宿舍屹立在拐角處。由此南行為生活區，道東有幾爿小商店小飯館，再往南是男生宿舍四幢以及食堂、浴室、青年館、俱樂部等，斜坡下是足球場，三四宿舍之間有籃球場。路盡頭處有一田埂小路通往縣城，是進泰和縣城的一條捷徑，車技高超者如胡德熙常騎自行車，後座帶著符式佳，疾行如飛，令人歎為觀止。這第四宿舍西行，可直達校大門，至此已繞行校園一周了。男生一二宿舍之間，有一條筆直的堤埂小道，可直達大禮堂後教室試驗室，道北有幾幢老師住宅，蔡方蔭及吳華寶、左景媛教授夫婦均寓此，左為左宗棠曾孫女，授英語。筆者大一英語受業於左老師，得益匪淺。〔註1019〕

11月，國立中正大學學生男女宿舍情形。

男生宿舍四幢是正方回字形建築。每幢四邊布置房間，共約20間。每間安排四至五張雙層木床，每人配備小木桌一張，多數人以床代椅。每人自點一盞小油燈（煤油燈或桐油燈）。宿舍中間是大天井，四側設木條鑲拼的盥洗臺，四角設大水桶，雇工挑水裝滿，一年四季洗冷水臉，浴室有專人澆水，定時開放，其側有一場地，設單槓、雙槓、獨木天橋等，萬元善、吳克昌等體操愛好者是此處常客，個個肌肉發達，男子漢氣派十足。

女生宿舍結構形式與男生宿舍相同，但得天獨厚，是個二層小樓，牆面刷成白色，人稱「白宮」。女生人少，不及男生十分之一。當時大學生多已成年，當局並不禁止男女生談情說愛，因之，「白宮」前門庭若市。

「白宮」設一老一少兩位女勤務人員，打掃衛生，兼司傳達。男生來訪要請她倆傳呼，逢年過節要給一個小紅包，後來逐漸省去這個中間環節，男生至此臨窗仰視，直呼芳名某某，女生多已有思想準備，聞聲即至，或蜜語於會客室，或漫步於林蔭道，或相偕去圖書館，四年交往，許多有情人終成眷屬。〔註1020〕

〔註1019〕 黃克敏著《往事十憶》。胡啟鵬主編《撫今追昔話春秋——胡先驌學術人生》，北京燕山出版社，2011年4月版，第337~338頁。
〔註1020〕 黃克敏著《往事十憶》。胡啟鵬主編《撫今追昔話春秋——胡先驌學術人生》，北京燕山出版社，2011年4月版，第339頁。

11 月，羅良俶拜謁胡校長，關於入學註冊事情。

　　1940 年 11 月抵達杏嶺時，因為已逾註冊入學日期近兩個月，依規定不能註冊，曾於當晚拜謁胡故校長，請求破格准許補辦註冊手續。校長曾在見面時一面解釋學校所訂的一切規定，必須人人遵守，破格之事極易造成特權，不足為訓，一面開導我不妨等到第二學年再行人學，雖然耽誤一年，但若能利用這段時間多讀些有關的書籍，打好基礎，「焉知非福」！校長說得十分委婉，沒有半句話為俗稱「打官腔」，使我感到校長真是一位「嚴肅其外，仁慈其中」的長者。〔註 1021〕

12 月 7 日，胡先驌致程時煃信函。

　　胡先驌致函程時煃。胡先驌將目光投向了江西省立科學館，致函時任江西省教育廳廳長的程時煃，稱「函文：本校創立伊始，各種儀器，尚未籌購，近因農學院生物實驗方面用器極感缺乏，茲承請將省立科學館全部顯微鏡及生物方面需用儀器藥品染料等，惠借本校，以資應用」。程時煃雖任教育廳長，但是他對省內農業發展極為關注。他曾說「我國以農立國，農業對於國家盛衰的關係，比之其他工商百業，都為重大。近七八十年，因外來影響，以及政治人事天災種種，我國農業不特生產技術停滯不前，趕不上人家，舊有的農村與農業經濟且日益衰落崩潰。事實上，今日已形成一國家根本上最嚴重的危機」。〔註 1022〕

12 月 13 日，中正大學召開教育文化座談會，發起組織文化建設協會，開實驗區進行各項建設。

　　本報特訊：國立中正大學與教育廳共同發起之教育文化座談會第二次會議，由中正大學召集，於本月八日上午十時在中正大學總辦公廳舉行，到有省府胡秘書長，楊廳長，程廳長，邱委員，陳參事，吳宗慈先生，胡校長，羅教務長，朱訓導長，及董主任等二十

〔註 1021〕　羅良俶著《與胡故校長四次晤談記》。胡啟鵬主編《撫今追昔話春秋——胡先驌學術人生》，北京燕山出版社，2011 年 4 月版，第 275～276 頁。
〔註 1022〕　江西檔案館，檔號：J037-1-00719-0067。鄭瑤著《繼往開來責在斯——國立中正大學農學院研究（1940～1949）》，2019 年江西師範大學碩士研究生學位論文，第 22 頁。

餘人，由胡校長主席，首先討論組織本省文化建設協會問題，決議通過，定名為「江西文化建設協會」，由省府所屬機關與中正大學發起，社會人士之熱心本省文化建設者，亦得參加，當推定胡秘書長，楊廳長，程廳長，胡校長，羅教務長五人起草本會會章，下次提會討論，次討論「設立文化建設實驗區計劃綱要」決議，（一）以上田村周圍十里地為實驗城，就省府原有事業加以擴充整理，（二）建設廳籌撥十萬元為創建本區科學館及博物館之用，（三）實驗區內各項事業，如國民學校，民眾圖書館，民眾公園，民眾體育場，科學館，博物館，民眾醫院，民眾農業示範場，及民眾工藝廠等，由建教二廳，中正大學，全省衛生處，及農業院等機關分別主辦，討論時個人發表意見甚多，結果極為圓滿，十二時，在本大學聚餐，由胡校長，羅教務長，朱訓導長招待，賓主極歡而散云。〔註1023〕

12月14日上午8時，胡先驌主持校務第一次常務會。

在本校會議室主持校務會議第一次常務會議。決議要案如下：（一）推定何棟先總務長、馬博庵院長、朱希亮訓導長擬定各院系與各該組室間辦事系統，並指定由何棟先總務長負責召集。（二）關於第二學年度添造校舍之籌劃，議決由各院處先行會商，擬定計劃，再提會討論。（三）加推何棟先總務長為本校學生獎學金救濟金委員會委員。（四）本校已來登記請求貸金之戰區清寒學生八十餘名，本年度共需貸金約五千元，議決除呈請教育部撥給外，得先由校撥墊，以應急需。（五）議決本校成立工程處，專司下年度校舍建築事宜。〔註1024〕

12月14日，湘雅醫院院長張孝騫致胡先驌函。

函文：先驌校長先生道鑒，昨冀履端先生到築交下大書奉悉一是冀先生云及便車已返贛，本人隨往渝受訓，其廣西植物標本及嚴楚江先生存件與中正醫學院王院長允借之顯微鏡五架共裝八箱業由

〔註1023〕 梁洪生主編《杏嶺春秋——〈江西民國日報〉有關國立中正大學的報導全匯（1938～1949）》，2010年12月內部印刷。中華民國二十九年十二月十三日週五第三版。
〔註1024〕 高傳峰，《胡先驌正大年譜（1940～1941）》，《後學衡》第五輯，2022年4月版，第117頁。

中正醫學院運來貴陽暫存，本院留候尊處便車攜帶，貴校收據來築裝運，茲寄奉中正醫學院出納室賬單一紙，即煩謄照為荷。

（鄭瑤先生提供）〔註1025〕

12月19日，胡先驌致廖世承函。

函文：承胡德孚君返校，顯微鏡二架亦一併攜來，但據生物學教授反映，其中一架顯微鏡式樣頗舊，並不適用，早知為此，深悔此行。但對貴院惠借仍十分感激，惟實情不能不設法告之。

（鄭瑤先生提供）〔註1026〕

12月20日，《如何獲得豐富快樂之人生》在《國立中正大學校刊》（第1卷第6期）發表。文中指出，年青人志向要高尚遠大，物質享受是一種低級趣味，物質享受很高的人，並不一定能過得豐富快樂的生活。現在許多同學來校求學目的，是為求得一點生活技能，找一份好的工作，贍養家庭，不是為了精神需要。有這種想法人的志向實在太低了！古今中外名人樂於過簡樸生活的不勝枚舉，聖賢一生所追求的是「道」，絕對不是名利。孔子曰：朝聞道，夕死可矣，儒家追求道與古希臘人追求真善美是一致的。即真理的獲得，美的欣賞，善的修養。所謂的真就是真理，包括精神上的真理和自然界的真理。前者中外聖賢留給我們的遺產，足夠一生去研究。後者的範圍無限廣闊，讓我們一生去研究追求！美的欣賞，範圍也很廣，如我們祖宗留下詩、文、詞、曲、繪畫、雕刻、刺繡、建築等各個方面，還有國外的藝術、文學、美術。古今中外一切知識，這樣可讓生活不單調乏味，充實生活內容。我國的道德理論，各國民族在辨別善惡，修養，身心，求善的方法是一致的。我們的一生的精力不應限於職業，在從事職業之餘，應善於利用時間，去追求真善美，去追求世上無窮的知識。中國的儒家，正業多半是政治，副業才是各種專門的學問。他們名垂不朽，多半是副業的成就。因此，我們應該盡力養成精神所寄託的副業，去獲得豐富快樂的人生。〔註1027〕

12月21日，在泰和舉行「江西省戰時省會文化座談會」。

〔註1025〕江西檔案館，檔號：J037-1-00719-0015。
〔註1026〕江西檔案館，檔號：J037-1-00719-0005。
〔註1027〕張大為、胡德熙、胡德焜合編《胡先驌文存》（上卷），江西高校出版社，1995年8月版，第356～360頁。

－993－

12月24日，胡先驌致江西省科學館函。

　　函文：頃承貴館所借顯微鏡十五架，以資應急，至深感紉，現以本校借條隨函附上，並派員（彭鴻綬）前來領取……

　　（鄭瑤先生提供）〔註1028〕

12月26日，本省文化界舉行教育文化座談會。

　　本省教育文化問題座談會，為討論本省文化運動計劃，決定目前應積極進行之業務起見，特於前日（二十四）上午九時假文江省立圖書館舉行第三次座談會，到會者計有教廳程廳長，中正大學胡校長，羅教務長，周葆儒教授，葉青教授，省黨部匡委員，及徐晴嵐，程宗宣，胡昌騏，張□□，舒寬鑫等，由程廳長主席，報告本次座談會討論中心，為本省文化運動計劃之商討，當經決議定名為三民主義文化運動，以一、尊奉三民主義為最高準則，二、集中抗戰勝利的主要目標，三、遵守中央規定方針，同時切應地方需要，四、配合政治目的，同時推動政治工作，為實施原則，亦為適應客觀的需求，審度主觀的力量，先擇定研究，講演，出版，印刷，廣播，新聞，期刊，戲劇，電影，歌詠，美術，科學，文化供應等十二種，為當前積極進行之業務。（中央）〔註1029〕

12月27日，熊式輝決定留派幹團到中正大學研究部深造。

　　召集張含清、葉青、蔣經國、熊在渭、徐晴嵐、胡德馨、匡正宇等會商，（一）辦理「政治班」目的在培養理論及行動人才，為宣傳組織，民運工作幹部訓練期滿後，即分配實地工作，有餘即留派幹團及附入中正大學研究部深造，教授人員指定葉青、吳曼君、張徇中、蔣經國、張含清、徐晴嵐、張一清、及熊、尹、胡、匡、陳各委員擔任，盼各自準備；（二）勵行組織生活與組織行動：（三）整理黨中「小組」及「黨團」：（四）發動「三民主義文化運動」。〔註1030〕

〔註1028〕 江西檔案館，檔號：J037-1-00719-0074。

〔註1029〕 梁洪生主編《杏嶺春秋——〈江西民國日報〉有關國立中正大學的報導全匯（1938～1949）》，2010年12月內部印刷。中華民國二十九年十二月二十六日週四第三版。

〔註1030〕 熊式輝著《海桑集——熊式輝回憶錄》，星克爾出版（香港）有限公司，2009年8月版，第207。

12 月 28 日，江西省農業院致胡先驌信函。

　　江西省農業院致函胡先驌。中正大學農學院成立後不久，胡先驌接到江西省農業院的請求：「函文：遙啟者，本院為謀建教合一及技術聯繫共同策進農業起見，曾訂有江西省農業院特約名譽技師簡則，茲擬聘請貴大學馮教授言安、黃教授野蘿、何教授琦三先生為本院特約名譽技師，相應檢同聘書暨簡則函請查照，倘荷同意即煩代將聘函轉致。他「深表贊同」。在他看來，農學院成立未久，院內設備及條件簡陋，許多科研工作尚難開展，院內教授若能依託江西省農業院這一平臺開展科研，倒也不失為一種科學研究的積極辦法。〔註 1031〕

是年 28 日，胡先驌致顧毓琇信函。

　　一樵次長吾兄惠鑒：

　　　　泰和良晤，欣快何如，見報知吾兄已安返行都，近日起居亮康吉如意，為慰為頌。

　　　　關於贛省府墊借五十萬元，購買工農兩學院機器儀器事，現已向裕民銀行借到十五萬元，僅先購買工學院機器。部令准如所請，動用基金有困難已電陳，此中情況早在洞鑒之中，亦為吾兄所主張。程廳長表示此僅為一種手續，未必須定期歸還也。且基金保管委員會章程已奉部令核准，委員會即將成立，章程第十六條載明本校基金，非經大會或常務委員會決議，不得動用。此尤增加動用基金之困難，本校經熊主席苦心擘畫，始成今日之局，以後倚賴正多，無以購置機器儀器，則校務不能進行，必指撥基金，亦徒增人事之困難。於本校前途至為不利，伏乞以此細情轉陳部長，務懇核准借墊辦法，並電熊主席承認將來（不必指定時日）由部籌還，則此事可以順利進行矣。臨款迫切，敬乞垂鑒，並乞電覆。

　　　　祗頌

　　勳安

〔註 1031〕 江西檔案館，檔號：J037-1-00982-0030。鄭瑤著《繼往開來責在斯——國立中正大學農學院研究（1940～1949）》，2019 年江西師範大學碩士研究生學位論文，第 62 頁。

弟 胡先驌 拜啟

廿八日（1940 年）〔註 1032〕

12 月 31 日，胡先驌致江西省農業院。

　　函文：准函聘請本校教授馮言安、何琦、黃野蘿三先生為特約
名譽技師深表贊同復請查照由。

　　（鄭瑤先生提供）〔註 1033〕

12 月 31 日，胡先驌致教育部函。

　　竊本校奉鈞部令飭儘量容納不能前往遠道各他校之學生就近借
讀，遵辦以來，困難滋多，謹將經過情形，臚陳如次：一、本校招
收學生，原有定額，非俟正式生報到後，不能收納借讀生，因而借
讀生入學時期，勢必較遲，於學生學業既受影響，於學校行政亦感
困難。二、各校課程未必完全相符，將來借讀生返回原校，課程方
面恐難銜接，核算學分，亦難免不受虧損。三、借讀生照章須先取
得原肄業學校允許，方為有效，此項手續，因交通不便，辦理亦頗
困難。四、本校教室宿舍容量有限，收納借讀生，多感不便。為此
呈懇鈞部俯賜察核，擬請准本校自下學年起，免收借讀生，並懇於
將來統考錄取新生中，儘量將東南各省籍學生，分發本校，是否有
當，仍乞核示。

　　（鄭瑤先生提供）〔註 1034〕

12 月，中正大學執行「術德兼修、文武合一」教育方針。

　　校長胡先驌先說，本校學生均受到嚴格的軍事訓練、軍事管理，
無奈學校初創，軍事教育設備闕如，故商請江西省政府設法配備所
需設備，以期輕武器都能實地演習，「今後擬極力注重現代軍事知能
之充實，俾訓練學生對於現代戰術皆能略知門徑，而養成文武合一
之習尚」。《方案》與胡先驌言說，均注重軍事教育的循序漸進以及

〔註 1032〕《胡先驌全集》（初稿）第十七卷下中文書信卷，第 425 頁。
〔註 1033〕江西檔案館，檔號：J037-1-00982-0032。
〔註 1034〕《國立中正大學招生簡章及招收新生、收容試讀生入學的有關文件》（1940
　　　　　年 12 月 31 日），中國第二歷史檔案館，檔號：五～5912，第 2 頁。

對軍事教育內核的審視，二者也看到軍事教育的作用：或可陶冶品德或可踐履如蔣介石所倡導的「文武合一」精神。〔註1035〕

是年，胡先驌致蔣介石信函。

　　1940年，校長胡先驌給蔣介石的信函中說：「本校經始締造，毫無物資基礎可憑」，又因經費受限，除有少數簡單的校舍外，「儀器皆未購置」，不得不從江西省立科學館、中正醫學院、前山東省立第一區農場、國立湖南師範學院借用顯微鏡、擴大境、解剖器等器件，「其他皆屬闕如」。〔註1036〕

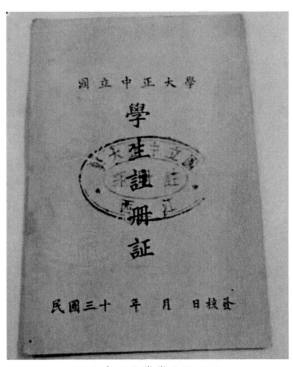

國立中正大學學生註冊證

〔註1035〕《國立中正大學關於檢送〈術德兼修〉〈文武合一〉教育方針實施實況之概略的呈》。高志軍著《政治與教育的互動：國立中正大學研究》，2021年12月華中師範大學博士學位論文，第63頁。

〔註1036〕《國立中正大學關於檢送〈術德兼修〉〈文武合一〉教育方針實施實況之概略的呈》，江西省檔案館藏，檔號：J037-1-00995-0031。（從文中「二十九年度因限於經費」一語可知，成文時間應為1940年。）高志軍著《政治與教育的互動：國立中正大學研究》，2021年12月華中師範大學博士學位論文，第155頁。

是年，確定保管中正大學基金成員。

　　根據 1940 年章程規定，經管會主要職責在於保管中正大學基金及經常、臨時各費。該會設主任委員 1 人，會議委員 11 人，由中正大學發起人熊式輝任終身職務，校長為當然委員，其餘人員則擬請蔣介石核奪，任期 3 年。〔註 1037〕嗣後，每年由員會以抽籤方式選出決定退聘先後，再由委員會選聘 1/3 人員補充。由此可見，經管會一經成立即打上濃厚的政治色彩。〔註 1038〕

是年，張英伯致唐燿信函。

　　張英伯在昆明時寫給四川樂山木材試驗室唐燿的書信，係是向唐燿請益而言及自己的工作狀況，對於其研究或可助瞭解。節引如此：「弟自客歲由平遷調來滇，處此樹種豐富省份，頗思步逐後塵，而注意滇境木材，當在步曾先生策勵之下，先開始作雲南中部樹木之調查與採集，並對主要商用木材作各項試驗，以期再推廣至其他各林區工作。一年以來，深感興趣，惟初學伊始，且參考書籍缺乏，一切甚覺困難，至盼此後先生以發展貴室之餘，多賜指教，想對此同門後學，定能不吝提攜也。現弟之工作已可暫告段落者如下：（一）昆明附近四十種重要木材，徑面收縮之研究（依 A. S. T. M. 標準）；（二）昆明附近百種木材比重及乾濕兩季氣幹下含水量之變化；（三）昆明市商用木材之調查。現進行中之試驗：1. 昆明附近主要建築用材之力學試驗——此項與交通部公路研究室合作，利用清華之試機可作全部各項力學性質試驗，已開始數週，期於今年完成之；2. 數種易生菌害木材對力學性質之影響；3. 木材乾燥之試驗；4. 木材解剖——現已作切片數十種。過去弟頗喜植物組織學，故對製片甚感興趣，但此間無木材切片機，現皆用徒手切成染色，頗以為苦。以上所有材料皆係弟去冬採來，於今春開始試驗者，各項係農林植物所與中研院工程研究所合作，但實際工作只弟一人，自採自試，僅

〔註 1037〕　《江西省立中正大學經費管理委員會章程》（1940 年），江西省檔案館藏，檔號：J037-1-00921-0182。

〔註 1038〕　《國立中正大學經費管理委員會組織人員等項的記錄》，江西省檔案館藏，檔號：J037-1-00648-0077。應為 1940 年。高志軍著《政治與教育的互動：國立中正大學研究》，2021 年 12 月華中師範大學博士學位論文，第 127 頁。

得如此少許結果而已。所幸者工研所比較設備尚好，但該所興趣則趨重木材工業。下半年如經費增加或再與萬鈞先生計劃其他工作。現弟對普通木材乾燥、防腐及枕木工業三項，頗感興趣。三者有何重要參考文獻及先生個人尊見，尚請便中指示以便遵循，滇省木材確值得作具體之研究利用，甚願先生不偏愛川康，將來亦蔭及此方也。弟並願得機能去貴室參觀，以便面領教益。今署弟曾因私務赴渝，本擬繞樂山，終以交通多有延誤，而時間不敷分配，促忙乘機返昆，未得如願，頗以為憾也。」〔註1039〕

是年，請求蔣介石為雲南農林植物研究所補助經費。

在重慶、在昆明，胡先驌為農林所經費拮据而廣為請求國民政府各界予以資助，「請陳果夫、請蔣介石補助雲南農林植物所的經費，蔣介石便批軍需署每年補助兩萬元」。〔註1040〕

是年，靜生生物調查所木材室確定研究中心工作。

當時處於抗戰時期，國防、交通、電訊等部門所需木材都非常緊迫，木材室的研究工作主要是圍繞這些方面而展開，至1949年所從事的主要項目有：1. 木荷和絲栗材性的研究；2. 銳葉青岡含水量、脹縮率和比重的測定；3. 國產42種木材韌性試驗；4. 國產重要木材的基本比重和計算出的力學抗強的研究；5. 國產木材工作應力的勘查；6. 中國商用木材初志；7. 川西伐木工作調查。〔註1041〕

是年，張英伯在雲南艱辛生活和工作。

1980年，張英伯撰寫《我的自傳》，有專節回憶其在昆明的學習和工作，摘錄如次：我離平去雲南因隨帶些工作材料，不能走內地通過複雜的交戰區域，所以選擇當時較快較安全的路程，就是由上海乘船繞香港進越南從海防登陸，再乘當時的滇越鐵路直達昆明。

〔註1039〕 張英伯致唐耀函，四川省檔案館。胡宗剛著《雲南植物研究史略》，上海交通大學出版社2018年7月版，第114～115頁。
〔註1040〕 胡先驌，《對我舊思想的檢討》，北京：中國科學院植物研究所檔案。胡宗剛著《靜生生物調查所史稿》，山東教育出版社，2005年10月版，第138頁。
〔註1041〕 熊大桐，《中國近代林業史》，北京：中國林業出版社，1989年，第511頁。胡宗剛著《靜生生物調查所史稿》，山東教育出版社，2005年10月版，第170頁。

一路幾經風險，特別怕日軍搜查，海盜搶劫和越南人的麻煩。當時越南仍屬於法國殖民地，社會混亂，火車很壞，一言難盡。到昆明後，即去郊區黑龍潭雲南農林植物所報到，那時仍屬靜生生物所工作站，正在籌備建所，大家都分住在黑龍潭的廟裏，我是單身，只能住在大神殿中與鬼神塑像共處，為了壯膽我和王啟無同住，每人行軍床一套，共用馬燈一盞。白天工作時老道念經，我們打字，形成協奏曲，伙食自辦，粗茶淡飯。在那歲月能不受日寇直接干擾還能進行科研工作就是幸事，所以大家精神飽滿，對生活也滿足。雲南農林植物所逐漸充實人員，修建試驗辦公室等，後來鄭萬鈞同志等陸續參加並領導工作，很有起色。原靜生所長胡先驌也到昆明安排具體工作。當時與中央研究院工學所周仁先生商議雙方合作研究木材問題，由我承擔協作課題，這樣我就兼兩處工作。工學所在近郊區，原有設備條件好，由於課題的發展，我後來重點轉移到工學所。這也是我從研究活體樹木接觸原料利用問題的開始，對以後用生物觀點研究資源利用的發展很有影響。〔註1042〕

是年，汪發纘回憶當年工作。

汪發纘撰寫了《本所之回顧與前瞻》一文，此錄一節，以見農林植物所最初之情形。「當本所草創伊始，龍泉公園中上觀、下觀咸駐受訓練之義勇壯丁隊，所中職員，遂踟躕於薛公祠一隅，開始工作。唯時只蔡希陶、梁國賢二君，人簡事繁，勞瘁可知。最重要之工作，乃為園中芟除荒穢，布置花木，為本所開闢苗圃，調查黑龍潭一帶植物。閱半年，靜生生物調查所所遴派之技術員，先後踵至，秦仁昌君自江西來，陳封懷君自湖南來，發纘自歐返國，職員有增，人事甫定，而薛公祠遂感不敷辦公研究用。且祠為紀念明薛爾望公闔門殉義之忠烈故事而設，為遊黑龍潭者必至。故有時碑記朗誦聲與打字機聲相映，案牘文稿輒為遊客讀物，且或高談闊論，若築辦公室於道旁，殆戰時文化機關之趣聞歟。廿七年冬，適壯丁隊訓練奉命結束，乃遷入下觀工作，此為本所初有辦公室、圖書室、

〔註1042〕 張英伯，《我的自傳》，北京：中國林業科學院檔案。胡宗剛著《靜生生物調查所史稿》，山東教育出版社，2005年10月版，第140頁。

標本室之始，而辦公、研究、實驗諸端，遂得以分別並進矣。時發
纘歸自歐洲，攜圖書六百餘冊與俱，皆英國公私所捐贈，如此厚貺，
則本所圖書室始具規模。俄而秦仁昌君偕廬山植物園職工數輩，前
赴麗江設站工作，而滇西北植物調查，遂由廬園分負繼續尋探之
責」。〔註1043〕

是年，李鳴崗率隊到大理、楚雄、景東；汪發纘率隊到昆明附近；張英伯
率隊往嵩明、尋甸、祿勸、巧家、會澤採集植物標本。〔註1044〕

是年，國立中正大學導師及應導學生名單（二十九年度上學期）農學院

張明善——農藝系學生：何本極、廖定炳、謝蔭根、廖悟生、
胡邦彬、趙篤宏、崔之昌。

白蔭元——森林系學生：陳推誠、朱振文、饒會基、劉賢炎、
彭先德、蔣學斌、簡根源、蕭天錫、黃律先。

嚴楚江——農藝系學生：歐陽顯悅、郭季炳、陳賓、朱錦榮、
林海瓊、顏菊容、陳效華（畜）。

馮言安——農藝系學生：張之斌、錢思穎、蕭立民、龔睦生、
林仁達、羅光斌、王侗、徐衍論（畜牧）、吳望孚（畜牧）。

何琦——農藝系學生：陳建新、錢育仁、胡升健、賴尊立、林
自強、雷通明、葉大彰、胡承惠（畜牧）、鍾煥偉（畜牧）。

黃野蘿——農藝系：陳可汗、蕭新葉、關謨、劉持訓、蔡道總、
陳永澤（畜）。

胡先驌——農藝系：王秋圃、章士美、唐泰倫、羅來安、劉大
本、曾廣謚（畜）、鍾紹周（畜）。

（鄭瑤先生提供）〔註1045〕

〔註1043〕汪發纘：本所之回顧與前瞻，《雲南農林植物研究所叢刊》第1期，1941年
1月。胡宗剛著《雲南植物研究史略》，上海交通大學出版社2018年7月版，
第89頁。
〔註1044〕中國科學院昆明植物研究所編委會編《中國科學院昆明植物研究所簡史
（1938～2008）》，2008年10月版，第2～3頁。
〔註1045〕《國立中正中山廣西貴州四川湖南廈門大學等呈報實施導師制的文書及學
生分冊名冊導師制實施細則導師月報表》（1940年），中國第二歷史檔案館，
檔號：五——14481（1），第55頁。

是年，中正大學聘請馮言安為研究教授。

　　蔣經國曾聘請園藝專家馮言安博士具體籌辦他所創辦的「新贛
　　南園藝場」。中正大學農學院成立後即被校長胡先驌聘為農學院專任
　　研究教授。〔註1046〕

是年，江西省教育廳在泰和組建自然科學會，由教育廳長程時煃兼會長，中正大學校長胡先驌、教授吳詩銘等擔任該會學術指導。

是年，雲南農林植物所有研究員：所長胡先驌（1940～1950）、專職副所長先後由鄭萬鈞（1940～1943）、俞德濬（1943～1947）、蔡希陶（1947～1950）等擔任。研究員有汪發纘、陳封懷、俞德濬、王啟無、劉瑛、張英伯、蔡希陶（時兼任龍泉公園主任）；助理研究員兼繪圖員匡可任、雷俠人（會計）、曾吉光（文書）、梁國賢（事務）、金德福（助理）、邱炳雲（採集員）、張家書（信差）、工人有：查萬生、劉文治、吳家猷、李鍾先、李鍾嶽。

是年，胡先驌致龔自知信函。

　　仲鈞先生賜鑒：

　　　　昆明暢敘，快何如之，握別以來，又更秋夏，敬惟政躬多吉，為頌為念。數得汪發纘君來書，知臺從已允將植物研究所建築費增加，並對於沿滇緬線之森林測量極感興趣，且稱為精神上之合作，具見目光如炬，至為佩仰。

　　　　茲者弟為植物研究所經費事，不能不為臺從一言之。溯自敝所先後派蔡希陶君等來貴省調查植物於今八年，足跡所至幾遍全滇，歷年費用總達十餘萬金，其間屢蒙鼎力援助，厚誼隆情，尤為銘感。旋以敝所在滇大規模之採集行將結束，為酬高誼並欲開發貴省植物富源起見，乃提議與貴省合辦雲南農林植物研究所，雖幾費周折，終底於成，私心竊幸之。又以經費不足，發展為難，遂不顧一切，萬里南來，本期向教部請得補助費萬元，藉資充實內容，擴大研究，不謂事與願違，未能實現，經弟再次電請，亦僅蒙批准撥給補助費五千元。此殆因地方科學研究機關草創伊始，而不易驟得他方贊助

〔註1046〕鄭瑤著《繼往開來責在斯——國立中正大學農學院研究（1940～1949）》，2019年江西師範大學碩士研究生學位論文，第17～18頁。

之常情與然，弟終不因此灰心，仍當與臺從努力為之，使該所經費得以充實。

現查滇所職員由敝所支薪者，計有技師二人（每人月薪三百元）、研究員三人（每人月薪百元），年共支國幣萬餘元，至所補助之圖書、儀器、標本等物為數更巨，而由貴廳補助者只國幣五千元。際此物價節節上漲，雖如去年勉強維持，已不可能，更無論研究事業之發展矣，用特函懇貴廳將該所補助費自明年起請准增為每年國幣一萬五千元，以期滇所人員真能有所研究，庶不失臺從與弟創設該所之原意也。時際非常，郵遞多阻，如蒙慨允，並請逕函該所知照。

專此敬頌

政綏

弟　胡先驌　謹上

（1940 年）〔註 1047〕

是年，朱家驊致胡先驌信函。

步曾先生大鑒：

昨艾克先生到渝，轉致手札，欣悉種切。承示擬在昆明創立植物園一節，將來成立之後，於學術及民生貢獻必多，特轉函龍主席，請其酌量援助，即希逕行洽商，無任企幸。

專此奉復，敬頌

臺綏

弟　朱家驊　拜

是年《西南實業通訊》（第 2 卷第 5 期、第 58 頁。）技術介紹：胡先驌談兩植物學試驗成功，有助農業增產。

靜生生物調查所主持人胡先驌氏對人談，植物學界最近有兩事頗值得注意：（一）以秋水仙素液（Co Chicum）浸漬種子，可使其中染色體倍增，因而增加其產量。西南聯大試驗此車，已獲成

〔註 1047〕　胡宗剛撰《胡先驌先生年譜長編》，江西教育出版社，2008 年 2 月版，第 274 頁。

功。（二）以維他命 B1 養花，玫瑰花蕾可大至五英寸，水仙之花大可如碟，此種植物學界之發明，對於農學界增產之影響，良非淺鮮云。

是年，盧山森林植物園採集員馮國楣到雲南的中甸、維西、德欽、貢山採集。

是年，盧山森林植物園採集員熊耀國在江西武寧、修水等地採集植物標本。

是年，派國立中正大學張肇騫、嚴楚江、陳梅生在江西一帶採集植物標本。

是年，派中正大學生物系林英、楊祥學在江西一帶採集了一些植物標本。

國立中正大學泰和杏嶺校門

1940 年～1943 年間，派國立中正大學莫熙穆、劉其燮曾在江西龍南、定南、全南等地採集了許多植物標本。

編年詩：《開歲感懷》（二首）《古風》（十六首）《任公豆歌》《夜起口占》《禍亂》《十二夜聽彈詞唱片有感》《晚眺》《題黃晦聞先生兼葭樓詩》（二首）《繁枝》《懷簡庵卻寄》（二首）《生朝》《聞豫鄂大捷感賦》（二首）《簡叔永及莎菲夫人》（二首）《憶內弟王宸翊》《雨霽》《朔方》《天外》《為叔永題張夢莊女士所繪唐梅》《挽彥殊》（二首）《晨起口占》《初秋》《蓮舫惠贈杜蘇詩集並先曾大父手書扇面走筆鳴謝》《昆明太華山羅漢岩元梁王消夏處也為題一律》《讀自怡齋詩弔胡翔冬》（二首）《題一漚居士微醉集》《南征二百五十韻》《交州行》《展薛爾望張竹軒兩先生墓》《張總司令自忠挽詩》。